改訂新版

新教職概論

赤星晋作

編著

学文社

執筆者一覧

松原	岳行	九州産業大学	[第1章]
長須	正明	名古屋市立大学	[第2章]
小山	悦司	倉敷芸術科学大学	[第3章]
石田	美清	順天堂大学	[第4章]
卜部	匡司	広島市立大学	[第5章]
湯藤	定宗	玉川大学	[第6章]
赤木	恒雄	倉敷芸術科学大学	[第7章]
鞍馬	裕美	明治学院大学	[第8章]
住岡	敏弘	大分大学	[第9章]
＊赤星	晋作	広島市立大学	[終　章]

（執筆順／＊印は編著者）

まえがき

　本書は，教育職員免許法（施行規則）に定められた「教職の意義等に関する科目」のテキストを主たる目的として編集している。むろん，専門書，研究書としても位置づけは可能である。

　ところで，学力低下，生徒非行等の問題が言われて久しい。その都度，それらの問題解決を目指して教育制度，教育の内容・方法等の教育諸改革が実施されてきた。そして，それと連動して教師教育の改革が行われる。このことは，どの時代，どの国においてもいえる。教育の成果は，教師の資質能力，指導力に大きく依拠するからである。

　最近のわが国において教師教育に関する主な答申をみてみると，教育職員養成審議会（教養審）第1次答申「新たな時代に向けた教員養成の改善方策について」（1997（平成9）年），教養審第2次答申「修士課程を積極的に活用した教員養成の在り方について─現職教員の再教育の推進─」（1998（平成10）年），教養審第3次答申「養成と採用・研修との連携の円滑化について」（1999年（平成11）年），中央教育審議会（中教審）答申「今後の教員免許制度の在り方について」（2002（平成14）年），中教審答申「今後の教員養成・免許制度の在り方について」（2006（平成18）年）とたて続けに提出され，その答申に基づいて教育職員免許法及び関連法の一部改正が実施されてきた。

　そして，2006（平成18）年の教育基本法の改正，それに続く2007（平成19）年6月の教育関連三法（学校教育法，地方教育行政の組織及び運営に関する法律，教育職員免許法・教育公務員特例法）改正等において，学校，教師をめぐる状況は大きく変わってきている。

　本書はこうしたなかで，最新の法令，資料を用いて学校教師に関連する内容を総合的に論じている。

　その内容は，大きくは3つの領域に分かれる。第1の領域は，主に教師の資

質能力，力量に関する事項（第1章，第2章，第3章）である。まず第1章では，子ども観（人間観）から教育観，それに対応する教職観について述べている。第2章は，それを受けて教職の意義，役割，使命等についてより具体的に，第3章では，最近の中教審答申で言われている資質能力や実践的指導力，これから特に求められる教師の力量等について論じている。

　第2の領域は，教師の養成教育に関する内容（第4章，第5章，第6章）である。第4章は教員免許制度についての論述であるが，2007（平成19）年6月の教育職員免許法改正により2009（平成21）年度から実施されることになった免許更新制についても論じている。第5章では教育職員免許法改正に伴う新しい養成教育，さらに新しく設置される教職大学院等について，第6章では，特に大学を離れて小・中・高校，特別支援学校や社会福祉施設の現場で実際に活動する教育実習や介護等体験について説明している。

　第3の領域は，学校現場における教師の実際についての内容である（第7章，第8章，第9章）。まず第7章では，教師はどのような方法で採用されるのか，そして採用された後どのように力量形成していくのかという採用と研修について述べている。第8章では，学校の組織と運営，教師の職務を中心に，第9章では，最近多くの都道府県で実施されている教員評価について，その意義，実際，課題等を論じている。

　終章に，これらの総括の意味も含めて，生涯学習社会，情報化・国際化社会という観点から，これからの学校，教師について考察した。

　本書の執筆者は，大学，教育センターや学校現場において長年教師教育に携わってきた者であり，今までの調査研究や実践を踏まえて各自が考えるところをかなり自由に書いてもらった。その分，体系性，統一性には少し欠ける部分もあるかもしれないが，内容的にはポイントを押さえたものになっている。本書が，教師を志願する学生，現職教員，教育関連職員，さらには教育研究者のお役にいくらかでもたてれば著者一同この上ない喜びである。

　なお「教師」「教員」という用語に関しては，一般的には「教師」という用語はその専門職性を強調して使用され，「教員」は教員（教育職員）免許法，教

員養成機関（課程）等と法令や行政上で使用される。また「教諭」という用語は，「校長」「教頭」「教諭」という関連の中で使用されることが多いようである。本書では，一応このような区別をして使用している。

　最後になってしまったが，本書の出版に際し多大なご配慮をいただいた学文社，特に編集作業において適切なアドバイスをいただいた三原多津夫氏に深甚の謝意を表したい。

　2008年夏

編著者　赤　星　晋　作

『新教職概論　改訂版』について

　『新教職概論』の初版は2008（平成20）年である。その後2009年民主党政権，2012年自民党政権と政権交代もあった。また学校・教師をめぐる大きな変化として，小学校，中学校，高等学校における新学習指導要領の改訂（小学校：2008年4月告示，2011年4月実施），中学校：2008年4月告示，2012年4月実施），高等学校：2009年4月告示，2013年4月実施（学年進行）），また2012（平成24）年には，これからの教師教育の在り方や仕組みについての中教審答申「教職生活の全体を通じた教員の資質能力の総合的な向上方策について」の提出などがあった。

　物事には，確かに「不易」と「流行」がある。時とともに変わる部分は，新しい情報を提供していかなければならない。教職の概論について述べるとき，初版の章構成において大方の内容は盛り込んでいる。よって章構成は変えることなく，わかりやすい説明のための加筆修正，新しい資料による説明の追加などを行うことにした。ただ，改訂版においては新しい執筆者もいることから内容によっては節構成の修正は認めることにした。執筆，編集方針は初版と同様である。

　改訂版を通して，本書の内容のさらなる充実をめざしたい。そして，教職をめざす学生，現職教員，教育関係の方々のお役に立てることを願っている。

　2014年　新春

編著者　赤　星　晋　作

『新教職概論 改訂新版』について

　2014（平成26）年に『新教職概論 改訂版』は出版された。その後，学校，教師をめぐる動きにも大きな変化がみられた。契機になったのは，2015（平成27）年12月の３つの中教審答申，①「新しい時代の教育や地方創生の実現に向けた学校と地域の連携・協働の在り方について」，②「チームとしての学校の在り方と今後の改善方策について」，③「これからの学校教育を担う教員の資質能力の向上について」である。また，2016（平成28）年12月の中教審答申「幼稚園，小学校，中学校，高等学校及び特別支援学校の学習指導要領等の改善及び必要な方策について」である。

　これらの答申により，「学校教育法」「地方教育行政の組織及び運営に関する法律」「教育職員免許法」「教育公務員法」等　関連法の改正，また『小学校学習指導要領』『中学校学習指導要領』（2017（平成29）年），『高等学校学習指導要領』（2018（平成30）年）も改訂された。

　改訂新版では，『新教職概論 改訂版』の内容を基本的には保ちつつ，上記の諸答申，法改正，学習指導要領改訂等をふまえて，主に変更のある関係領域（章，節）を中心に加筆修正をした。よって，『新教職概論 改訂新版』は，これまでの新しい資料に基づいた論述となっている。

　『新教職概論』『新教職概論 改訂版』同様，本書が教職をめざす学生，現職教員，教育関係の方々のお役に立てることを願っている。

　　2018年　12月

編著者　赤　星　晋　作

目　次

まえがき

第1章　教育観と教職観 ──────────────── 7
　第1節　教育的存在としての人間　7
　第2節　教育とは何か　11
　第3節　教職に関する類語の整理　15
　第4節　3つの教職観　17

第2章　教職の意義と役割 ──────────────── 22
　第1節　教職はどんな仕事か　22
　第2節　教員の仕事（教職）と求められる教員像　29
　第3節　教員の仕事と意識　33
　第4節　教職の意義　41

第3章　教師の資質能力 ──────────────── 45
　第1節　教師の資質能力とは　45
　第2節　資質能力の向上をめぐる改革動向　46
　第3節　教師に求められる資質能力―技能的側面を中心にして―　52
　第4節　教師に求められる資質能力―人格的側面を中心にして―　57

第4章　教員免許制度 ──────────────── 62
　第1節　教師と教員免許制度　62
　第2節　教員免許状の種類　65
　第3節　社会人の登用，免許制度の総合化・弾力化　69
　第4節　教員免許更新制と発展的解消　73

第5章　教師の養成教育 ──────────────── 77
　第1節　教員養成カリキュラムの改革　77

第2節　教職大学院の充実　84
　第3節　地方の教育行政による教員養成への関与—広島市の事例　87
　第4節　教師の質の保証—他国の教員養成制度との比較　90

第6章　教育実習と介護等体験 ——— 93
　第1節　教育実習の定義・意義および位置づけ　93
　第2節　教育実習事前事後指導と教育実習の成果および課題　95
　第3節　介護等体験の概要・目的・根拠　98
　第4節　教育実習・介護等体験の課題と展望　102

第7章　教員の採用と研修 ——— 109
　第1節　採用の方法　109
　第2節　採用者数の動向　115
　第3節　研修の保証　118
　第4節　研修の新しい動向　120

第8章　教師の職務 ——— 125
　第1節　教師の身分　125
　第2節　教師の服務と分限・懲戒　127
　第3節　学校の教職員組織　133
　第4節　教師の職務　137

第9章　教員評価 ——— 142
　第1節　人事管理における教員評価の導入　142
　第2節　新たな人事考課制度の運用の特質　146
　第3節　教員の意欲や能力を高める近年の人事管理上の諸施策　155
　第4節　教員評価の近年の動向と課題　159

終　章　これからの学校と教師 ——— 161

　資　料　171
　索　引　220

第1章　教育観と教職観

第1節　教育的存在としての人間

　教師が教育を仕事とする職業であるということは、誰でも知っているであろう。では、教育とは何かと問われたらどうだろう。そもそも教育は、なぜこの世に存在するのだろうか。

　教師が教育を仕事とする以上、教育が何なのかを知っておくことは教職を志す者にとって重要である。こうした問題関心から、本節ではまず人間にとってそもそも教育とは何なのかという問いについて考えてみよう。

1　カント

　動物とは異なり、人間は教育という営みと切っても切れない関係にある。もちろん人間も動物の一種ではあるが、人間と他の動物とのあいだには教育行為の有無という境界線が存在するのである。動物園や水族館で飼育されている動物や自宅で飼っているペットが芸をするのは人間に調教されているからであって、同一種属内における教育を受けたからではない。メダカやスズメが学校に通うのは童謡の世界だけである[1]。

　人間と教育との密接な関係については、すでにさまざまな立場から言及されている。例えばドイツの哲学者カント (Kant, I.) は、「人間とは教育されなければならない唯一の被造物である」(カント、217頁) と述べている。この文章中に登場する「被造物」という言葉は、この世界に存在するすべては神によって造られたものであるというキリスト教文化圏に特有の表現であり、この文脈にお

いては「存在」というほどの意味である。つまり，この世に存在するすべての無機物ないし有機物の中で人間だけが教育を必要とするということである。

　カントがこのような洞察を得るきっかけとなった有名なエピソードがある。それは，卵から孵化したばかりでまだ目も見えないツバメのひなが自らの糞を巣の外に落とす場面に遭遇し，カントがその早熟ぶりに驚いたという話である。親から餌を与えられれば後はしかるべき方法で自ら排泄処理をするツバメのひなとは異なり，人間の乳児はオムツの中に排泄物を垂れ流し状態であり，その処理も親の役目である。トイレに行って用を足すという衛生的な排泄方法を覚えるまでに，つまりツバメのひなと肩を並べるまでに2～3年という時間と親によるトレーニングを要することは，周知の事実であろう。

　カントの「人間は教育によってはじめて人間になることができる」（同上，221頁）という言葉に象徴されているように，動物としてのヒトが人間となるには教育が欠かせないのである。

2　ポルトマン

　カントの洞察をより科学的に究明しようとした人物が，スイスの生物学者ポルトマン（Portmann, A.）である。彼は生物学の立場から人間の動物的特徴を考察し，「教育を必要とする動物」としての人間の特異性を他の動物との比較において解明した。彼のこのスタンスは，その著『人間はどこまで動物か』の問題関心に象徴されている。

　さてポルトマンは，動物を2つのタイプに分ける。1つは就巣性と名づけられるタイプで，妊娠期間が短く，一度の妊娠で出産する子の数は比較的多い動物である。もう1つは離巣性と名づけられるタイプで，妊娠期間が比較的長く，出産数は少ない動物である。私たちにとって馴染みのある動物の名をあげれば，イヌやネコは就巣性，ウマやウシは離巣性にそれぞれ分類される。では，果たして人間はどちらのタイプに属するのであろうか。

　既出の条件から判断するなら，妊娠期間が10カ月と比較的長く，一度の妊娠による出産数が基本的に1人という特徴をもつ人間は，離巣性に分類される

ことになろう。この点については、ポルトマンも認めるとおりである。しかし彼は、人間が「二次的な就巣性」を示すという結論を下した。それは、就巣性および離巣性という名称の由来ともなった第3の性質、すなわち親の保護＝巣(2)をどれだけ必要とするかという点を根拠とした判断である。つまり、基本的に人間は離巣性を示す動物ではあるが、人間の乳児は他の離巣性動物のように誕生後まもなく自立するというようなことはなく、むしろイヌやネコなどの就巣性動物と同じように長期間にわたって親の保護下におかれるというのである。この特性が二次的な就巣性という概念の意味内容である。

あまりに脳が発達し頭蓋骨が大きくなりすぎた人間は、出産時に母胎が被る危険性を回避するために「生理的早産」の状態で出産せざるを得ず、他の離巣性動物のように胎内で子を生育させる時間を十分に確保できなくなった。そのかわり人間は、他の離巣性動物が胎内で果たしている保護や養育を出産後に行うというのである。

3　ゲーレン

他の動物にはない人間のこうした特異性を端的に「欠陥」と規定したのが、ドイツの哲学者ゲーレン (Gehlen, A.) である。彼はその著『人間——その本性および世界における位置』の中で次のように述べている（傍点は著者、ふりがなは引用者）。

「形態学的にみれば人間は、その他の高等哺乳類と較べてまさに欠陥をもって規定されてしまう。(…略…) 毛皮はむろんのこと、天然の雨合羽もなければ、自然にそなわる攻撃器官もなく、逃げるに便利な体の造りすらない。たいがいの動物に較べて人間は感覚の鋭さでひけをとり、真正の本能としてみれば命とりといえるほどの欠陥をもち、乳児および幼児期は比較にならぬほどの長期にわたる保護を要する。言いかえれば、生れついての自然条件にまかせていたら、人間は地表に棲みながら、逃げ足の速い草食獣、猛々しい食肉獣に伍することなく、必定とうの昔に滅びていたはずである。」（ゲーレン、31-32頁）

このように、人間には他の動物たちが生得的に備えている動物としての本能や形態的能力が決定的に欠落している。しかし現実には、人類は滅びることなく生存しており、むしろ他の動物を凌駕する地位にいる。それはなぜか。

ゲーレンによれば、それは人間が他の動物と比べて格段に発達した脳を活用し、動物界にはない文化をつくりだしたからだという。ここで注目したいのは、文化という意味をもつ英語 "culture" の動詞形 "cultivate" にもともと「大地を耕す」とか「自然に手を加える」といった意味が含まれているということである。考えてみれば、火も狩猟道具も衣服も、原初的な文化として知られるものはすべて自然界にある鉱石や植物などの加工物である。

人間は動物としての弱さや欠陥を補うために自然に手を加え、そうしてつくりだした文化を次の世代、また次の世代へと伝達していくという行為を続けてきた。自然に適応する動物としてではなく、自然に手を加える動物＝文化的存在として、またこうしてつくりだした文化を次世代へと伝達する動物＝教育的存在として、人間は今日の地位にまで上り詰めたのである。

4　教育の必要性と可能性

人間にとって教育がきわめて重要な意味をもつ行為であることは、以上の考察から明らかであろう。私たちがヒトとしてではなく人間として生きることができているのは、教育のおかげである。言い換えるなら、人間は教育を必要とする動物なのである。

ところが、今や人間は動物としての弱さや欠陥を補って余りあるほどの文化を手に入れ、その文化財を次世代へと連綿と継承することで、他の動物よりもはるかに安全かつ快適な生活を送ることができている。むろん私たちには、極寒の地に棲息するホッキョクグマや灼熱の熱帯雨林に生きるオランウータンが有しているような動物としてのたくましさが欠けている。しかし、人間はこれまでに築き上げてきた文化を最大限に活用することで、熱帯雨林には住めないホッキョクグマや北極に棲息不可能なオランウータンとは異なり、地球上のあらゆる地域で、それどころか地球から遠く離れた宇宙空間においてさえ居住す

ることが可能となっている。こうした知恵や技術を編み出したこと自体が動物的本能の欠如の代償として手に入れた人間の可塑性によるものだとすれば、人間は教育が可能な動物であるといえる。

教育必要性と教育可能性の2つの性格を有しているという意味において、人間はまさに教育的存在と特徴づけることができるのである。

第2節　教育とは何か

1　教育の定義

では、人間が人間として生きるために必要な教育、その具体的内容はいかなるものなのであろうか。例えば『広辞苑』（第6版）は、「教育」を「教え育てること」や「望ましい知識・技能・規範などの学習を促進する意図的な働きかけの諸活動」などと説明しているが、まさに最後の「諸活動」の文字に象徴されているように、教育という行為は一言で定義づけることができるほど単純なものではない。イギリスの教育家であるL・スミス (Smith, L.) は、かつて一義的かつ普遍妥当的な教育の定義づけが不可能であることにふれ、教育を「定義できるようなものではない」と定義づけた（スミス, 1頁）。教育は、私たちが思っている以上に複雑な営為なのである。

実際、これまでの人生を振り返りながらよく考えてみると、私たちがじつに多くの営みや作用を「教育」という一語で表現しているかがわかるはずである。例えば、家庭内での育児やしつけ、授業におけるさまざまな教科の知識伝達とその学習、部活動や生徒指導を通した規律と礼儀の習得、大学生による自分探しや社会人の自己啓発——これらはいずれも広い意味における教育であろう。教育は、私たちにとってあまりに身近であるにもかかわらず、否むしろあまりに身近であるがゆえに、もはやその全体像がつかめないほど複雑な営みとなり、一義的な解釈を許さないほど多面的な行為となったのである。

教育のこうした多面性については、森昭がその著『教育の実践性と内面性』において詳細に分析している。彼によれば、人間存在のなかで自然的・文化的・

社会的・人格的な面は有機的に絡み合っており，これら諸側面を機械的に分割することは本質的に不可能である（森，30頁）。こうして森は，人間を人間たらしめる教育の多面性を，成長・伝達・形成・覚醒という4つの視点から考察する。以下では，森があげる4つの要素をそれぞれ養育・文化伝達・社会化・人格化という作用ととらえ直し，教育の諸相を明らかにすることにしよう。

2　教育の諸相
(1) 養育―自然的側面

第1節の考察からも明らかなように，人間も動物である以上，摂食・排泄・睡眠といった生命機能を維持するための行動が欠かせない。しかし，生まれてまもない乳児には自力でこうした行動をとるだけの能力が備わっていない。そこで必要となってくるのが，親による養育である。とりわけ生理的早産によって二次的な就巣性を刻印づけられた人間の場合，この養育の果たすべき役割は大きい。

たしかに養育だけでは，ヒトは人間にはなれない。他の動物とは異なり，人間は自然界にのみ生きているわけではないからだ。しかし，養育が欠ければすべてがまさに台無しとなり，その後のいかなる教育上の努力も無に帰せられよ

図1.1　教育の諸相
出典：森昭『教育の実践性と内面性』黎明書房，1978年，31頁の図を参考に筆者が作成。

う。今日ますます深刻化しつつある児童虐待の問題、とりわけ食事や排泄の世話をも怠るネグレクトは、親として当然の行為である養育行動を放棄している点において動物以下であるといわざるを得まい[3]。養育は、教育全体を支える基礎なのである。

(2) 文化伝達―文化的側面

養育が重要であることは、以上に確認したとおりである。しかし、親による保護や養育さえあれば大自然の中でたくましく生きられる他の動物たちとは異なり、人間には養育以上の教育行為が必要である。その1つが文化伝達にほかならない。第1節で考察したとおり、人間は自然に手を加えてつくりだした文化を次の世代へと伝達していくことで人間らしい生活を送ってきたのである。

教育の文化伝達的な意味を強調した人物に、ドイツの教育学者パウルゼン(Paulsen, F.)がいる。パウルゼンは年長世代から次世代への文化財の伝達行為のうちに教育的意味を読み込み、教育を文化伝達と同定した。そう考えてみれば、他の動物には見られない火の使用や衣服の着用が有史以来ずっと継続されていることも文化伝達と呼べるし、学校の教育活動でいえば、各教科における知識や技能の習得も教師(年長世代)から児童生徒(次世代)に対してなされる文化伝達である。次世代がそれらをどう感じているかは別にして、文化伝達は年長世代から次世代への文化の贈り物であって、そこには子どもに対する大人のあたたかい眼差しが注がれているのである。

(3) 社会化―社会的側面

教育という行為を大人世代から子ども世代へのある種のはたらきかけととらえるなら、社会化もまた教育の一側面として重要な役割を担っているといわなければならない。社会化とは、一般に「個人が集団や社会の成員として適合的な行動様式を習得する過程」(『広辞苑』)と理解されているが、ここでは教育を社会的側面から捉えることの重要性を主張した人物として、フランスの社会学者デュルケム(Durkheim, É.)を紹介しておこう。

デュルケムは、その著『教育と社会学』の中で「教育とは、社会生活においてまだ成熟していない世代に対して成人世代によって行使される作用である」

(デュルケーム，58頁) と述べ，この作用のことを端的に「未成年者の体系的社会化」(同上，59頁) と定義づけた。教育という行為を大人世代から子ども世代へのはたらきかけととらえている点においてパウルゼンとデュルケムの立場は似ているが，子ども世代に向けられた眼差しが異なっている。それは，デュルケムが子ども世代を社会生活に未成熟な世代と特徴づけていることに象徴されていよう。社会化とは，秩序ある社会に生きる大人世代から未成熟な子ども世代に対して突きつけられる厳しい要求なのである。

(4) 人格化―人格的側面

人格化とは，一個の人格としてふさわしい本来的自己をめざすことである。現代風のいい方をするなら，自己実現ということにでもなろうか。その意味では，自分探しに夢中の大学生も自己啓発にハマる社会人も，人格化に向けた努力をしているといえるのかもしれない。しかしこのとき重要なのは，めざすべき自己が人格の名に値するかどうかである。人格は，辞書的に「道徳的行為の主体としての個人」や「自律的意志を有し，自己決定的であるところの個人」などと説明されているが (『広辞苑』)，まさにこうした自律的な個人をめざす努力こそが人格化と呼ぶにふさわしい行為であって，社会との接点を断ち一切の他律から逃避しているだけの行為は自己実現でも人格化でもない。また真の意味における人格化は，『広辞苑』における人格教育の定義「心身の健全な発達とともに知性・情操・道徳性・社会性などの調和のとれた円満な人格の完成を目標とする教育」(同上) が的確に表現しているように，養育・文化伝達・社会化をも包括しうる統合的な教育的作用でもある。

3　教育の多面性とその統合

人格化は教育の究極の目標ではあるが，唯一の目標ではない。本節の考察からも明らかなように，教育には自然的・文化的・社会的・人格的といった諸側面があり，これらすべてが有機的に絡みあってはじめて人間は人間らしい生活を送ることができていると考えるべきであろう。教育基本法第1条には，教育の目的が次のように記されている。「教育は，人格の完成を目指し，平和で民

主的な国家及び社会の形成者として必要な資質を備えた心身ともに健康な国民の育成を期して行われなければならない」。教育を多面的にとらえることの重要性は，教育基本法第1条からも十分によみとれよう。

　本節で紹介した教育の諸相はいずれも重要であるため，教育という問題を考えるうえで私たちはこれらすべてを包括的にとらえる必要がある。しかし，諸相のとらえ方や統合の仕方まで決められているわけではない。どの側面に重きを置くかは人によって異なるだろうし，まったく別の要素を加えるという選択肢もある。諸側面の統合バランスに唯一の正解があるわけでもない。教育という複雑な営みを多面的にとらえ，それぞれの教育的作用を自身の経験に照らしながら意味づけ統合していくことによって，各人の教育観は形成されるのであり，それぞれの観点に基づいた教育が行われるのである。

第3節　教職に関する類語の整理

　これまでの考察から，人間が人間であるために教育が欠かせないということ，また教育に多様な側面があるということは，すでに明らかであろう。では，教育を仕事とする教職とはどのようなものなのだろうか。教職についての具体的かつ専門的な考察は第2章以降に譲るとして，ここではまず教職に就いている人をさし示す類語（先生・教師・教員・教諭）の意味と使用例を整理をしておくことにする。

1　先　生

　「先生」という言葉を辞書で調べてみると，「先に生まれた人」[4]「学徳のすぐれた人」「自分が師事する人」「また，その人に対する敬称」といった説明がなされている（『広辞苑』）。「先生」といえば教師を思い浮かべる人が多いのは事実であるが，「学校の先生」という言葉の存在が裏書きしているように，「先生」という呼称そのものは別に教師の専売特許ではない。例えば医者は「病院の先生」であるし，弁護士や政治家から漫画家や作曲家，ひいては演歌歌手に

いたるまで，「先生」という呼称は思いのほか幅広く用いられている。このように「先生」は，私たちに広く親しまれた言葉である反面，概念と呼べるほど用語としての専門性を備えているわけではないといえよう。

2　教　師

「教師」とは，「学術・技芸を教授する人」や「公認された資格をもって児童・生徒・学生を教育する人」，また「宗教上の教化をつかさどる人」であり（『広辞苑』），教えることにおける専門職性を意識した用語である。「教師」という言葉の射程は「先生」よりも狭く，ちょうど「学校の先生」とほぼ同義であると理解してよいだろう。視点を変えるなら，医者や政治家のことを「先生」と呼ぶことはあっても，「教師」とは絶対に呼ばないということである。高校教師も新米教師もベテラン教師も，「教師」と呼ばれる時点で例外なく「学校の先生」なのである。またＡという名前の教師に対して「Ａ先生！」という呼びかけはできても「Ａ教師！」といういい方はしないように，「教師」には二人称（＝敬称）としての語用例がないのも特徴の１つである。

3　教　員

「教員」とは，「学校に勤務して教育を行う人」のことである（『広辞苑』）。意味的には「教師」とほぼ同じであるが，「教員」という言葉は「教育職員」の略称でもあり，背後には教育職員免許法という法規の存在がある。つまり「学校の先生」とか「教師」という言葉を法律用語で言い換えたものが「教員」であると考えてよいだろう。やや経験論的な見解になるが，教職を漠然とした将来の夢としてではなく，確実にめざすべき職業として意識したとき，私たちは自然と「学校の先生」や「教師」という表現ではなく，「教員」という用語を選択するようになるのかもしれない。

4　教　諭

「教諭」とは，学校教育法によって規定された教員の職階・職名の１つで，

具体的には児童生徒の教育をつかさどることを職務とする教員のことをいう。つまり，校長や教頭ではなく，学級担任や教科担任というかたちで児童生徒の前にあらわれる先生のことである。「教諭」は，おそらく子どもたちにとって，あるいは，これまでに出会った先生への憧れから教員を志す学生にとって，最も馴染み深い教員であり，それはまた，将来的に教頭や校長などの管理職になるかどうかは別にして，教員人生を歩む者が必ず最初に拝命することになる職階でもある。

第4節　3つの教職観

　教職に関するさまざまな呼称の特質については，以上に確認したとおりである。互いに類似しているようにみえても，先生・教師・教員・教諭といった表現にはそれぞれに固有の意味や背景があり，専門性の度合いやその射程も異なる。「名は体を表す」という言葉もあるように，同一人物をいい表す場合でも，用いられる呼称によって込められる意味やメッセージは違ってくるのである。教職について専門的に学ぶのであれば，今後はこうした微妙なニュアンスの違いにも自覚的でなければならないだろう。

　しかし，教職に関する類語の整理よりもさらに重要なのは，教職という仕事をどのようなものとしてとらえるかという教職観の問題である。というのも，この教職観の違いは，呼称のそれとは異なって，実際に教職という仕事に対する意識や教育の質の差となって表出することがあり，その意味では単に教員側の問題にとどまらず，教育を受ける子どもたちの側にも直接的な影響を及ぼしうるからである。

　これまで時代や社会が教職という仕事に何を求めてきたのか，また実際に教職に就く者や教職を志望する者は教職をどのようにとらえ，どのような意識をもって教職に従事すべきなのか。こうした問題について考える際の有効な指標となりうる代表的な3つの教職観がある。本節では，聖職者論・労働者論・専門職論という3つの代表的な教職観の成立過程とその特質を明らかにし，第1

章の締めくくりとしたい。

1 聖職者論

　中世ヨーロッパでも近世日本でもそうだが，社会の中で人々に何かを教えるという役割を担っていたのは，司祭や僧侶などの聖職者であった。周知のとおり，聖職者とは神仏につかえる宗教的権威者のことであり，その職業的態度は品行方正・清廉潔白，世俗の欲を超克した崇高な姿勢こそが奉職の条件とされた。こうした歴史的背景をふまえながらその職業的態度を理念化し，教師にも聖職者的な姿勢を求める教職観を聖職者論と呼ぶ。

　聖職者が教育を担うという意味ではなく，教師を聖職者と見なすこの教職観は，近代学校教育制度が整備される明治時代に醸成されたといわれる。教育をすぐれて崇高な営為と見なす国家的価値観の喧伝を背景に，初代文部大臣の森有礼は，教師を「教育ノ僧侶」と特徴づけ，教職に就く者に対して「生命ヲ擲ツテ教育ノ為ニ尽力スル決意」を要求した。つまり金銭欲や名誉欲といった一切の世俗的関心を捨てもっぱら教育のために尽力する態度こそが，当時の教師には期待されたのである。

　実際，当時の教師の給与水準は他の職種と比べ決して高くなく，生活も相当に厳しかったとされる。少なくとも当時の教師は，世間が羨むような好待遇の仕事ではなかったのである。しかし，その清貧に甘んじる自己犠牲的な生活態度がかえって周囲の尊敬を集め，経済的地位とは対照的に，教師の社会的地位は高かった。

　品行方正や清廉潔白を旨とし，賃金のためではなく教育という崇高な使命を果たすために献身的に働くべきとするこの教職観が聖職者論であり，皮肉なことに，教師の社会的地位が低下したといわれる現在にあってもなお根強い支持を集める有力な教職観の1つである。

2 労働者論

　2つ目の教職観は労働者論である。教師を労働者と見なすこの考え方が登場

した直接の契機は，1947（昭和22）年に結成された日本教職員組合の存在である。
日教組という略称をもつこの団体は，第二次世界大戦後に急速に進められる教育の民主化の中で誕生した教員の労働組合であり，結成当初は加入率8割を超える大規模な組織であった[5]。この強大な組織力を背景に日教組は教員の労働者としての権利を主張しはじめ，清貧に甘んずる旧来の聖職者論からの脱却をめざした。そして1952（昭和27）年には戦後のあるべき教師像を定めた「教師の倫理綱領」を発表，10箇条からなる同綱領のなかで明白に「教師は労働者である」とうたったのである。

給与水準や勤務条件を改善し相対的に低待遇であった教員の経済的地位を向上させた日教組の意義は小さくない。また，その時々の教育問題に教職員の立場から意見を述べ提言もしてきた。しかし教師を一般の労働者と同定するこの教職観は，ある別の事態を招来することにもなった。

問題が顕在化したのは，第1次ベビーブーム期に生まれた世代が就学しはじめる1950年代以降のことであった。全国的に教員不足が深刻化し，にわかに教員の大量採用時代が到来したのである。質の保証よりも量の確保が優先される趨勢の中で，教員としての資質能力や使命感に欠ける人材が採用されるケースも増え，結果として教員の質の低下を招くことになった。その象徴が，「教師にでもなろうか」「教師にしかなれない」などといった低いモチベーションで教職の道を選ぶ「デモシカ教師」や，教職を賃金を得るための一手段としか考えない「サラリーマン教師」の登場である。

教員不足と大量採用という時代背景がこの問題の主な要因であることは間違いないが，「デモシカ教師」や「サラリーマン教師」にとって好都合なある種の理論的根拠を用意したのは，おそらくこの労働者論である。

3　専門職論

「聖職者」対「労働者」という二項対立図式が顕在化し，その調停が課題とされはじめたちょうどそのころ，第3の教職観が登場することになった。それが専門職論である。この教職観の直接的な根拠は，1966（昭和41）年にユネス

コ（UNESCO）の特別政府間会議において採択された「教員の地位に関する勧告」に求めることができる。「教員の地位に関する勧告」の第6項には，次のように記されている。

> 「教育の仕事は専門職（profession）とみなされるべきである。この職業は厳しい，継続的な研究を経て獲得され，維持される専門的知識および特別な技術を教員に要求する公共的業務の一種である。」

ここには，特別の知識や技術を必要とする教員の専門職性がはっきりとうたわれている。注目すべきは，この勧告をユネスコがILOと共同で発表していることである。周知のとおり，ユネスコの正式名称は国際連合教育科学文化機関（United Nations Educational, Scientific and Cultural Organization）であり，教育・科学・文化の発展を目的として組織された国連の専門機関である。一方，ILOは国際労働機関（International Labour Organization）の略称で，労働者の勤務条件および生活水準の改善を目的とする国連最初の専門機関である。すなわち専門職論には，聖職者と労働者という2つの対立する教職観を調停・克服する可能性が秘められているのである。

一般に専門職と称される医師や弁護士などと比べると，教員の就業人口は圧倒的に多く，それゆえ教員は「準専門職（quasi-profession）」的な評価しか得られないという指摘があるのは事実である。また，民間人校長の登用制度や教員免許更新制の導入など，教師の専門性が疑問視されるような時代の流れもある。しかしながら，現代の学校教育がかかえる諸課題に鑑みれば，聖職者と労働者という2つの対立モデルをも包括しうる教職観として，あらためて専門職論の意義は強調されるべきであろう。

【松原　岳行】

注
(1)「めだかの学校」作詞：茶木滋，作曲：中田喜直。「雀の学校」作詞：清水かつら，作曲：弘田龍太郎。
(2) 就巣性や離巣性の「巣」とは，ちょうどツバメの巣がそうであるように，まさに親の保護の象徴である。逆に「巣立ち」とは，親の保護を受けなくても十分に生活でき

るほどに成長し親から独立することを意味する。ちなみに,「そだつ（育つ）」という言葉が「すだつ（巣立つ）」に由来するという学説もある。
(3) 近年の研究では,チンパンジーやニホンザル,ゾウ,ペリカン,フクロウなど,一部の動物にもネグレクト行為が見られることが指摘されている。
(4) 確かに,小学校に入学してから高等学校を卒業するまで,お世話になった先生はふつう年上＝自分よりも先に生まれた人であるし,習い事など学校以外の場であっても,師と仰ぐ存在はたいてい自分よりも年上である。しかし,わが子を学校に通わせている保護者が自分よりも年下の担任を「○○先生」と呼ぶことがあるように,先に生まれた人であるかどうかは「先生」という呼称を用いる際の必要条件ではない。
(5) 現在の加入率は3割を下回っている。

参考文献

小笠原道雄「教育の本質と教育目的」上原貞雄・三好信浩編『教育原論』（教職科学講座第12巻）福村出版,1992年。

カント著／加藤泰史訳「教育学」湯浅正彦・井上義彦・加藤泰史訳『カント全集17—論理学・教育学』岩波書店,2001年。

ゲーレン著／平野具男訳『人間—その本性および世界における位置』法政大学出版局,1985年。

スミス著／周郷博訳『教育入門』岩波書店,1961年。

デュルケーム著／佐々木交賢訳『教育と社会学』誠信書房,1995年。

ポルトマン著／高木正孝訳『人間はどこまで動物か—新しい人間像のために』岩波書店,2007年。

森昭『教育の実践性と内面性—道徳教育の反省』黎明書房,1978年。

第2章　教職の意義と役割

第1節　教職はどんな仕事か

1　教育と職業としての教育者

「教育」とは何か。そもそも「教育基本法」や「学校教育法」では「教育」を定義していない。教育に関しては語源・語義から，目標・目的から，方法・手段から，機能・効果からなど，さまざまな定義がありえる。例えば，語源・語義からは「英語：educationやフランス語：éducationは，ラテン語：ducere（連れ出す・外に導き出す）という語に由来するから"教育とは人の持つ諸能力を引き出すこと"」とされる。

『広辞苑』でも教育の定義は経年的に変化しているが，現在は「①望ましい知識・技能・規範などの学習を促進する意図的な働きかけの諸活動。②①を受けた実績」(広辞苑第7版　2018年，岩波書店)とされている。第1版(1955年)では「(1)教え育てること。導いて善良ならしめること。人を教えて知識を開くこと。(2)〔教〕(education)成熟者が未成熟者に，心身の諸性能を発育させる目的で，一定方法により一定期間継続して及ぼす影響。その作用の主体には家庭・学校・社会・国家その他の別がある」とされているから，社会の変化，文部・文部科学行政の変化にともなって，「教育」をどうとらえ，どう見るのかも変化してきているといえる。

一方，「教育を行う人たち」は，一般には教育者(educator)あるいは教師(teacher)と呼ばれる。

人類の歴史の中で「職業的教師」の起源の1つとされるのは，紀元前5世紀

半ごろ，ポリス社会のギリシャに現れたソフィスト（sophist；原語 sophistēs は何らかの技芸に秀でた達人，あるいは知恵ある者を意味するギリシャ語）たちである。「徳の教師」としてギリシャを遍歴してソフィストとしての地位を確立したアブデラ出身のプロタゴラス（Prōtagoras：BC490 ころ～ BC420 ころ），懐疑論的相対主義の立場から弁論術を確立したシチリア島レオンティノイ出身のゴルギアス（Gorgias：BC484 ころ～ BC375 ころ）に代表される彼らは，「国家のために有為な人物になろうとする若者（裕福な市民の子どもたち）」に弁論術や政治・法律などの「教養」を伝授し，報酬を得た「職業的教師」「職業的教育者」である。現在でも，「職業」の要件は「継続性」「有償性」「社会性」であると考えられるから，ソフィストはまさに「教育を職業とした」人たちであるといえる。

ソフィストの時代以降，プラトンによってつくられたとされるアカデメイア，キリスト教を背景としたリベラルアーツ中心の人間教育の場としての中世の大学などさまざまな「学校」において，また「義務制・無償性・中立性」を原則とする「国民を育成する装置」としての近代学校において，そして現在も教員はその職業的役割を果たしつづけている。

2　教職の法的規定

日本において，学校の「先生」（この章では特にふれない限り初等・中等教育段階の教員について扱う）は，法的には「教育職員」（教員）と呼ばれる。教育職員免許法（昭和24年5月31日法律第147号／最終改正＝平成24年8月22日法律第67号；原文は漢数字，以下算数字で表記）第2条1項には，次のように規定されている。

また，教員の職務は学校教育法第37条によって次のように規定されている。

> この法律において「教育職員」とは，学校教育法（昭和22年3月31日法律第26号／最終改正：平成23年6月3日法律第61号）第1条に規定する学校（幼稚園，小学校，中学校，高等学校，中等教育学校及び特別支援学校：以下「第1条学校」という）並びに就学前の子どもに関する法律，保育等の総合的な提供の推進に関する法律第2条第7項に規定する幼保連携型認定子ども園（以下，「幼保連携型認定子ども園という」）の主幹教諭（幼保連携型認定子ども園の主幹

> 養護教諭及び主幹栄養教諭を含む），指導教諭，教諭，助教諭，養護教諭，養護助教諭，栄養教諭，主幹保育教諭，指導保育教諭，保育教諭，助保育教諭及び講師（以下「教員」という）をいう。

　なお，第37条は小学校に関する規定であるが，中学校に関する第49条，高等学校に関する第62条，中等教育学校に関する第70条は，それぞれ第37条の準用規定であり，特別支援就学前教育に関する第82条は準用を示した規定なので，ここでは第37条について示す（傍線は筆者による）。

> 1　小学校には，校長，教頭，教諭，養護教諭及び事務職員を置かなければならない。
> 2　小学校には，前項に規定するもののほか，副校長，主幹教諭，指導教諭，栄養教諭その他必要な職員を置くことができる。
> 4　校長は，校務をつかさどり，所属職員を監督する。
> 5　副校長は，校長を助け，命を受けて校務をつかさどる。
> 7　教頭は，校長（副校長を置く小学校にあっては，校長及び副校長）を助け，校務を整理し，及び必要に応じ児童の教育をつかさどる
> 9　主幹教諭は，校長（副校長を置く小学校にあては，校長及び副校長）及び教頭を助け，命を受けて校務の一部を整理し，並びに児童の教育をつかさどる。
> 10　指導教諭は，児童の教育をつかさどり，並びに教諭その他の職員に対して，教育指導の改善及び充実のために必要な指導及び助言を行う。
> <u>11　教諭は，児童の教育をつかさどる。</u>
> 12　養護教諭は，児童の養護をつかさどる。
> 13　栄養教諭は，児童の栄養の指導及び管理をつかさどる。
> 15　助教諭は，教諭の職務を助ける。
> 16　講師は，教諭又は助教諭に準ずる職務に従事する。
> 18　特別の事情のあるときは，第一項の規定にかかわらず，教諭に代えて助教諭又は講師を，養護教諭に代えて養護助教諭を置くことができる。
> 19　学校の実情に照らし必要があると認めるときは，第九項の規定にかかわらず，校長（副校長を置く小学校にあっては，校長及び副校長）及び教頭を助け，命を受けて校務の一部を整理し，並びに児童の養護又は栄養の指導及び管理をつかさどる主幹教諭を置くことができる。

これらの規定から「教諭（一般教員）」は「学校」で「児童・生徒の教育をつかさどる」職務であるといえる。

　ここで「つかさどる」とはどういうことなのかを考えてみたい。「つかさどる（掌る・司る）」とは「①官職として担当する。役目として担当する。②支配する。統率する。また，機能を制御・管理する」（『広辞苑』第7版）と説明される。ここでは「児童・生徒を理解・掌握して，責任をもって職務を遂行する」と理解したい。

　それでは，具体的には「教員の仕事」（職務）はどんなことなのだろうか。学校教育法はじめ教育に関する諸法規においては，具体的に「何が教員の仕事（職務）なのか」は規定されていない？具体的な規定がないということは「学校内外における，学校に関係する諸活動の全体が職務」であると解釈しうる。逆にいえば，教員は学校の諸活動や児童生徒にかかわることに関して「それは職務ではない」とはいえないことになる。

3　教員の仕事内容（教職の内容）

　文部科学省は，パンフレット『教員をめざそう！』（文部科学省，2009）において，教員の魅力や教員になる方法などについて紹介している（p.27の図2.1参照）。それにしたがって，教員の仕事内容を中心にみていくことにしよう。

　図2.1からはまず，「教員の仕事の中心となるのが教科等の授業です」として「教科指導等」が大きくとりあげられていることがわかる。また，「教員には教科等の指導の他にも様々な仕事があります」として，学級経営・生徒指導，進路指導・キャリア教育，部活動などがあげられている。この図と各学校で作成されている「学校要覧」に示された校務分掌から，教員の仕事を次のように整理してみた。

>①**学習指導**　各教科，道徳，総合的な学習の時間，特別活動について，指導計画の作成・教材研究・授業研究・研修，授業の実施，学習評価・評定・記録等を行う。注意すべきは，指導と評価を一体化して授業改善につなげること。

②**生徒指導**　社会適応のための社会化（規律の徹底，人間関係形成・維持・発展）指導，児童・生徒の自己理解の促進（児童・生徒理解），問題行動の発見と介入・対処指導，生活面を中心にした生徒相談（教育相談）等を行う。注意すべきは「発達」の視点と人権に関する十分な配慮である。

③**進路指導・キャリア教育**　生徒の自己理解，社会をみる視点の獲得・深化に基づく将来設計（キャリア・デザイン）指導，「学ぶことの意味」など将来の夢や目標を実現するための「今を充実させる」指導，具体的な進路選択のための情報提供と進路探索の方法指導，進路や生き方に関する相談等を行う。注意すべきは「社会を形成・維持・発展させる者としての生き方設計」の視点を持つことである。

④**学級経営**　学級経営案の作成・実施・評価，学級づくりとアセスメントに基づくよりよい学習・生活環境づくり，出席簿・通知表・指導要録などクラスの子どもたちの活動記録の作成，学級通信等の作成と保護者への連絡・対応，給食・清掃の指導等を行う。注意すべきは「集団の中の『個』」という視点をもつこと，子どもたち一人ひとりの「個性」を家庭の文化などその背景も含めて理解したうえで指導することである。

⑤**生徒会活動指導**　各委員会指導，児童会・生徒会の運営指導，子どもたちによる様々な自治活動への助言等を行う。

⑥**学校行事指導**　儀式的行事（入学式・卒業式・始業式・終業式など），文化的行事（学芸会・学習発表会・文化祭・合唱祭など），健康安全・体育的行事（運動会・体育祭・健康教育講座・交通安全教室・避難訓練など），遠足・集団宿泊的行事（遠足・移動教室・林間学校・臨海学校・修学旅行など），勤労生産・奉仕的行事（就業体験・ボランティア活動・大掃除など）からなる学校行事の計画・実施・評価を行う。注意すべきは，特別活動の「集団で体験する」という方法原理である。

⑦**部活動指導**　部活動の指導，試合等の引率など。注意すべきことは，「部活動」は中学校学習指導要領（2017年3月改訂，2021年度全面実施）第1章総則「第5学校運営上の留意事項」として，「…生徒の自主的，自発的な参加により行われる部活動については，スポーツや文化，科学等に親しませ，学習意欲の向上や責任感，連帯感の涵養等，学校教育が目指す資質・能力の育成に資するものであり，学校教育の一環として，教育課程との関連が図られるよう留意すること。その際，学校や地域の実態に応じ，地域の人々の協力，社会教育施設や社会教育関係団体等の各種団体との連携などの運営上の工夫を行い，持続可能な運営体制が整えられるようにするものとする」とあるように，正式に学校の教育活動として位置づけられていることである。

第1節　教職はどんな仕事か　27

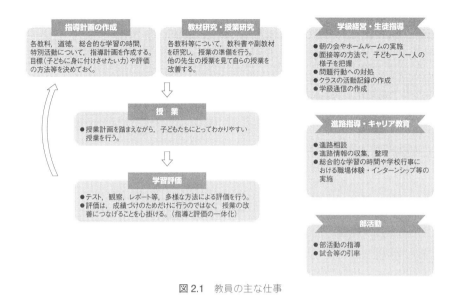

図 2.1　教員の主な仕事
出典：文部科学省『教師をめざそう』2009年より抜粋。

ここまでは，主に子どもたちと直接的にかかわる仕事内容（職務内容）であるが，このほかに職務としては次の3つが考えられる。

⑧**学校運営（校務分掌）**　教務部，生徒指導部，進路指導部，研究・研修部，保健厚生部など学校運営のための事務的作業の分担。
⑨**保護者との連携**　PTAとして保護者による諸活動への協力など，学校開放時の保護者の協力体制の構築等の活動。
⑩**地域との連携**　地域行事への参加，公民館・児童館等の行事への参加，地域の伝統の継承等に関して指導をお願いする際のコーディネート，地域で展開するボランティア活動のコーディネート等の活動。⑨と合わせた注意点は「開かれた学校」の推進。

教員の仕事は，子どもに直接かかわる「見える仕事」以外に，学校運営，保護者との連携，地域との連携といった「見えにくい」仕事もある。その両面の仕事を遂行してはじめて，学校としての「信頼」が得られることについて十分

な認識と理解が必要である。

4 「チーム学校」

中央教育審議会は，2015年12月に「チームとしての学校の在り方と今後の改善方策について（答申）」を出した。まず「教育水準の向上のためには，教育課程の改善のみならず，それを実現する学校の体制整備が不可欠」であるという問題意識の上に，「『アクティブ・ラーニング』の視点を踏まえた指導方法の不断の見直し等による授業改善と『カリキュラム・マネジメント』を通した組織運営の改善に一体的に取り組むことが重要である」としている (p.3)。また，「コミュニティ・スクール（学校運営協議会制度）や様々な地域人材等との連携・協働を通して，保護者や地域の人々を巻き込み教育活動を充実させていくことも求められている」として，「個々の教員が個別に教育活動に取り組むのではなく，校長のリーダーシップの下，学校のマネジメントを強化し，組織として教育活動に取り組む体制を創り上げる」ために，さらには「生徒指導や特別支援教育等を充実していくために，学校や教員が心理や福祉等の専門家（専門スタッフ）や専門機関と連携・分担する体制を整備し，学校の機能を強化していく」ために，「チームとしての学校」（「チーム学校」）の体制を整備することが必要であるとしている。それによって，「教職員一人一人が，自らの専門性を発揮するとともに，専門スタッフ等の参画を得て，課題の解決に求められる専門性や経験を補い，子供たちの教育活動を充実していくことが期待できる」として，「チームとしての学校」像（イメージ図）を示した（図2.2）。

「チーム学校」という考え方は重要であり，実際に学校では「教職員集団」として責任をもった指導が行われている。そのうえで，校長のリーダーシップの下にあらためて「チーム学校」を強調するのはなぜなのだろうか。問題点を以下に示す。

現在の「学校現場」がかかえる問題は「チーム学校」（専門的多職種の連携・協働体制）によって解決可能なのだろうか。現場の声としてよく耳にするのは，「手が足りない」ということである。今，学校に必要なのは一人でも多くの「教育

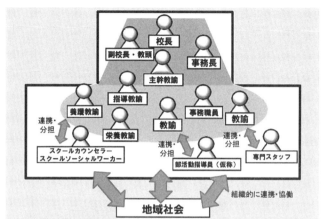

図 2.2 「チームとしての学校」像（イメージ図）
出典：文部科学省中央教育審議会，2015 年

指導に責任をもつ教員」ではないのだろうか。また，学校で働く「みんな」が力を合わせて「教育活動」に取り組み，教育目標の達成を追求しなければならないことはいうまでもないが，「学校は何をするところか」の自覚がないと，なんでもかかえ込み，結果として「教育の場」としての学校（治療でも矯正でも福祉でもない）が「今以上に多忙に」なり，「できないことに労力をとられ」疲弊して，「集団無責任状態」になって，決定的に「社会の信頼を失う」ことになりはしないだろうか。今，学校に必要なのは，学校がすべきことに全力で責任をもって取り組み，「教育にはできない・すべきでないこと」は毅然として外部機関にリファー（問題解決のために紹介）することではないだろうか。

第2節　教員の仕事（教職）と求められる教員像

この節では，教員の仕事の特質である「専門性」について考え，あわせて教

員に何が求められているのかを国・地方教育委員会の「求める教員像」からみていくことにしよう。

1 教職の位置づけ

第1章でもふれたように、教員は明治期以来第二次世界大戦後しばらくの時期までは、公共性が強く、「公僕や奉仕者」として高い使命感に基づいて献身的に職務を遂行する「聖職者」とみなされることが多かった。そこで求められるのは言うまでもなく「人間性」であり、教職の「専門性」や「労働者としての普遍性」は強調されることはなかった。

1952（昭和41）年に日本教職員組合が「教員の倫理綱領」を出して労働基本権の保障要求を行い、「労働者」としての教員としての見方も構築された。

その後1966（昭和41）年に採択されたILO・ユネスコの「教員の地位に関する勧告」ではじめて「教員の仕事は専門職とみなされるものとする…」として、教職の「専門職」としての位置づけが明確になされた。また同時に、専門職としての教職に関して、研修の意義、労働条件の改善、教育政策決定への参加、学問の自由と市民的権利の保障等も提起された。

こうして日本でも、理念的には「教職」は「専門職」として位置づけられることになったが、実態としては必ずしもILO・ユネスコ勧告の趣旨を十分に具現しているとはいいがたい。

2 教職の専門性

松尾（2006）は「専門職（profession）」について次のように整理している[1]。

> 専門職として確立した「専門家（professional）」は、素人には真似のできない高度な知識やスキルを提供するという「技術的側面」、自律的に意思決定することができ、組織に縛られることなく、同僚との連携を重視するという「管理的側面」、そして、他者に奉仕することに意義を感じ、金銭的な利害を超えて自身の職業にこだわりを持つ「精神的側面」によって特徴づけられます。

また石井 (2013) は,「教職については, 公共的使命などの精神的側面が強調される一方で, かならずしも, 専門性の根拠となる専門的知識が明確にされているわけではなく, 専門家としての地位も自由も自律性も十分に保障されていないのが実態です。こうした『準専門職 (semi-profession)』というべき現状から, 教職の専門職化（専門性や専門職性の高度化）を進めていくことが課題になっています。その際, 無境界性, 複線性, 不確実性という教師の仕事の特性を認識しておくことが重要です」と指摘している[2]。

　この指摘にみられる「無境界性」「複線性」「不確実性」は, 教員の仕事を特徴づける「3つの特性」である。教職の3つの特性のうち「無境界性」とは「授業にしても学級経営にしても, ここまでやれば終わりというものがないこと」である。「複線性」とは「教科指導から生徒指導・生活指導・保護者対応に至るまで, 種類の違う多様な仕事を同時に並行して担わねばならない。とくに日本では, 知識・技能を教えるだけでなく, トータルな人間形成に関わることを教師に期待する傾向がある」ことである。「不確実性」とは「何がよい教育なのかという安定した一義的な基準がない」ことである（教職の3つの特性については秋田・佐藤編, 2006 および佐藤学, 1997 を参照）。

　「無境界性」「複線性」「不確実性」は, 日本において教職が専門職であるためにクリアすべき問題をあげたものとも理解できるが, その職務の包括性, 多様性ゆえに, すべてについて同じレベルでバランスよく専門的知識や判断力を身につけ, 学校内外の実践の場で遂行するのは困難である。

　その意味では「学校」, その業務を遂行する教職員が1つのチームとして「教育責任を果たす」という「集団的専門性」あるいは「組織としての専門性」を発揮することが求められ, 具体的には個々の教員の絶え間ない職務研修（専門性の向上をめざす実践のための学習）と管理職・教育行政担当者の運営研修がその基礎になるといえる。

3　求められる教員像

　中央教育審議会は今後の教員養成の方向性について, 2012 年 6 月 3 日「教

職生活の全体を通じた教員の資質能力の総合的な向上方策について（答申）」を取りまとめた。また，2015年12月には「これからの学校教育を担う教員の資質能力の向上について（答申）」を出した。これらの答申等に基づいて教育職員免許法改正（2016年11月）および同施行規則改正（2017年11月）が行われ，2019年4月から完全施行される。あわせて，教育公務員特例法の一部が改正され，2019年4月から全面施行される。国としての方針は第3章で詳説するので，ここでは都道府県教育委員会・政令指定都市教育委員会がどのような教員を求めているのかをみてみることにする。

都道府県教育委員会・政令指定都市教育委員会は「求める教員像」をさまざまな形で公表している。例えば，大阪府教育委員会は2019（平成31）年度大阪府公立学校教員採用選考テスト受験説明会（2018年4月）における酒井教育長の講話「求める教員像」を動画で配信・公開している。その中で教育長は，「豊かな人間性」「開かれた社会性」「実践的な専門性」がこの順に重要であると述べている。

北九州市は「人と文化を育み，世界につながる，環境と技術のまち」をまちづくりの目標に掲げ，「人づくり」「暮らしづくり」「産業づくり」「都市づくり」の4つを目標実現のための「基本方針」としている。そのうち「人づくり」を具現化するスローガンが「目指せ！教育日本一のまち」であり，「教育日本一を実感できる環境づくり」のために「思いやりの心をもつ，自立した子どもを育む」ことを教育目標としている。そのうえで，北九州市が求める「教師像」として，「教員としての使命感や自覚を持った教師」「教科等の指導力と学級経営・生徒指導能力を持った教師」「保護者・地域住民との良好な人間関係を築ける教師」をあげている。さらに，教員に求められる「資質」として，「人間としての温かさと厳しさをもち，生き方のビジョンを示せる教師」が特徴的に示されている。

教員をめざして学んでいる学生や社会人の方々も，自分が教員になりたい地域の，あるいは学校の，求める「教員像」をインターネットやパンフレットなどで調べて，そこにあげられていることを自分の「強味」にできるように毎日

の生活をコントロールして充実させることが求められるだろう。

第3節　教員の仕事と意識

　ここまで教員の仕事（教職）の内容と位置づけ，求められる教員像についてみてきた。この節では，具体的に教員はどんな生活をしていて，どんな意識をもっているのか，またそれは外国の教員と比較してどんな特徴があるのかを調査データからみていくことにする。

1　教員の一日

　文部科学省は，『教員をめざそう！』(2009)のなかで教員の一日を紹介しているが，それは，生徒の登校から下校までの「見えるしごと」の部分であり，実際には生徒の登校前，下校後の「見えにくいしごと」もある。そこで，実際の教員の生活として，出勤から退勤まで入れたある公立中学校数学科担当教員Y先生の一日のタイムスケジュールを表 2.1 に示した。タイムスケジュールをみると「空き時間」という表記があるが，「空き時間」とは「授業のない時間」という意味であり，勤務時間（労働時間）であって「休憩時間」(労働基準法第 34 条 1 項に定められた，労働時間の途中に置かれた労働者が権利として労働から離れることを保障された時間）ではない。「授業のない時間は，教材研究や授業準備，部活動や出張関連の書類作成，保護者連絡などをしています」というのが A 先生の説明である。

　Y 先生の一日のタイムスケジュールの例から，どんなことがわかるだろうか。単純に「学校にいる時間」を考えると，12 時間以上になっていることがわかる。一般企業等では「時間外労働（残業・超過勤務）」に関して「手当」（賃金）が支払われるが，教員の場合は「公立の義務教育諸学校等の教育職員の給与等に関する特別措置法」（昭和 46 年 5 月 28 日法律第 77 号）にしたがって，「その者の給料月額の 100 分の 4 に相当する額を基準にして，条例で定めるところにより『教職調整額』を支給しなければならない」（第 3 条 1 項）とされている。

表2.1 公立中学校数学科教員Y先生のある一日のタイムスケジュール

時　刻	活動内容等
07：00	出　勤
08：20〜08：30	職員朝礼
08：30〜08：45	教室で朝の学活・HR
08：45〜09：35	授　業
09：45〜10：35	授　業
10：45〜11：35	空き時間
11：45〜12：35	授　業
12：35〜13：20	昼休み
13：20〜14：10	授　業
14：20〜15：10	授　業
15：10〜15：20	帰りの学活・HR
15：20〜15：40	掃　除
16：00〜17：00	職員会議（週により各種会議あり）
17：00〜	部活動指導や面談，教材準備など
19：45	退　勤

　要するに，実際の時間外労働時間にかかわらず4％の「教職調整手当」が支給されているだけである。教職の特殊性が表れている一面である。

2　日本の教員の仕事と職場生活・働きがい
(1)「教員の仕事と職場生活についての国際比較調査」結果

　「教職員労働国際比較研究委員会」（嶺井正也委員長）は2008年1月から5月にかけて「教員の仕事と職場生活についての国際比較調査」を行い，最終報告書として『授業準備と子どもと向き合う時間こそ』（国民教育文化総合研究所，2009年2月）をまとめた[3]。調査対象国・地域は日本，イングランド，スコットランド，フィンランド，サンプリング調査でアンケート調査分析に使った義務教育学校教員の質問票数は日本431，イングランド286，スコットランド371，フィンランド406，合計1494（女性1,052，男性438）であった。

　調査結果を紹介しながら，日本の教員の仕事の実態と意識などに関してその

特質を明らかにする。
① 教員の学校にいる時間数と週の労働時間

教員の学校にいる時間数（在学校時間数）と週の労働時間の平均を図2.3に示した。

日本の教員の学校にいる時間は，ほかの国に比べて長いことがわかる。また，通勤時間は各国とも55分前後で差がない。日本の教員は，授業の開始前と授業終了後に学校にいる時間が3時間40分であり，イングランド（2時間47分），スコットランド（2時間7分），フィンランド（1時間8分）に比べて長いことに特徴がみられる。フィンランドの教員に関しては「放課後から帰宅時間までという不思議な時間に補習をしている」（福田, 2009）という指摘があるが[4]，それでも退勤時間（学校を出る時間）は平均で14時57分である。また，日本の教員は，休憩時間，連続した休暇がとりにくいことも特徴として指摘されている。とくに休暇はフィンランド63.2日，スコットランド36.2日，イングランド29.07日に対して，日本は5.07日である。

週の労働時間に関しては各国とも労働法上の規定があるが，それでも日本は55時間49分とかなり長く，最も少ないフィンランドの36時間46分に比べて約1.5倍である。また，学校での週当たり労働時間に週当たりの家での作業時

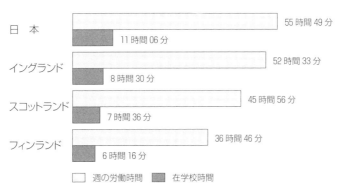

図2.3 教員の在学校時間数と週平均労働時間
出典：嶺井正也「授業準備と子どもと向き合う時間こそ」『相談室だより2009』国民教育文化総合研究所, 2009年。

間を加えた週当たりの総労働時間をみてみると，日本61時間34分（55時間30分＋6時間04分），イングランド51時間20分（42時間30分＋8時間50分），スコットランド45時間09分（38時間00分＋7時間09分），フィンランド37時間34分（31時間20分＋6時間14分）となっている。日本とフィンランドの家での作業時間はほとんど変わらないが，その意味するところは大きな違いがある。日本の教員は学校にいる時間が長いので，家に持ち帰って作業をする時間がない（帰宅から就寝までの時間は一番短く平均で3時間53分，平均の起床時間は一番早く5時48分）。それに対してフィンランドの教員は，退勤したあとさまざまな施設や機関で自由に研修する時間がある。なお，日本の教員では女性の退勤時刻は男性よりも平均で1時間ほど早いが，家での作業時間が週当たり45分も長くなっている。日本の女性教員は，家事・育児の後に学校からの持ち帰り仕事をこなしているといえる。

　日本の教員の労働時間の長さは今までも指摘されてきたことであるが，その根底にあるのは，特にフィンランドに代表される「学習指導に特化した教職」と，今までみてきたように「学校における教育に関するあらゆることをつかさどる」日本の教職の職務内容の違いである。「学習指導者としての教員」と「全人格的なかかわりが求められる教員」の違いとも言える。最近，とくに中学校において「部活動の指導」が過労死につながりかねない長時間労働の根源のような言説が議論されているが，問題の本質はそこにあるのではない。教員の「職務内容の多様性」と「教員に求められる在り方」の問題である。

② 授業準備回数と教育業務関連文書作成回数

　週当たりの授業準備回数と教育業務関連文書作成回数を図2.4に示した。

　授業準備回数はイングランド，スコットランドに比べて日本とフィンランドが少ないことがハッキリわかる。イングランドとスコットランドは週に半日は「授業準備時間」が設定されているため，教員はその時間に集中して授業準備をすることができるようになっている。日本とフィンランドは授業準備回数はほとんど同じであるが，教育業務関連文書作成回数に関して日本が約4倍になっている。フィンランドの教員は学校にいる時間が短く，週当たりの労働時間

図2.4 週あたり授業準備回数と教育業務関連文書作成回数

出典：図2.3に同じ。

も短く，教育業務関連文書作成回数も少ない「学習指導者」であるから，授業準備の回数はもっと多くてよさそうであるが実際はかなり少ない。これは，フィンランドの義務教育学校教員の多くが学年固定担任制（毎年同じ学年を担当する，言わば学年の学習指導のプロパー）のシステムで仕事をしていることと関係しているのかも知れない。

③ 仕事と職場への評価

仕事と職場への評価に関して「繁忙感」を図2.5に，「仕事への自信喪失」を図2.6に示した。

データから日本の教員に特徴的にいえることは，「働き続けるには仕事量が多すぎる」「生徒や保護者とのやりとりで疲れる」「これまでの知識では対応できない」と感じる強さである。日本の教員の仕事の範囲の広さと量の多さはみてきたとおりであるが，「授業以外の教育活動への教員の参加と教員への依存度」が高いことがその背景になっている。

日本の教員が授業以外で「教員のやるべき仕事」として選んでいる項目は，ほかの国・地域と比較すると，日本の「児童会・生徒会などの活動指導」が突出している。日本の学校では，特別活動の1つに「児童会・生徒会活動」がある。日本以外の国・地域では，名実ともに児童会・生徒会活動は子どもたちの自治活動であるが，日本においては教員の指導性が強い。

「進路指導」「児童・生徒の安全に関する指導」も日本の教員が「仕事」とする割合がかなり高いが，ほかの国・地域では，「進路指導」については教員以

38　第2章　教職の意義と役割

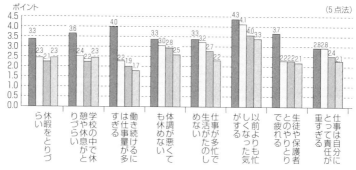

図 2.5　教員の繁忙感

出典：図2.3に同じ。

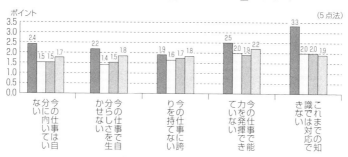

図 2.6　仕事の自信喪失

出典：図2.3に同じ。

外の職員，「児童・生徒の安全に関する指導」については保護者が主としてかかわっているというシステムの違いが大きい。

(2)「教員の働きがいに関する意識調査」結果

㈳国際経済労働研究所は，日本教職員組合と共同で2010年10月から2011年1月にかけて全国の小学校，中学校，高等学校，特別支援学校から無作為に抽出した1万2376人の教員を対象に「教員の働きがいに関する意識調査」を実施した。調査票の回収数は8320，回収数は67.2％であった。この調査の特

徴は一般企業従業員との比較がなされている点であり、そこから教員の意識の特質が明らかにされている。その結果を概観する。

① 教員の働きがいの特性

「今の仕事が楽しい」「今の仕事にとても生きがいを感じる」という質問項目に代表される「内発的働きがい」（職務自体が動機づけになる）を感じる割合と「全般的に今の仕事に満足している」「今の仕事を続けたい」という調査項目に代表される「総合的働きがい」を感じる割合を図2.7に示した。

教員の内発的働きがいは、すべての項目で一般企業の従業員を大きく上回り、教職にあることそれ自体に働きがいを感じていることがわかる。逆に「休暇」や「労働時間」といった「外発的な働きがい」に関して、教員の満足度はきわめて低く、労働条件に関しては不満があることがわかる。

総合的働きがいに関しても、教員はすべての項目で一般企業従業員を大きく上回っている。しかし、性・年齢別にみると、男女ともに50歳以上の年齢層で一般企業従業員に比べて教員の方が低くなっている。一般企業従業員の総合的働きがいが年齢と共に高くなっていくのに対して、教員では逆に低くなっていく傾向もある。そして「就職した時点での意欲が極めて高いという特徴に加

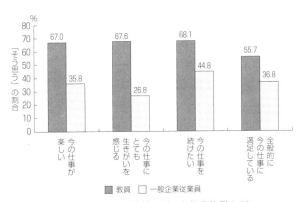

図2.7 教員の内発的働きがいと総合的働きがい

出典：玉置千歳・高原龍二「『教員の働きがいに関する意識調査』報告」国際経済労働研究所編『Int'lecowk―国際経済労働研究』、2012年、35頁。

えて，過剰内発の状態で無理をしてでも教育に取り組む教員の働き方が年齢とともに意欲が減退していく原因になっている」と結論づけられている。

② 教員の働きがいの構造

教員の「内発的働きがい」と「総合的働きがい」の規定要因を表2.2に示した。

いずれの校種でも教員の「内発的働きがい」に最も強く影響していたのは教員の仕事や教育の未来に夢をもっているかいるかどうかという「夢の実感」であった。また「自分という存在は児童・生徒から必要とされている」という使命感も強い影響をもっていた。「総合的働きがい」に関しては，「内発的働きがい」以外に「職場の人間関係・雰囲気」「職務自律性」「休暇や労働時間」が影響する要因としてあげられている。教員自身が理想とする教育に近づけるとい

表2.2 教員の働きがいの規定要因

		小学校	中学校	高等学校
教員の「内発的働きがい」の規定要因	1位	夢の実感	夢の実感	夢の実感
	2位	私という存在は児童・生徒たちから必要とされている	私という存在は児童・生徒たちから必要とされている	職務自律性
	3位	職場の仲間はかけがえがない	年齢	私という存在は児童・生徒たちから必要とされている
	4位	有能感	職場の仲間はかけがえがない	複雑多様性
	5位	学校コミュニケーション	職場での立場	職場では他の人がとてもよく協力してくれる
教員の「総合的働きがい」の規定要因		小学校	中学校	高等学校
	1位	内発的働きがい	内発的働きがい	内発的働きがい
	2位	職場の人間関係・雰囲気	職場の人間関係・雰囲気	職場の人間関係・雰囲気
	3位	管理職の指導力・関係	休暇や労働時間	私という存在は児童・生徒たちから必要とされている
	4位	職務自律性	職務自律性	職務自律性
	5位	休暇や労働時間	社会的評価	休暇や労働時間

出典：図2.6に同じ，36頁。

う実感,具体的には授業の充実や学級経営の成功が感じられれば,仕事の継続意欲や職務満足感が高まることがわかる。

この調査は「教員は,過剰な労働時間や職務負荷といった厳しい労働実態にありながら,教育への情熱,子どもたちや職場の仲間との関係性,教育への主体的な関わりによって,教育という仕事に携わり続けていることがわかる」と結論づけられている。また,その後に「しかし,個々のやる気に大きく依存した過剰内発の状態で働いていることは,長期的には燃え尽きや精神疾患といった状況へと至らしめる危険性が非常に高い」という警告もつけられている。

③ 教員のストレス

教員のストレスに関しては,「仕事を終えたとき疲れきっている」「疲れてぐったりすることがよくある」の項目に関して,一般企業従業員よりも高い割合を示している。特別支援学校教員は「ゆううつな気分である」「自信が持てなくなってきた」の項目で,一般企業従業員,他校種教員よりかなり高い割合を示している。「仕事が忙しいので睡眠時間を削っている」割合は,小学校教員(39.9%),中学校教員(39.9%),特別支援学校教員(30.4%)が一般企業従業員(17.2%)を大きく上回っており,時間的仕事強度と超過勤務の実態が厳しく表れている。

第4節　教職の意義

ここまで,教職に関して様々な側面からみてきた。特に第3節では「教員の厳しい労働環境」と「使命感に燃え,睡眠を削ってでも子どもたちのために職務に励む教員の実態」を調査結果から明らかにした。最終節では,あらためて教職の意義を考え,教職をめざす皆さんへの動機づけにつなげたい。

1　教職の意義

文部科学省は,『教員をめざそう!』(2009)で「教職の魅力」をいくつか紹介している[5]。まず,2つのスローガンからみてみよう。

「今日の教育が，個人の明日をつくり，社会の未来をつくります」
「教員は，人間の成長に携われる魅力的な仕事です」

教員は教育を担うわけであるが，その職務は社会に開かれ，社会と強くつながっている。教育の重要性は「教育は，自立した人間を育て，個人の能力を伸ばすとともに，国家や社会の形成者である『国民』を育成する役割を担っています。

個人が幸福で充実した生涯を実現し，また我が国が一層の発展を遂げ国際社会に貢献していく原動力となるものは，教育をおいて他にはありません」と説明される。

教育は家庭でも地域社会でも行われるが，その中心的な役割を果たすのは学校である。その学校教育，特に義務教育には「大きな役割として，すべての国民に地域格差なく一定水準以上の教育を保障し，格差の拡大や階層化の進行を防ぐという役割」がある。

教員の仕事（教職）は，直接的に社会を形成・維持・発展させるとともに，これからの共生社会を形成・維持・発展させる「社会性を持った個人」を育成するという意義をもつ。

2　教職の役割

教員は，すでにみてきたように，長時間労働・過剰内発など厳しい労働環境，ストレスフルな状態にあるにもかかわらず，その多くが「教職自体に喜びを感じ」「働きがい」「やりがい」をもちながら職務を遂行している。教科・科目の学習指導はもとより，生徒指導や学級経営でも，すぐに目に見える形で子どもたちの「望ましい状態」をつくるのは容易ではない。教員は，子どもたちが絶望的で，ほとんど不可能に近い状態からほんの少しでも進歩していれば，あるいは成長が感じられれば「なんとかなる」という信念をもち続けられるものである。「子どものよさ，本来もっている力を出してほしい」と願いながら職務を遂行しているのである。

教員の仕事（教職）は「子どもの可能性を引き出し，伸ばし，成長させる役

割」をもつ。多くの教員が「苦労して指導してきた子どもたちの立派に成長した姿が見られたとき」に感慨深いものを感じるのは，その役割を果たしたという表れであろう。

3 これからの教職の課題

　これからの教育を担う若い教員，それに近づく教育大学・教育学部学生，教職課程履修者の皆さんは，現在の教育に関しての問題意識と広い視野に立った将来の教育のビジョン，その実現のための行動計画など，自分の意見をもち，それを表現することが求められる。

　教育が「公共性」をもち，教職が社会を形成・維持・発展させる「公民(国民)」を育成する役割をもつからこそ，単なる個人を超えて，子どもたちに「どんな社会をつくり，その一員としてどのように生きるのか」を考えさせ，将来につながる「いま」を充実させる生き方をいかに指導するかが問われるのである。

　また，「教員の仕事と職場生活についての国際比較調査」，「教員の働きがいに関する意識調査」からの「勧告」にも注意したい。それは「専門職としての教職の確立」「教職をめぐる労働環境の改善」「文部科学省はじめ地教委，校長会などの研究指定，研究事業の厳選と研修会の精選」「教員自身の心身の健康の維持」などである。教職を通じて自己実現して，自分自身に納得できる生活を送るためにも，これらのことに注意していきたい。　　　　　【長須 正明】

注
(1) 松尾睦『経験からの学習―プロフェッショナルへの成長プロセス』同文舘出版，2006年，p.51。
(2) 石井英真「教師に求められる専門的力量とは何か」西岡加名恵・石井英真・川地亜弥子・北原琢也『教職実践演習ワークブック』ミネルヴァ書房，2013年，pp.6-7。
(3) 教職員労働国際比較研究委員会編『授業準備と子どもと向き合う時間こそ』国民教育生活総合研究所，2009年。
(4) 福田誠治『フィンランドは教師の育て方がすごい』亜紀書房，2009年。

(5) 文部科学省初等中等教育局教職員課『教員をめざそう！』文部科学省，2009年。

参考文献
秋田喜代美・佐藤学編『新しい時代の教職入門』有斐閣，2006年。
OECD編著／斎藤里美監訳『OECD教員白書　効果的な教育実践と学習環境をつくる〈第1回OECD国際教員指導環境調査（TALIS）報告書〉』明石書店，2012年。
大阪府ホームページ http://www.pref.osaka.lg.jp/kyoikusomu/homepage/kyouin.html（2018年9月1日アクセス）
北九州市ホームページ www.city.kitakyushu.lg.jp/files/000768659.pdf（2018年9月1日アクセス）
佐藤学『教師というアポリア―反省的実践へ』世織書房，1997年。
スポーツ庁「運動部活動の現状について」運動部活動の在り方に関する総合的なガイドライン作成検討会議（第1回）資料，2017年。
玉置千歳・高原龍二「『教員の働きがいに関する意識調査』報告」社団法人国際経済労働研究所，2012年。
中央教育審議会『チームとしての学校の在り方と今後の改善方策について（答申）』，2015年。
堀尾輝久・浦野東洋一編『日本の教員評価に対するユネスコ勧告』，つなん出版，2005年。
嶺井正也「授業準備と子どもと向き合う時間こそ―『教員の仕事と職場生活についての国際比較調査』から」『相談室だより』国民教育生活総合研究所，2009年。
文部科学省『中学校学習指導要領』2017年。
　――初等中等教育局「教育職員免許法施行規則及び免許状更新講習規則の一部を改正する省令の公布について（通知）」2017年。
　――初等中等教育局教職員課「教育職員免許法・同施行規則の改正及び教職課程コアカリキュラムについて」，2017年。

第3章　教師の資質能力

第1節　教師の資質能力とは

　公教育制度の成立前後から用いられてきた「教育は教師次第（As is the teacher, so is the school）」という言葉が，昨今の教育改革論議において再び注目されている。すなわち，いかに理想的な教育課程や学校施設などの教育環境が整備されても，学校教育の成否は教育に直接携わる教師に大きく委ねられていることから，あらためて教師の資質能力向上が最重要課題の1つとされているのである。

　そこで本章では，まず資質能力という用語について検討を加え，次に資質能力の向上をめぐる改革動向を概観することにより，これからの教師にはどのような資質能力が求められるのかを明らかにしたい。資質能力の内実を問う場合，種々の角度から数多くの研究的努力が積み重ねられてはいるものの，現在のところ理論的に体系だった研究方法が確立されているとはいいがたく，以下に述べるような研究上の混乱がみられる。

　その1は，用語の混乱である。資質能力の類似用語としては，力量，教師像，専門性，職能（職務遂行能力または職業的能力），教職能力，適性，コンピテンシー（コンピテンス）など，広範多岐にわたっており，これらの用語が明確に定義されることなく，しばしば混同されて用いられる場合もある。

　その2は，資質能力の内実に関しての混乱である。例えば，その意味する内容にしても，狭くは「指導案の作成」といった教育技術に中心を置いたものから，広くは「教師としての使命感」のように人格性に強調を置く場合も散見で

きる。したがって，その内容は，技能，行動，態度等のレベルから，また場面としては，授業場面から教師のあらゆる生活場面にわたって種々の領域から構成されている。

その3は，資質能力を分析する際の研究方法の混乱である。例えば，教師に必要とされる資質能力に関連した諸研究を整理したところ，「熱心さ，ユーモアのセンス，誠実さ，公平さ」など，実に1000個以上の項目が教師に要求されるとの報告もみられる。このことは，教師の具備すべき資質能力の内実が，主観的な経験論や観念論の域を脱しておらず，応々にして羅列主義におちいる傾向にあることを示している。したがって，資質能力の内実やその全体構造に関して，科学的に裏づけられた研究方法のさらなる確立が求められているのである。

第2節　資質能力の向上をめぐる改革動向

近年の改革動向から教師の資質能力のとらえ方をみると，中央教育審議会（中教審）答申「教員の資質能力の向上について」(1978 (昭和53) 年)，教育職員養成審議会（教養審）答申「教員の養成及び免許制度の改善について」(1983 (昭和58) 年) を経て，臨時教育審議会（臨教審）第2次答申 (1986 (昭和61) 年) では，教師の資質向上の課題について論じている。

この答申を受けた形で，教養審は，1987 (昭和62) 年に答申「教員の資質能力の向上方策について」を公表し，教師の資質能力について，①教育者としての使命感，②人間の成長発達についての深い理解，③幼児・児童・生徒に対する教育的愛情，④教科等に関する専門的知識，⑤広く豊かな教養，⑥これらを基盤とした実践的指導力という6点を明示した。ここでは，臨教審が取り上げた「実践的指導技術等」という表現を「実践的指導力」にあらためて，特に重視しており，その後の初任者研修制度の導入や教員免許制度の改革などに大きな影響を及ぼした。

地球的視野に立って行動するための資質能力

- **地球，国家，人間等に関する適切な理解**
  例：地球観，国家観，人間観，個人と地球や国家の関係についての適切な理解，社会・集団における規範意識

- **豊かな人間性**
  例：人間尊重・人権尊重の精神，男女平等の精神，思いやりの心，ボランティア精神

- **国際社会で必要とされる基本的資質能力**
  例：考え方や立場の相違を受容し多様な価値観を尊重する態度，国際社会に貢献する態度，自国や地域の歴史・文化を理解し尊重する態度

変化の時代を生きる社会人に求められる資質能力

- **課題解決能力等にかかわるもの**
  例：個性，感性，創造力，応用力，論理的思考力，課題解決能力，継続的な自己教育力

- **人間関係にかかわるもの**
  例：社会性，対人関係能力，コミュニケーション能力，ネットワーキング能力

- **社会の変化に適応するための知識及び技能**
  例：自己表現能力（外国語のコミュニケーション能力を含む。），メディア・リテラシー，基礎的なコンピュータ活用能力

教員の職務から必然的に求められる資質能力

- **幼児・児童・生徒や教育の在り方に関する適切な理解**
  例：幼児・児童・生徒観，教育観
  （国家における教育の役割についての理解を含む。）

- **教職に対する愛着，誇り，一体感**
  例：教職に対する情熱・使命感，子どもに対する責任感や興味・関心

- **教科指導，生徒指導等のための知識，技能及び態度**
  例：教職の意義や教員の役割に関する正確な知識，子どもの個性や課題解決能力を生かす能力，子どもを思いやり感情移入できること，カウンセリング・マインド，困難な事態をうまく処理できる能力，地域・家庭との円滑な関係を構築できる能力

図 3.1 今後特に教員に求められる具体的資質能力の例

出典：教育職員養成審議会・第1次答申「新たな時代に向けた教員養成の改善方策について」1997年。

48　第 3 章　教師の資質能力

1　「新たな時代に向けた教員養成の改善方策について」
―教養審答申（1997 年）―

　教養審第 1 次答申（1997（平成 9）年）は，上述の 1987（昭和 62）年答申が提言した教師の資質能力に関する要素（①〜⑥）を，「(1) いつの時代も教員に求められる資質能力」として踏襲すると同時に，「(2) 今後特に教員に求められる具体的資質能力」という枠組みを新たに設けて，その資質能力の具体例を図式的に整理している（図 3.1 参照）。

　本答申は，前年公表された中教審答申「21 世紀を展望した我が国の教育の在り方について」を引き継いでいる点が重要である。なぜなら，子どもたちに「生きる力」を育てるためには，どのような資質能力が教師に求められるかを吟味し，これからの教師教育（教員養成）のあるべき姿を提示したからである。

　この答申では，「未来に生きる子どもたちを育てる教員は，まず，地球や人類の在り方を自ら考えるとともに，培った幅広い視野を教育活動に積極的に生かすことが求められる」と述べ，さらに，「教員は変化の時代を生きる社会人に必要な資質能力をも十分に兼ね備えていなければならない」と指摘している。

　また，職務から必然的に求められる資質能力として，児童生徒の理解や指導のための知識・技能・態度などが取り上げられていることから，「実践的指導力」をきわめて重視していることが特徴的である。例えば，「教科指導，生徒指導等のための知識，技能及び態度」については，カウンセリング・マインドや困難な事態を処理する能力，地域・家庭との関係構築能力などが例示されているが，これらはまさに実践的指導力の内実を示すものにほかならない。つまり，単なる理論的な知識・技能にとどまるのではなく，実際の教育実践に生かせる指導力を特に強調したことに特徴がみられる。

2　「今後の教員免許制度の在り方について」―中教審答申（2002 年）―

　教育改革国民会議による「教育を変える 17 の提案」（2000（平成 12）年）において，「新しい時代に新しい学校づくりを」の基本方針に沿った提言がなされた。教師の資質能力に関連した項目は，①教師の意欲や努力が報われ評価される体

制をつくる，②地域の信頼に応える学校づくりを進める，③学校や教育委員会に組織マネジメントの発想を取り入れる，④授業を子どもの立場に立った，わかりやすく効果的なものにする，の4点である。併せて，教員評価，教員免許更新制，学校評議員制度，民間人校長の導入などが提言された。特に教師に求められる資質能力として，「専門性」に加えて，「適格性」と「信頼性」が強調されたことは，その後の政策展開に大きな影響を及ぼした。

以上の「教育を変える17の提案」を受けて，中教審答申「今後の教員免許制度の在り方について」(2002 (平成14) 年) では，①教員の適格性確保や専門性向上に関わる制度，②教員の資質向上に向けての提案，として諸提言が打ち出された。特に，①では，適格性を確保するための教員免許更新制，教員評価システム，②では，指導力不足教員への対応，専門性の向上を図るための研修制度の充実などについて検討がなされた。

3 「新しい時代の義務教育を創造する」—中教審答申 (2005 年) —

本答申では，学校の教育力としての「学校力」，教師の力量としての「教師力」を強化し，子どもたちの「人間力」を豊かに育てることを，国家的改革の目標と位置づけている。そのために，「教師に対する揺るぎない信頼」を確立することを基本方針に掲げて，「優れた教師の条件」として，教師力の基盤ともいえる，①教職に対する強い情熱，②教育の専門家としての確かな力量，③総合的な人間力，の3条件を提示した。

これらの3条件を満たす信頼される教師を養成するために，新たな視点として学校評価および教員評価の重要性を強調している。ただし，企業における成果主義的な評価ではなく，学校力や教師力を高めるような支援的な評価が必要であるとしている。

さらに答申では，信頼される教師の養成・確保のために，教員養成分野における専門職大学院の創設と，教員免許更新制の導入を含む「教員養成・免許制度の改革」について，提言を行っている。これらの提言は，翌年の中教審答申「今後の教員養成・免許状制度の在り方について」(2006 (平成18) 年) により，

教職大学院制度の創設と教員免許更新制の導入を含む具体的方策として取りまとめられた。

4 「教職生活の全体を通じた教員の資質能力の総合的な向上方策について」
―中教審答申（2012年）―

本答申では，幼・小・中・高等学校の教員を「高度専門職業人」として位置づけ，「学び続ける教員像」の確立を基本的な理念としている。制度として，教員養成の修士レベル化を図るために，一般免許状（仮称），基礎免許状（仮称），専門免許状（仮称）といった教員免許制度の創設を提言している。また，教員養成の改革の方向として，生涯にわたって「学び続ける教員像」を提起し，教職生活の全体を通じて学び続ける教員を継続的に支援するための改革の必要性を強調している。

学校教育における諸課題の複雑・多様化に対応するためには，教員が探究力をもち，学び続ける存在であることが不可欠であり，これからの教員に求められる資質能力を以下のように整理している。特に，特別支援教育への対応，新たな学びをデザインできる指導力，地域や社会と連携・協働できる力が重視されていることは注目される。

① 教職に対する責任感，探究力，教職生活全体を通じて自主的に学び続ける力（使命感や責任感，教育的愛情）
② 専門職としての高度な知識・技能
・教科や教職に関する高度な専門的知識（グローバル化，情報化，特別支援教育その他の新たな課題に対応できる知識・技能を含む）
・新たな学びを展開できる実践的指導力（基礎的・基本的な知識・技能の習得に加えて思考力・判断力・表現力を育成するため，知識・技能を活用する学習活動や課題探求型の学習，共同的学びなどをデザインできる指導力）
・教科指導，生徒指導，学級経営等を的確に実践できる力
③ 総合的な人間力（豊かな人間性や社会性，コミュニケーション力，同僚とチームで対応する力，地域や社会の多様な組織等と連携・協働できる力）

5 「これからの学校教育を担う教員の資質能力の向上について ～学び合い，高め合う教員育成コミュニティの構築に向けて～」
　―中教審答申（2015年）―

　社会の急速な変化や学校をとりまく環境の変化の中で，「学び続ける教員像」の確立に向けた制度改革が求められており，高度専門職業人として学び合い，高め合う教員を育成・支援するキャリアシステムの構築に関する提言がなされた。そして，新学習指導要領の円滑な実施に向けて，これからの時代の教員に求められる資質能力として，答申では以下の3つの観点を重視している。

① これまで不易とされてきた資質能力に加えて，自律的に学ぶ姿勢を持ち，時代の変化や自らのキャリアステージに応じて求められる資質能力を生涯にわたって高めていく力や，情報を適切に収集・選択・活用する能力や知識を有機的に結びつけ構造化する力
② アクティブ・ラーニングの視点からの授業改善，道徳教育の充実，小学校における外国語教育の教科化，ICTの活用，発達障害を含む特別な支援を必要とする児童生徒等への対応などの新たな課題に対応できる力量
③「チーム学校」の考えの下，多様な専門性を持つ人材と効果的に連携・分担し，組織的・協働的に諸課題の解決に取り組む力

　答申の法制化が進み，2016（平成28）年に「教育公務員特例法等の一部を改正する法律」が交付された。教員養成・採用・研修の一体的な改革として，以下の3つが義務づけられることになった。

① 文部科学大臣による教員の資質向上に関する「指針」の策定
② 教育委員会と関係大学等で構成する協議会の設置
③ 教員の資質向上を図るための「指標」および「教員研修計画」の策定

　教員育成協議会を中心とした教員育成コミュニティがよりよく機能することで，新たな教員の育成・支援システムの新機軸が生まれる可能性がある。また，教員育成指標により，自身の資質能力のレベルを確認し，これまでの実践を振り返るとともに，教職生涯にわたって学び続けるための目標や方向性を示すことができるとされている。

なお，同年（2015年）の中教審答申「チームとしての学校の在り方と今後の改善方策について」では，学校や地域社会の困難な課題の解決に同僚・保護者・地域と協働して取り組む専門的な力の醸成がより一層強調されている。

第3節　教師に求められる資質能力—技能的側面を中心にして—

最近の教師教育（教員養成）に関する提言や世論では，教師に対する期待が一層大きく強調されており，質的・量的にも多くの資質能力を教師が兼ね備えることを求めている。その中の一部には，主観的な経験論や観念論に基づいたものや，項目を列挙しただけの羅列主義におちいる傾向も少なからずみられる。そこで，資質能力の内実とか構造に関する理解を容易にするためにも，科学的に裏づけられた分析枠組が求められているのである。

そこで，本節では，教師に求められる資質能力の全体構造を把握することが，まずは肝要であるとの観点から，経営学を中心とした人事管理の分野で用いられてきた「専門職の評価要素」を援用することにした。教師教育（教員養成）の目的とする教師像は，明治期の師範学校令に沿った「聖職者論」から，「労働者論」を経て，ILO・ユネスコの「教員の地位に関する勧告」（1966年）を契機にして「専門職論」へと推移してきた。専門職（profession）としての教師に必要とされる資質能力は，表 3.1 に示すように技能的側面と人格的側面に分類整理することができる。これによって，資質能力の全体構造を把握するうえで，ある程度有効な視点が提示できるものと考えられる。

ただし，近年では専門職像が，「技術的熟達者（technical expert）」から「反省的実践家（reflective practitioner）」へと転換されつつある点に留意する必要がある。「技術的熟達者」モデルは，教授学や心理学によって明らかにされた原理や技能を実践に適用することを基本原理としており，表 3.1 も基本的にはこのモデルに基づいている。しかし，教師の仕事ないし教育という実践は，専門的な知識や技能の厳密化・体系化が困難であるため，省察的思考（リフレクション）を実践原理とする「反省的実践家」としての対応が求められている。

第3節 教師に求められる資質能力―技能的側面を中心にして―　　53

表 3.1　教師に求められる資質能力

技能的側面	テクニカル・スキル	A	1 2 3 4	専門的知識・技能 学際的知識・技能 応用実践能力 表現能力
	コンセプチュアル・スキル	B	5 6 7 8 9 10	創造力 広い視野 先見性 感性 課題解決能力 総合研究能力
	ヒューマン・スキル	C	11 12 13	人間理解力 対人関係能力 集団指導能力
人格的側面	パーソナリティ	D	14 15 16 17 18	決断力 柔軟性 自律性 協働性 明朗快活さ
	モチベーション	E	19 20 21 22	教育観・信念 精神的若さ・情熱 使命感・誇り 自己教育力・自己啓発力

　したがって，表3.1は教師に求められる資質能力の関連構造を明らかにするための指標として示したものであり，体系化・固定化されたパラダイムにまでは至っていない。また，表3.1に示した資質能力は，すべての教員がもつべきミニマム・スタンダード，すなわち必要最小限の水準であることを理解することが重要であって，個々の教員が得意分野をもち，それらを最適に組み合わせて総合力を発揮する協働体系の構築が望まれている。

　表3.1に示されるように，資質能力を構成する技能的側面は，テクニカル・スキルとコンセプチュアル・スキルおよびヒューマン・スキルから構成されている。ここで，テクニカル・スキルは目に見える実践的技能であるのに対し，コンセプチュアル・スキルやヒューマン・スキルは，人間の内面的な思考様式にかかわるところの概念的技能や対人的能力を意味している。

1 テクニカル・スキル

　まず，専門的知識・技能(A-1)について，専門的知識と専門的技能の順に説明してみよう。専門的知識は，教育内容や教育方法などに対する知識であるが，その核心は教科に関する知識である。特に学校段階が進むにつれて，教科の専門的知識が決定的に重要となる。例えば，中・高校生になると，教科に関する教師の実力に対して非常に敏感であり，教える教科の本質や基本構造を正しく深く理解しておくことが，生徒に信頼されるための前提条件となる。

　「専門的技能」には，教育内容の編成技法や教材研究の能力などが該当するが，やはり中心は直接的な指導技能であろう。教師には教科にかかわりなく，基本的な指導技能が必要とされる。すなわちそれは，授業の進め方やまとめ方のように授業を実際に展開する技能や，学級集団の運営とか子どもを総合的に把握するなどの技能である。このような技能のいずれを欠いても授業は成功しないのである。

　次に，学際的知識・技能(A-2)では，自分の専門とする教科に偏することなく，教科に関連した学際的領域(境界領域)についても幅広く深い理解が必要である。近視眼的で安易な教科専門主義に陥ってはならない。例えば，教養審答申(1997(平成9)年)において提示された，地球的視野に立って行動するための資質能力などが概当する。

　応用実践能力(A-3)は，日々の教育実践を振り返り，新しい理論や技術を吸収し応用する能力である。理論と実践に深くかかわるものであり，刻々と変化する授業場面を教師が敏感に察知し，適切に対処する実践的な能力である。

　表現能力(A-4)は，教育内容を正確にわかりやすく伝える技能であり，およそ教師という職業に就くかぎり，不可欠で中核をなすものである。さまざまなメディアの影響などによって，最近の子どもは言語表現や文章表現に乏しいといわれている。したがって，「教師は魂の教師であるとともに言葉の教師である」との至言があるように，正確で巧みな言葉づかいや文章表現力がますます重要となっているのである。

2 コンセプチュアル・スキル

　創造力 (B-5) については,「授業は創造である」ともいわれるように,教育活動に不可欠な要素である。この創造力は,思考の方向が多種多様に変化する拡散的思考に基づいており,「自主性・熱中性・積極性・好奇心・冒険的」といったパーソナリティ特性をもつ教師が一般に創造力が旺盛とされる。このような創造力を養成するためには,企業内教育を中心にして開発され,優れた成果を収めている各種の創造性開発技法が有効であるとされている。

　広い視野 (B-6) は,一般の人々にも共通して要求される項目である。しかし,特に教師の場合には,未成熟な子どもを対象としているだけに,周囲から欠点を指摘される機会が乏しい。教師の視野の狭さについては「教師の職業病」とさえいわれており,いわゆる「盲点の多い人間」になりがちである。そこで,社会全体の動きに眼を向けて世の中の森羅万象に関心をもつような,視野の広さが求められるのである。

　先見性 (B-7) については,教育の成果にはタイムラグ (遅効性) がしばしばみられることから,20年,30年先を見通せる豊かな想像力や深い洞察力が不可欠である。例えば,教師の指示に素直に従ってよく勉強する,手足を常に清潔に保つなどは,そのこと自体がいずれも大切である。しかし,もしそうした指導の結果,消極的で受動的な態度がつくられ,自主性や独創性などが失われるようであったら逆効果となる。そこで,一人ひとりの将来を見通した個に応じた指導方針で臨む必要がある。

　感性 (B-8) の基本となるのが驚異 (admiration) であって,子どもの人間的な感性を育てるためには,教師自身が豊かな感性 (類似概念として,感受性とか共感性) を身につけていなければならない。まさに,このことが「教師は詩人であり,芸術家である」ともいわれるゆえんなのである。したがって,打てば響くような鋭い感性が教師に要求されるわけであるが,容易には獲得するのが困難である。教師を対象にした感受性訓練 (略称ST) などに参加することも,感性を豊かにするための方途であろう。

　次に,課題解決能力 (B-9) は,教養審第1次答申 (1997年) において,「変化

の時代を生きる社会人に求められる資質能力」として示されている。中教審第1次答申（1996年）でも，よりよく問題を解決する資質や能力こそが，子どもの「生きる力」の中核となると位置づけている。指導する教師にとっても，あいまい，複雑，流動的な状況下で，課題や問題を的確に把握し，総合的な見地から現実に対処した解決策を立案，実行する能力の獲得が求められており，実践的で効果的な研修方法の研究開発が期待される。

　最後に，総合研究能力（B-10）は，授業研究や教材研究が中心となるが，これらの教育研究成果の多くは，体系的な研究として発展することなく埋もれてしまう場合が多い。そこで，こうした専門的な知見の整理・蓄積能力を備えた総合的な研究能力が要求されており，特に基礎的な研究能力は大学時代に獲得されなければならず，大学での養成教育の重大な使命となるのである。また，教職に就いてからは，日々の教育実践に忙殺されがちであるが，実践を振り返り，その改善・向上をめざして探求を続ける研究的実践者あるいは反省的実践家としての教師の姿を忘れてはならない。

3　ヒューマン・スキル

　まず，人間理解力（C-11）であるが，この能力は，子どもについての深い知識や理解を必要とするだけでなく，保護者や同僚教師をも含めた広く人間一般に対する理解を要求されるだけに，ヒューマン・スキルの根幹をなすものである。古くから「教師は子どもから学ぶ」といわれるように，この子どもを理解する能力は，教師としての根本的な態度や教育観をも左右する必要不可欠な要素である。子どもの能力，性格，行動，家庭環境，健康などについての十分な把握のもとに，子どものところまでおりて，子どもと共感しつつ子どもを知るという努力を積み重ねることによって，至難のわざではあるが，「子どもが見えるとか，子どものつぶやきが聞こえる」というこのインターパーソナル・スキル（他者理解）の真髄に達することができるのである。

　対人関係能力（C-12）としては，「子どもと開かれた人間関係をつくる能力」や「同僚や保護者と円滑なコミュニケーションをはかる能力」などが該当する。

他の職業に比較して，対人関係や人間関係の占める比重がきわめて高いのが，教職のもつ大きな特徴である。このようなヒューマン・スキルは，採用後の現職教育（研修）でもって容易に形成されるような性質のものではなく，学生時代のサークル活動やボランティア活動などを通じて，じっくりと「人間」を学ぶ姿勢が重視されなければならない。

　集団指導能力（C-13）は，いわゆるリーダーシップの能力で，子ども集団を組織するグループ・スキル（集団形成能力）やインターグループ・スキル（集団間調整能力）が該当する。スクールリーダー（中核的・指導的な役割を担う教員）に期待されるリーダーシップを高める方法については，①パーソナリティ特性に注目した特性分析的アプローチ，②リーダーの機能の類型化を試みる類型論的アプローチ，③社会的状況との関連に重点を置いた状況分析的アプローチ，④リーダーシップを構成する因子のシステム分析を中心とした行動科学的アプローチ，などさまざまな立場から研究成果が豊富に蓄積されつつある。

第4節　教師に求められる資質能力―人格的側面を中心にして―

　教育活動が，子どもとの人格的な触れ合いを基盤とするだけに，他の職業に比較してひときわ強調されるのが資質能力の人格的側面である。したがって古来から，「人間的な魅力」「人間性豊かな教師」「人間的教育力」などの言葉でもって語られてきた。こうした資質能力の人格的側面は，表3.1に示すように，パーソナリティとモチベーションから構成されるものと考えられる。なお，ここではパーソナリティを，個人の興味，価値・信念，欲求，性格的特質などの複合体として狭義にとらえている。

1　パーソナリティ

　まず，決断力（D-14）と柔軟性（D-15）は，「授業のなかで，教師と子ども，教師と教材，子どもと子ども，子どもと教材とが，きびしい相互作用を起こし，緊張を起こし，衝突・葛藤を起こす」（斎藤）といわれるように，授業の瞬間瞬

間に臨機に要求される資質能力である。しかも,「さじかげん」とも呼ばれるように,刻々と変化していく授業の状況に即応できる柔軟性と相補うことによって,総合的で明確な判断を下すという,いわゆる「教育的機転」が生まれるのである。これからの教師には,授業という複雑な状況を柔軟に把握し,即興的に判断して対応する「反省的実践家」としての姿勢や態度が望まれる。

次に,自律性 (D-16) については,即座にリーバーマン (Lieberman, M.) で有名な教職の自律性が想起されるであろう。自律性とは一般に,職務を実施する際の判断行為の自主性と,専門的技術を行使する自由を認められることである。そこには,自律性の範囲内においてなした判断や,技術の行使の結果についての責任を負うことも必然的にともなう。したがって,教師の個人的な好みや恣意によって自律性を行使すべきではないことに留意しなければならない。最近では中教審答申 (1998 (平成 10) 年) 以降,学校の自主性・自律性の確立が求められており,「自律的学校経営」や「得意分野をもつ個性豊かな教師像」の基本理念と軌を一にする動向である。

協働性 (D-17) は,学校や教師に課せられた教育課題を達成していくために,教師間や学校関係者と協力的にかかわり合い,より望ましい人間関係を維持するために不可欠な資質能力である。協同性,共同性あるいは協調性と類似しているが,「協働 (collaboration)」の語源はともに力を合わせて働くことにある。チーム学校の実現に向けて,スクールカウンセラー,スクールソーシャルワーカー,部活動指導員や地域の関係者との協働的な取り組みによって,学校全体の教育力が高まり,学校改善につながるのである。最近の若い教師には,気のあったごく少数の集団には抵抗はないが,やや大きな集団はできるだけ避けようとするとか,学校全体に対して無関心になりがちで,できるだけ個人でものごとに対処しようとする傾向がみられる。こうした態度は,子どもの協働性や協同性を育てることにつながらないのである。

さて,明朗快活さ (D-18) については,「明るさ」「さわやかさ」とか「ユーモア」といった表現もみられるが,この資質能力は,よい教師の条件として子どもたちから常に上位にランクされる項目である。例えば,「教師が陰気な性

質では教室全体が暗くなってしまうであろう。もちろん，教師に求められる明るさも，年齢とともにその内容は変わっていくものであろう。年齢の若い時はまさにそれは明朗快活，躍動的な明るさであるが，年齢が進むにつれてそれは次第に落ち着いた清らかな明るさに成長していくのである」(津布楽)とも指摘されている。また，「ユーモア」は，単なる「冗談」や「道化」とは異なるところの教育的ユーモアであって，「心の広さ」とか「余裕」から生まれる人間的な拡がりによって醸成されるものである。したがって，そうした「ユーモア」は，子どもにとって，緊張が緩和されるだけではなく，精神的な豊かさをもたらすのである。

2 モチベーション

モチベーションとは，ある活動や目標追求にさし向ける動因であり，内的（自然的）なものと外的（人為的）なものがある。以下に述べるモチベーションの4項目は，主要には内的な欲求に訴えるモチベーションに相当する。

まず，教育観・信念 (E-19) は，「向上心（探究心，好奇心）」を生み出す最大の誘因と考えられる。教育観に類似した用語としては，「子ども観」や「教育理念」が，信念については，「教育的信条」がしばしば用いられる。教師には，このような確固たる教育観や信念の確立が求められるわけであるが，これはやはり一朝一夕にして確立されるものではない。広く教職生涯にわたって，子どもとぶつかり合い，同僚と話し合い，悩みながら，葛藤を繰り返す中で醸成されるものである。もちろん，そうした教育観・信念には，その根底に「さまざまな差異をもつ子どもたち一人ひとりを善くしたい」という公平さや子どもへの教育的愛情がともなっていなければならない。

さて，精神的若さ・情熱 (E-20) については，教師が病弱であったり，精神的に不健康であっては，はつらつとした子どもを育てることは難しい。精神的な健康にとって不可欠な要素は，ただ単に年齢的な若さや身体的若さのみではなく精神的若さである。瞬時も止まることを知らない子どもが相手であるだけに，理想を求めてやまない情熱が，向上心とか探究心を生み出す原動力となる

のである。

使命感・誇り（E-21）は，教養審第1次答申（1997（平成9）年）において，「教員の職務から必然的に求められる資質能力」として，「教職に対する愛着，誇り，一体感」の形成が，資質能力の基盤として，きわめて重要であると指摘されている。具体的には，教職に対する使命感，子どもに対する責任感や興味・関心が例示されている。教職に対して自信・誇りや充足感をもつことが，精神的な安定性につながり職務に打ち込むことができることはいうまでもない。特に大学では，教職の意義，教師の役割，職務内容などに関する理解を深めさせることを通じて，教職に対する自らの適性を考察させるとともに，教職への意欲や一体感の形成を促す観点から，指導・助言・支援を行うことが求められている。

自己教育力・自己啓発力（E-22）は，ある価値や目標に向かって，自己の内面で葛藤を繰り返しながら，自分自身を高めようとする力量である。換言すれば，自ら接し体験する森羅万象を，自己を高めるための糧とすることであり，また自己研鑽に励む姿勢や態度でもある。ここでは，類似した概念である自己啓発力やモラールあるいは向上心を包括して，自己教育力という語句を用いた。自己教育力は，教職生涯にわたって学び続ける存在であるためのまさに源泉ともいえる決定的に重要な資質能力といえよう。

3　資質能力の関連構造

これまでは，教師に必要とされる資質能力について，表3.1の「教師に求められる資質能力」に基づきながら，その内容を検討してきた。しかし，その検討の方法は，資質能力の項目を5領域に区分して，順次説明を加えるというものであって，各領域相互の関連性についてはほとんど言及していない。そこでここでは，まとめにかえて，5領域の相互関連について素描してみたい。

まず，5領域は，すでに述べたように大きく技能的側面と人格的側面の2つに区分される。教師の資質能力は，基本的な人格的側面のうえに，幅広く豊かな教養，教科に関する専門的な学識，優れた教育技術などが，総合して現出するものである。したがって，資質能力の技能的側面と人格的側面とは互いに融

合して表裏一体をなすものであって，両者は不可分の関係にある。

　また，人格的側面の関与なしに用いることができないのが教育技術の特徴であって，この点が社会一般で用いられる固有技術とは異なるのである。言い換えれば，教師の技術的な指導力がいくら高くても，子どもから信頼される人格性が具備されていなければ，真の意味での教育者とはいえないのである。つまり，教師は自己の人格性を反映した教育技術を創造しなければならないのであって，このことが，まさに教えることは芸術であるといわれるゆえんでもある。

　このことを，具体例に即して述べてみよう。例えば，授業の展開場面において，教師の話し方や聞き方，集団指導の方法などは，教師の人格的側面の影響を受けることが多くみられる。詩の朗読を一例にあげれば，朗読の技術として，抑揚とか声量といったテクニカル・スキル（表現能力）や感情移入に関するコンセプチュアル・スキルをほぼ完璧に習得していたと仮定する。ところが，詩を朗読するという行為に，教師の具備すべき人格的側面の資質能力が欠落していたり，さらには子どもとの間に日常の実践活動を通じての信頼関係が確立されていなければ，その詩は子どもの心の奥底までには深く響かないのである。

【小山　悦司】

参考文献
小島弘道他『教師の条件』学文社，2006年。
斎藤喜博「教師の実践とは何か・私の授業観」『斎藤喜博全集第9巻』国土社，1970年。
佐藤徹編著『教職論－教職につくための基礎・基本－』福村出版，2010年。
佐藤晴雄『教職概論』学陽書房，2010年。
曽余田浩史・岡東壽隆編著『補訂版　新・ティーチング・プロフェッション』明治図書，2011年。
高倉翔・加藤章・谷川彰英編著『これからの教師』建帛社，2007年。
津布楽喜代治「教師の教育力」真野宮雄・市川昭午編『親・教師・子ども』学習研究社，1979年。
日本教師教育学会編『教師として生きる』学文社，2002年。

第4章 教員免許制度

第1節 教師と教員免許制度

1 教師と教員免許状

　教師になるためには，まず，教育職員免許状（教員免許状）を取得しなければならない。教育職員免許法（教免法）によって，幼稚園，小学校，中学校，義務教育学校，高等学校，中等教育学校および特別支援学校ならびに幼保連携型認定こども園の主幹教諭，指導教諭，教諭，助教諭，養護教諭，養護助教諭，栄養教諭，主幹保育教諭，指導保育教諭，保育教諭，助保育教諭および講師は，学校の種類ごと，中学校と高等学校は教科ごとに「各担当の免許状を有する者でなければならない」と規定されている（相当免許状主義）。教員免許状を取得するためには，原則として，文部科学大臣が認定した大学の教職課程（認定課程）において，修士や学士，短期大学士の基礎資格と必要な単位（所要資格）を修得する必要がある。そのうえで，欠格事由に該当しない場合，都道府県教育委員会（授与権者）に申請して教員免許状が授与される。なお，認定課程には，「修業年限を1年とする課程」（教職特別課程）も含まれる。

　特例として，文部科学大臣が委嘱した大学が行う教員資格認定試験に合格し申請して教員免許状が授与される。2018（平成30）年度は，幼稚園（保育士として3年以上勤務した者），小学校，特別支援学校（自立活動）の教員資格認定試験が行われている。また，養護教諭二種免許状は，保健師の免許を受けていることを基礎資格として，所定単位の修得を確認し申請して授与される。

　教員免許状取得者（取得見込みを含む）は，都道府県教育委員会などが実施す

る教員採用候補者選考試験に合格し，採用されて初めて公立学校の教師になることができる。国立や私立の学校の教師も採用方法は異なるが，教員免許状が必要であることはいうまでもない。

このように，原則として教師は学校の種類ごと，教科ごとに相当の免許状を有する者でなければならない。

教員免許状の有効期間の更新および延長，取り上げは，教育の職にある者の場合は勤務地の，それ以外の者の場合は住所地の都道府県教育員会（免許管理者）が行っている。禁固以上の刑に処せられるなどの欠格事由に該当する場合，公立学校の教員が懲戒免職処分を受けたとき，勤務実績がよくない場合や適格性を欠く場合に分限免職処分を受けたとき，教員免許状は失効し，免許管理者に返納しなければならない。国立学校や私立学校などの教員が公立学校教員の懲戒免職や分限免職相当で解雇されたとき，免許管理者はその免許状を取り上げなければならない。また，教育職員以外で教員免許状を有する者が法令に故意に違反した場合，教育職員たるにふさわしくない非行があってその情状が重い場合，免許管理者は，その免許状を取り上げることができる。

2　教師の養成と教員免許状制度

戦前は，おもに中等教育段階の師範学校，高等師範学校など教師の養成を目的とする学校で教師の養成が行われていた（閉鎖制）。1949（昭和24）年に教育職員免許法が制定され，高等教育段階の教員養成系大学・教育学部と一般の大学・学部がそれぞれの特色を発揮して教師の養成を行うことになった（開放制）。

1987（昭和62）年に臨時教育審議会（臨教審）の第4次答申は，「児童・生徒の状況や教育内容の変化等に対応して，教員養成・免許制度の在り方の見直しを行うとともに，教員に広く人材を求める観点から，教員免許制度の柔軟化を図る」ことを提言した。1983（昭和58）年教育職員養成審議会（教養審）「教員の養成及び免許制度の改善について」は，修士課程修了程度を基礎資格とする免許状の新設，免許基準の引き上げ，新しい免許教科の設定などを答申した。1987（昭和62）年の教養審「教員の資質能力の向上方策等について」は，特別免許状

の創設，免許基準の改善，教職特別課程の設置，特別非常勤講師制度の創設などの答申を行った。その後，1997（平成9）年の「新たな時代に向けた教員養成の改善方策について（第1次答申）」，1998（平成10）年の「修士課程を積極的に活用した教員養成の在り方について（第2次答申）」，1999（平成11）年の「養成と採用・研修との連携の円滑化について（第3次答申）」，中央教育審議会（中教審）の2002（平成14）年の「今後の教員免許制度の在り方について」，2006（平成18）年の「今後の教員養成・免許制度の在り方について」などで，教師の資質能力や教師の養成，教員免許制度について答申がなされ，教免法などの改正が行われてきた。2012（平成24）年の中教審「教職生活の全体を通じた教員の資質能力の総合的な向上方策について」は，教育委員会と大学との連携・協働により，教職生活全体を通じた一体的な改革，学び続ける教員を支援する仕組みを構築するために，教師の養成の修士レベル化，新たな免許制度などを答申した。

近年では，2015（平成27）年の中教審「これからの学校教育を担う教員の資質能力の向上について〜学び合い，高め合う教員育成コミュニティの構築に向けて〜」は，義務教育学校の創設や小学校の外国語教育の充実のために，①中学校及び高等学校の免許状所持者による小学校での活動範囲の拡大，②教職経験を考慮した免許状併有の促進，③特別免許状制度の手続き等の改善，④特別支援学校教諭等免許状の所持率向上を答申している。

また，2000（平成12）年の教育改革国民会議報告，2006（平成18）の規制改革・民間開放推進会議第3次答申，2007（平成19）年の教育再生会議報告，2014（平成26）年の教育再生実行会議第5次提言，同2015（平成27）年第7次提言，同2016（平成28）年第9次提言でも教師の資質能力や教員免許制度などについて言及している。

さらに，2008（平成20）年の第1期教育振興基本計画（基本計画）は，教員免許更新制の円滑な実施を施策としてあげ，2013（平成25）年の第2期基本計画は，専修免許状の取得において実践的科目を必修化するなどの取り組みを進めること，特別免許状や特別非常勤講師制度の活用を促すこと，免許更新制のあり方について検討すること，幼稚園教諭免許と保育士資格の併有促進と幼稚園教諭

一種免許状取得者数の増加を図ることなどを主な取り組みとしてあげた。2018（平成30）年の第3期基本計画では，測定指標として，現職の教師（特に管理職等）に占める当該学校種類に相当する専修免許状保持者の割合の改善と特別免許状の授与件数（特に小中学校）の改善があげられている。

このように，教師として必要な資質能力，児童生徒の状況や教育内容の変化に応じて教師の養成と教員免許制度の改善が行われてきた。

第2節　教員免許状の種類

1　教員免許状の種類

教員免許状には，普通免許状，特別免許状，臨時免許状の3種類がある。

普通免許状は，①（義務教育学校，中等教育学校および幼保連携型認定こども園を除く）学校の種類ごとの教諭の免許状，②養護教諭の免許状，③栄養教諭（平成16年度より）の免許状である。それぞれ基礎資格（修士，学士，短期大学士）および修得した単位数によって，専修免許状（修士課程程度），一種免許状（大学卒業程度），二種免許状（短期大学士程度）の3つに区分されている（高等学校は専修免許状と一種免許状のみ）。専修免許状は，大学院での専攻分野を記載することになっている。普通免許状は全国すべての都道府県で有効で，有効期間は10年である。

特別免許状は1988（昭和63）年の教免法改正で創設され，教員免許状をもっていないがすぐれた知識経験等を有する社会人などを教員として迎え入れることにより，学校教育の多様化への対応や，その活性化を図るため，授与することができる免許状である。都道府県教育委員会が行う教育職員検定に合格した者に授与され，小学校，中学校，高等学校，特別支援学校の教諭の免許状がある。特別免許状は授与を受けた都道府県内で有効で，有効期間は10年である。また，構造改革特別法（特区法）により，市町村教育委員会が授与権者になることが特例として認められている（特区法第19条）。当該市町村内にかぎり有効であり，普通免許状へ上進することはできない。2014（平成26）年には，都道府

表 4.1 主な教員免許状の種類

おもな学校種の教諭等・養護教諭・栄養教諭	免許状の種類	
幼稚園教諭等	普通免許状	専修免許状
		一種免許状
		二種免許状
	臨時免許状	
小学校教諭等	普通免許状	専修免許状
		一種免許状
		二種免許状
	特別免許状（教科ごと）	
	臨時免許状	
中学校教諭等	普通免許状（教科ごと）	専修免許状
		一種免許状
		二種免許状
	特別免許状（教科ごと）	
	臨時免許状（教科ごと）	
高等学校教諭等	普通免許状（教科ごと）	専修免許状
		一種免許状
	特別免許状（教科ごと）	
	臨時免許状（教科ごと）	
特別支援学校教諭	普通免許状（1又は2以上の特別支援教育領域）	専修免許状
		一種免許状
		二種免許状
	特別免許状（自立教科等）	
	臨時免許状（1又は2以上の特別支援教育領域）	
養護教諭等	普通免許状	専修免許状
		一種免許状
		二種免許状
	臨時免許状	
栄養教諭	普通免許状	専修免許状
		一種免許状
		二種免許状

注：「教諭等」は主幹教諭，指導教諭，助教諭，講師，「養護教諭等」は養護教諭，養護助教諭である。教諭は必置職員，主幹教諭，指導教諭，助教諭，講師は任意設置教員である。養護教諭は小学校，中学校，特別支援学校（幼・小・中学部）では原則必置職員，幼稚園，高等学校，特別支援学校（高等部）では任意設置職員である。栄養教諭は任意設置職員である。

県教育委員会による特別免許状の積極的な授与に資するとともに，特別免許状所有者による教育の質を担保するため，文部科学省は「特別免許状の授与に係る教育職員検定等に関する指針」を策定している。

臨時免許状は，普通免許状を有する者を採用できない場合にかぎり，教育職員検定に合格した者に授与される助教諭，養護助教諭の免許状である。義務教育学校，中等教育学校および幼保連携型認定こども園を除く学校の種類ごとに教諭の免許状がある。臨時免許状は授与を受けた都道府県内で有効であり，有効期間は原則3年（都道府県教育委員会規則で6年とすることができる）である。

教諭の普通免許状と臨時免許状は，小学校，中学校と高等学校は教科ごとに授与されている。特別支援学校は，視覚障害者，聴覚障害者，知的障害者，肢体不自由者または病弱者（身体虚弱者を含む）に関する1または2以上の特別支援教育領域に授与される。

特別免許状は教諭の免許状のみで，小学校，中学校，高等学校は教科ごと，特別支援学校は自立教科等について授与される。

2　上位免許状の取得（上進制度）

2006（平成18）年の中教審答申は，「教師は，変化の著しい社会や学校，子どもたちに適切に対応するため，常に学び続ける向上心を持つことも大切」であるとした。2012（平成24）年の中教審答申では「学び続ける教員像の確立」を提言している。さらに，2015（平成27）年の中教審答申では，「学び続ける教員の高度化」が求められた。

普通免許状は，大学，大学院等の教職課程（認定課程）で所要資格を得て申請し授与されるだけでなく，教育職員検定に合格した者にも授与される。教師は，所定の在職年数と大学等（免許法認定講習，免許法認定公開講座，通信教育を含む）において所定の単位を修得することによって，教育職員検定で上位の免許状を取得できる。（上進制度）この目的は，教師の研修意欲を高め，資質能力の向上を図るためであり，研修等が免許状に反映される仕組みとなっている。

もともと，旧二級免許状（現二種免許状）を有する教師が旧一級免許状（現一種

表 4.2 教育職員検定による上位免許状の取得

学校種	受けようとする免許状の種類	有している免許状の種類	最低在職年数	最低単位数
幼稚園教諭	専修免許状	一種免許状	3	15
	一種免許状	二種免許状	5	45
	二種免許状	臨時免許状	6	45
小学校教諭	専修免許状	一種免許状	3	15
		特別免許状	3	41
	一種免許状	二種免許状	5	45
		特別免許状	3	26
	二種免許状	臨時免許状	6	45
中学校教諭	専修免許状	一種免許状	3	15
		特別免許状	3	25
	一種免許状	二種免許状	5	45
	二種免許状	臨時免許状	6	45
高等学校教諭	専修免許状	一種免許状	3	15
		特別免許状	3	25
	一種種免許状	臨時免許状	5	45

免許状）を取得する場合，「在職年数が 15 年をこえるとき」には大学等において取得する単位を必要としなかった。1988（昭和 63）年の教免法改正によって，二種免許状を有する教師には，一種免許状取得の努力義務が課された。さらに，2006（平成 18）年の中教審答申は，「良好な成績で勤務」の評価をより適切に行うこと，上位の教員免許状を取得する際に必要な単位を修得する講習（免許法認定講習）について，都道府県や政令指定都市の教育委員会等のほか中核市の教育委員会なども開設することができるようにすること，二種免許状を有する教員について，任命権者に一種免許状取得の努力目標設定などを求めた。

具体的には，良好な成績で勤務した旨の実務証明責任者の証明による最低在職年数をもとに，一種免許状もしくは二種免許状の授与を受ける場合，教免法別表第三にある最低在職年数を超える在職年数がある場合には，その年数に 5 単位を乗じた単位を逓減することができる（小学校の特別免許状を有する者で小学

校の一種免許状の受けようとする者を除く)。その場合でも最低10単位は修得しなければならない。

　専修免許状への上進については，在職年数に応じて逓減する規定があったが，1998（平成10）年の教養審答申を受けて，2000（平成12）年の教免法改正で廃止され，大学院または大学の専攻科の課程で15単位を修得しなければならなくなった。

第3節　社会人の登用，免許制度の総合化・弾力化

1　社会人の教師への登用

　1986（昭和61）年の臨教審第2次答申は，教員の資質向上のために広く社会一般から教育に熱意をもつすぐれた人材を学校教育に導入し，学校教育の活性化を積極的に図る必要があり，このため，新たに特別の免許状制度を創設し，また，非常勤講師制度の活用を推進する必要があるとした。

　1987（昭和62）年の教養審答申は，都道府県教育委員会が，社会的経験や各種の資格などを有する者について教育職員検定を実施し，その合格者に対して特別免許状を授与することを提言した。普通免許状は，全国一律的に運用される基準に基づいて授与されるが，特別免許状は，都道府県教育委員会が定める運用基準に基づいて授与されるものとした。1988（昭和63）年の教免法改正で制度化され，その後，対象教科の拡大，授与要件の緩和，有効期限の撤廃などの改正が行われてきた。特別免許状の授与件数は，1989（平成元）年度より2014（平成26）年度までの総授与件数は700件と少なかったが，2014（平成26）年に「特別免許状の授与に係る教育職員検定等に関する指針」が示され，2015（平成27）年度は215件，2016（平成28）年度は186件と授与件数が増加している。おもな事例として，外国語（ALT，大学教員，英会話学校の講師），看護（看護師），理科（大学教員，民間企業研究員）などがある。また，公立学校教員候補者選考試験で教員免許状をもたない博士号取得者を採用して特別免許状を授与する教育委員会もある。

また，1987（昭和62）年の教養審答申は，社会人の活用を図るために，特別非常勤講師制度を創設し，社会的経験のある者で教員免許状を有しない者が，本来の職業をもちながら，非常勤講師として，教科やクラブ活動などの授業を担当できるよう提言した。従来，非常勤を含む講師についても普通免許状もしくは臨時免許状が必要であったが，1988（昭和63）年の教免法改正で，各教科の領域の一部について，特に必要があると認めるときは，非常勤の講師に限り，授与権者の許可を受けて，「各相当学校の教員の相当免許状を有しない者を充てる」ことができるようになった。1998（平成10）年の教免法改正で対象教科が全教科となり，授与権者への許可制から届け出制になった。新設以来その件数は増加し，2016（平成28）年度の届け出件数は2万771件となっている。

2　教員免許制度の総合化・弾力化

2002（平成14）年の中教審答申は，教員免許状の総合化・弾力化を検討する背景として，学校の種類別に区分されている教員免許状が，幼児児童生徒の発達状況に必ずしも合わない面が生じてきていることを指摘し，幼児期から高等学校段階までの一貫したものととらえて指導を行うことが必要であり，各学校段階間の連携を一層強化することが求められているとした。そして，学校段階・学校の種別間の連携・接続を円滑に進めるために，教師は1つの学校のみならず隣接する学校においても教授できる資質能力を身につけることが必要であり，ほかの学校でも教授できるよう弾力的な制度の創設や，学校種別を超えた総合的な免許状の可能性が検討課題であるとした。また，盲・聾・養護学校に分かれていた特殊教育諸学校の免許状については，「総合的な免許状の創設」を検討することが喫緊の課題であると指摘した。

同答申を受けて，2002（平成14）年に教免法が改正された。小学校における専科指導等の拡充を図るための処置として，従来は「音楽，美術，保健体育又は家庭の教科について中学校の教諭の免許状を有する者は，それぞれその免許状に係わる教科に相当する教科の教授を担当する小学校の教諭又は講師となることができる」であったが，中学校または高等学校の免許状を有する者が小学

校の相当する教科および総合的な学習の時間の教授ができる専科担任制度が新設された。また，隣接する学校種の免許状の取得を促進する制度として，3年以上「良好な勤務成績」で勤務した教師は，隣接する学校種の免許状取得に必要な単位数が逓減された。盲・聾・養護学校の別になっていた特殊教育諸学校免許状の総合化については，2006（平成18）年に教免法が改正され，現行の制度となった。

　2012（平成24）年の中教審答申でも，改革を進めるうえでの留意事項として「複数の学校種をまとめた教員免許状の創設は，例えば『義務教育免許状』について，要取得単位数の大幅な増加，小中連携の概念整理について検討段階にあることなどから，中長期的検討課題とする。しかしながら，教員免許状を複数取得することは重要であり，更なる隣接校種免許状の取得促進のため，例えば，複数免許状を取得する場合の最低修得単位数の設定の検討や，免許法認定講習を免許状更新講習としても開設するなどの取組が求められる」としている。

　このように，教員免許制度の総合化・弾力化が行われているが，現行の相当免許状主義の主な例外としては，教員免許状を有しない者が教科の領域の一部を担当できる（特別非常勤講師制度）（教免法第3条の2）のほか，中学校，高等学校の教諭が有する免許状の教科に相当する小学校，義務教育学校の前期課程の教科などを担当する教諭等（主幹教諭，指導教諭，教諭，講師）になることができる（専科担任制度，同第16条の5），中学校，義務教育学校の後期課程，高等学校，中等教育学校，特別支援学校（中等部・高等部）で教科担任を採用できない場合，他教科の教諭等が1年に限り免許外教科を担当できる（免許外教科担任制度，同附則第2項），3年以上の勤務経験のある養護教諭が保健の教科の領域に係わる事項を教授できる（同附則第15項），幼稚園，小学校，中学校，高等学校の教諭が特別支援学校の相当する部の教諭等になることができる（同附則第16項），中学校もしくは高等学校のどちらか一方の教員免許状を有している者が中等教育学校の教科等を担当する教諭等になることができる（同附則第17項），小学校もしくは中学校のどちらか一方の教員免許状を有している者が義務教育学校の教諭等になることができることが認められている（同附則第20項）。このうち，免

許外教科担任制度については，2018（平成30）年に「免許外教科担任の許可等に関する指針」が策定され，縮小の方向で適切な運用が図られることになった。

3　教員免許制度の今後

教育職員免許法は，1949（昭和24）年に制定され，1954（昭和29）年と1988（昭和63）年の大幅な改正を経て，その後もしばしば改正が行われている。中等教育学校，特別支援学校，義務教育学校，幼保連携型認定こども園などの創設，教科の新設など教育内容の変化に対応するだけでなく，社会人を登用し活用を図るために免許状主義の例外を拡大し，他方で教師の資質能力の保持しその向上を図るための改正を行ってきたため，教員免許制度は複雑になってきている。第3次教育振興基本計画では，教員免許状に関連して，「近接学校種の教員免許状の併用促進を働きかける」「現職の教員（特に管理職等）に占める当該学校種類に相当する専修免許状保持者の割合の改善」「特別免許状の授与件数（特に

表4.3　教育職員免許法改正と主な内容

年	主な内容
1949（昭和24）	教育職員免許法制定
1954（昭和29）	○仮免許状，校長，教育長，指導主事免許状廃止
1973（昭和48）	○免許状授与の特例（教員資格認定試験）
1988（昭和63）	○特別免許状創設，○普通免許状は専修，一種，二種の3区分，○二種免許状所有者は一種免許状取得の努力義務，○特別非常勤講師制度創設，○教職特別課程創設
1998（平成10）	○特別免許状・非常勤講師の教科拡大，○特別免許状有効期限延長，○非常勤講師制度の簡素化（許可から届出）○養護教諭が保健の教授担当可能
2000（平成12）	○特別免許状から普通免許状への上進可能
2002（平成14）	○特別免許状の有効期限撤廃，○懲戒免職の免許状失効，取上げ，○小学校専科担任制度，○隣接校種免許取得の必要単位数軽減
2004（平成16）	○栄養教諭免許状創設
2006（平成18）	○特別支援学校教諭免許状創設
2007（平成19）	○免許管理者，○普通免許状・特別免許状の有効期間，○免許状更新講習創設，○分限免職の免許状失効，取上げ
2012（平成24）	○保育教諭等創設

小中学校）の改善」などがあげられており，教師の養成の修士レベル化を前提として，教員免許状の総合化と弾力化がさらに進んでいくと考えられる。

第4節　教員免許更新制と発展的解消

1　免許更新制度までの経緯

　もともと普通免許状には有効期間の定めがなかった（特別免許状は創設当初は3年以上10年以内，臨時免許状は原則3年）。1987（昭和62）年の教養審答申は，社会の進展に応じて，教員に必要とされる知識・技術を錬磨するため，一般的に教員免許状に期限を付し，当該期間の到達時に，一定の研修を義務づけることによりその更新を認める制度の導入について，現行公務員制度およびわが国の雇用慣行との関係などにも十分配慮する必要があることから，「今後の検討課題とする」とした。2002（平成14）年の中教審答申は，①教師の適格性確保ための制度としての可能性，②教師の専門性を向上させる制度としての可能性の2つの観点より検討を行い，教師にのみ更新時に適格性を判断したり，免許状取得後に新たな知識技能を修得させるための研修を要件として課すという更新制を導入することには，「なお慎重にならざるを得ないと考える」としている。2005（平成17）年の中教審答申「新しい時代の義務教育を創造する」は，教員免許状を取得した後も，社会状況の変化等に対応して，その時々で求められる教師として必要な資質能力が確実に保持されるよう，定期的に資質能力の必要な刷新（リニューアル）を図ることが必要であり，このための方策として，「教員免許更新制を導入する方向で検討することが適当」であるとした。

　なお，同答申は「我が国の教師の指導力が高いことについて正当な評価がなされないまま，教師に対する不信感のみから教員免許更新制を導入するのであれば，教師の意欲を喪失させるおそれがある。このため，教師の意欲を高める視点が必要であり，教員免許更新制の導入により，教師への人材登用の途を狭めることや，教師の身分を不安定にしたり，過剰な負担感を与え教職の魅力を低下させることのないよう留意する必要がある」と述べている。2006（平成

18) 年の中教審答申「今後の教員養成・免許制度の在り方について」で，その導入の基本的な考え方，具体的な免許更新制度が提言された。

このように，教師の適格性の確保と教員の資質能力に必要な刷新（リニューアル）という問題が俎上にあったが，2007（平成19）年に教育職員免許法および教育公務員特例法の改正により，①教員免許更新制の導入（教免法），②指導が不適切な教員の人事管理厳格化（教育公務員特例法），③分限免職処分を受けた者の免許状の取扱い（教免法）が行われるようになった。2008（平成20）年に教免法施行規則が改正され，「免許状更新講習規則」が制定されて，2009（平成21）年4月1日から教員免許更新制が導入された。

2 教員免許更新制

教員免許更新制の目的は，「その時々で教員として必要な資質能力が保持されるよう，定期的に最新の知識技能を身に付けることで，教員が自信と誇りを持って教壇に立ち，社会の尊敬と信頼を得ることを目指すもの」で，不適格教員の排除を目的としたものではない。なお，教員免許状は個人の資格であり，更新制の手続きは基本的にすべて個人が行う必要がある。

教員免許更新制は，普通免許状と特別免許状の有効期間を10年間とし，有効期間を更新する際に免許状更新講習（更新講習）を受講し修了することを必要とするものである。2009（平成21）年4月1日以降（更新制導入後）に授与された免許状の場合は所要資格（免許状授与に必要な学位と単位の修得）を得てから10年後の年度末まで効力を有する。有効期間を過ぎて失効した場合，所要資格を満たしていれば，更新講習を受講し修了して，都道府県教育委員会に申請すれば授与される。また，2009（平成21）年3月31日以前に授与された普通免許状と特別免許状には有効期間の定めはないが，更新講習の受講義務の有無（現職教員等かそれ以外か）や受講対象者であるか否かによって，更新講習の修了確認の方法が異なっている。複数の教員免許状を所持した場合，免許状の有効期間は，最も遅く満了となる教員免許の有効期間に統一される。なお，有効期間を過ぎて失効した場合でも履歴書などに教員免許状の授与を記載できるが，更新講習

第4節　教員免許更新制度

未受講等を併記する必要がある。

　更新講習の内容は，①必修領域（すべての受講者が受講する領域），②選択必修領域（受講者が所有する免許状の種類，勤務する学校の種類または教育職員としての経験に応じ，選択して受講する領域），③選択領域（受講者が任意に選択して受講する領域）の3つに分かれている。更新講習はあわせて30時間以上受講し修了する必要があり，①必修領域講習については6時間以上，②選択必修領域については6時間以上をそれぞれ受講し修了する必要がある。

　更新講習の修了認定は，開設者が修了認定試験を実施し，免許状更新講習規則で定められた到達目標に掲げる内容について適切な理解が得られていることが認められた場合に行われる。複数の大学で更新講習を受講した場合は，大学ごとに履修の認定が行われる。

3　教員免許更新制の廃止と発展的解消

　2009（平成21）年4月1日より教員免許更新制が導入されたが課題も多く，2013（平成25）年に文部科学省は，教員免許更新制度の改善に係る検討会議を開催し，その報告書をもとに，必修領域の精選，選択必修領域の導入，教員免許状更新講習と中堅教員等資質向上研修（十年経験者研修）との相互認定の促進などを行った。2019（平成31）年からは教員不足に対応して，教員免許状更講習の未修了者に臨時免許状を授与して教員として採用できることなどの見直しを行った。

　2021（令和3）年1月の中教審答申「『令和の日本型学校教育』の構築を目指して」は，教員免許更新制や研修についてより包括的な検証を行い，必要な教師数の確保とその資質・能力の確保が両立できるよう総合的に検討していくことが必要であるとした。中教審（教員養成部会）によれば，教員免許更新制については，①更新手続きミス（うっかり失効）など制度が複雑，②講習時間や時期，申込み手続きや費用などの負担感，③学校の管理職や教育委員会事務局の多忙化，④臨時的任用教員や退職教師の活用など教員確保への影響，⑤講習開設者側の課題などが指摘されている。同年4月に中央教育審議会に特別部会が設置され，

教員免許更新制小委員会によって検討が行われた。同年11月に特別部会の「審議まとめ」は，教員免許更新制を発展的に解消し，新たな教師の学びの姿を実現することにより，専門職性の高度化が進んでいくことが期待されるとした。

　2022（令和4）年5月に教育公務員特例法及び教員職員免許法が改正され，普通免許状と特別免状の有効期間がなくなり，更新制に関する規定が削除され，同年7月1日から施行された。施行日時点で有効な教員免許状（休眠状態を含む）は，手続なく有効期限のない免許状となった。また，失効した免許状については，都道府県教育委員会に再授与申請手続を行うことで，有効期限のない免許状の授与を受けることが可能になった。同時に教員研修の高度化が示され，任命権者は教員ごとに「研修等に関する記録」を作成し，教員研修計画を踏まえ，研修等に関する記録に係る情報を活用して指導助言を行うことになった。

【石田　美清】

参考文献

海後宗臣編『教員養成《戦後日本の教育改革第8巻》』東京大学出版会，1971年。

TEES研究会編『大学における教員養成の歴史的研究』学文社，2001年。

東京学芸大学教員養成カリキュラム開発研究センター編『教師教育改革のゆくえ―現状・課題・提言』創風社，2006年。

日本教師教育学会編『教師とは―教師の役割と専門性を深める』学文社，2002年。

牧昌見『日本教員資格制度史研究』風間書房，1971年。

文部科学省「教員免許更新制」http://www.mext.go.jp/a_menu/shotou/koushin/（2018年9月20日閲覧）

文部科学省「平成28年度教員免許状授与件数等調査結果について」http://www.mext.go.jp/a_menu/shotou/kyoin/1353137.ht（2018年9月20日閲覧）

横須賀薫『教員養成―これまでこれから』ジアース教育新社，2006年。

シナプス編集部『教員養成・免許制度はどのような観点から構築されてきたか―制度の趣旨と方向性の考察』ジダイ社，2017年。

中央教育審議会「令和の日本型学校教育」を担う教師の在り方特別部会「『令和の日本型学校教育』を担う新たな教師の学びの姿の実現に向けて　審議まとめ」2021年。

中央教育審議会「『令和の日本型学校教育』を担う教師の養成・採用・研修等の在り方について」2022年。

第5章　教師の養成教育

第1節　教員養成カリキュラムの改革

　これからの教師に求められる資質能力について，中央教育審議会（2015）はその答申の中で「①これまで教員として不易とされてきた資質能力に加え，自律的に学ぶ姿勢を持ち，時代の変化や自らのキャリアステージに応じて求められる資質能力を生涯にわたって高めていくことのできる力や，情報を適切に収集し，選択し，活用する能力や知識を有機的に結びつけ構造化する力などが必要である。②アクティブ・ラーニングの視点からの授業改善，道徳教育の充実，小学校における外国語教育の早期化・教科化，ICT の活用，発達障害を含む特別な支援を必要とする児童生徒等への対応などの新たな課題に対応できる力量を高めることが必要である。③『チーム学校』の考えの下，多様な専門性を持つ人材と効果的に連携・分担し，組織的・協働的に諸課題の解決に取り組む力の情勢が必要である」と述べている。実際，教師には，社会からの期待に応えるため，より高度な専門性が必要とされるのはいうまでもない。しかし，社会の急速な変化に伴う新たな教育課題も膨大なものとなり，もはや個々の教師が社会の諸課題すべてに対応できるような力量を身につけるのは不可能である。教師は，以前にも増して，本当にたいへんな職業である。

　こうした時代に，社会や子どもたちから信頼される教師になるためには，どのような知識や技能，態度を身につけなければならないのだろうか。つまり，教員の養成にあたって何がとりわけ重要であり，どのような力量形成が求められるのだろうか。

第5章 教師の養成教育

本章では，教師の養成教育改革の動向を，次の4つの観点から分析し，その可能性と課題について考えてみる。すなわち，①教員養成カリキュラムの改革，②教職大学院の充実，③行政による教員養成への関与，④他国の教員養成制度との比較である。

1 教員免許状の取得要件

わが国における教師の養成教育は，文部科学省による課程認定を受けた大学で行われるのが基本である。教員志望者は，その大学で所定の単位（表5.1参照）を取得すれば，教員免許状を申請することができる。

教員免許状の申請には，「教科及び教職に関する科目」の単位に加えて，「日本国憲法」，「体育」，「外国語コミュニケーション」，「数理，データ活用及び人工知能に関する科目または情報機器の操作」に関連する科目の単位（各2単位）をそれぞれ取得していなければならない（教育職員免許法施行規則第66条の6）。さらに，小学校または中学校の教員免許状の取得を希望する場合，社会教育施設等での介護等体験が必修となっている（小学校及び中学校の教諭の普通免許状授与に係る教免法の特例等に関する法律第2条第1項）。

「教科及び教職に関する科目」は，教育職員免許法及び同施行規則の改正（2017年）により，これまで「教科に関する科目」「教職に関する科目」ならびに「教科又は教職に関する科目」で構成されていた科目区分が「教科及び教職に関する科目」に一本化された。

表5.1 教員免許状取得に必要な単位数

免許状の種類（教諭）		基礎資格（学位）	最低単位数
			教科及び教職に関する科目
小学校	専修	修士	83
	一種	学士	59
	二種	短期大学士	37
中学校	専修	修士	83
	一種	学士	59
	二種	短期大学士	35
高等学校	専修	修士	83
	一種	学士	59

出典：教育職員免許法別表第一（一部修正）

表 5.2 教科及び教職に関する科目

		小学校			中学校			高等学校	
		専	一	二	専	一	二	専	一
教科及び教科の指導法に関する科目	教科に関する専門的事項	30	30	16	28	28	12	24	24
	各教科の指導法（情報通信技術の活用を含む。）								
教育の基礎的理解に関する科目	教育の理念並びに教育に関する歴史及び思想	10	10	6	10 (6)	10 (6)	6 (3)	10 (4)	10 (4)
	教職の意義及び教員の役割・職務内容（チーム学校運営への対応を含む。）								
	教育に関する社会的，制度的又は経営的事項（学校と地域との連携及び画稿安全への対応を含む。）								
	幼児，児童及び生徒の心身の発達及び学習の過程								
	特別の支援を必要とする幼児，児童及び生徒に対する理解								
	教育課程の意義及び編成の方法（カリキュラム・マネジメントを含む。）								
道徳，総合的な学習の時間等の指導法及び生徒指導，教育相談等に関する科目	道徳の理論及び指導法	10	10	6	10 (6)	10 (6)	6 (4)	8 (5)	8 (5)
	総合的な学習の時間の指導法								
	特別活動の指導法								
	教育の方法及び技術								
	情報通信技術を活用した教育の理論及び方法								
	生徒指導の理論及び方法								
	教育相談（カウンセリングに関する基礎的な知識を含む。）の理論及び方法								
	進路指導及びキャリア教育の理論及び方法								
教育実践に関する科目	教育実習*	5	5	5	5 (3)	5 (3)	5 (3)	3 (2)	3 (2)
	教職実践演習	2	2	2	2	2	2	2	2
大学が独自に設定する科目		26	2	2	28	4	4	36	12

出典：教育職員免許法施行規則第 3 〜 5 条（2021 年 8 月改正）
注：教育実習*の単位数には，教育実習に係る事前及び事後の指導の 1 単位を含む。

「教科及び教職に関する科目」は，①教科及び教科の指導法に関する科目，②教育の基礎的理解に関する科目，③道徳，総合的な学習の時間等の指導法及び生徒指導，教育相談等に関する科目，④教育実践に関する科目，⑤大学が独自に設定する科目で構成される（表5.2参照）。

2017年の法改正により，既存の旧課程の履修事項の内容に加えて，「情報機器及び教材の活用」「チーム学校運営への対応」「学校と地域との連携」「学校安全への対応」「カリキュラム・マネジメント」ならびに「キャリア教育」の内容が追加され，その上で「特別の支援を必要とする幼児，児童及び生徒に対する理解（1単位以上修得）」および「総合的な学習の時間の指導法」が，新たな履修事項として新設された。さらに「学校体験活動」について，大学の判断で事項に加えてもよいとされた。

さらに2021（令和3）年の改正において，「各教科の指導法（情報機器及び教材の活用を含む。）」を「各教科の指導法（情報通信技術の活用を含む。）」とし，「道徳，総合的な学習の時間等の指導法及び生徒指導，教育相談等に関する科目」のうち，「教育方法及び技術（情報機器及び教材の活用を含む。）」を，「教育方法及び技術」及び「情報通信技術を活用した教育の理論及び方法（1単位以上修得）」とした。

2 教職課程コアカリキュラムの制定

教職課程コアカリキュラムとは，全国すべての大学の教職課程で共通に修得すべき資質能力を示すものであり，教育職員免許法及び同施行規則（2017年改正）に基づいて，新課程の実施（2019年度入学生以降）に合わせて制定されたものである。その目的は，各大学の教職課程全体の質保証にある。

教職課程コアカリキュラムは，医学教育や法科大学院教育等の専門職分野で求められるコアカリキュラムを参考に，「全体目標」「一般目標」および「到達目標」で構成される。「全体目標」は「教職課程の各事項について，当該事項を履修することによって学生が修得する資質能力」を示し，そのうえで「一般目標」は「全体目標を内容のまとまり毎に分化させた資質能力」を，また「到達目標」は「学生が一般目標に到達するために達成すべき個々の規準」を，そ

表5.3 教職課程コアカリキュラムの事例

教職の意義及び教員の役割・職務内容（チーム学校運営への対応を含む。）
全体目標：現代社会における教職の重要性の高まりを背景に，教職の意義，教員の役割・資質能力・職務内容等について身に付け，教職への意欲を高め，さらに適性を判断し，進路選択に資する教職の在り方を理解する。
(1) 教職の意義
一般目標：我が国における今日の学校教育や教職の社会的意義を理解する。
到達目標：1) 公教育の目的とその担い手である教員の存在意義を理解している。
2) 進路選択に向け，他の職業との比較を通して，教職の職業的特徴を理解している。
(2) 教員の役割
一般目標：教育の動向を踏まえ，今日の教員に求められる役割や資質能力を理解する。
到達目標：1) 教職観の変遷を踏まえ，今日の教員に求められる役割を理解している。
2) 今日の教員に求められる基礎的な資質能力を理解している。
(3) 教員の職務内容
一般目標：教員の職務内容の全体像や教員に課せられる服務上・身分上の義務を理解する。
到達目標：1) 幼児，児童及び生徒への指導及び指導以外の校務を含めた教員の職務の全体像を理解している。
2) 教員研修の意義及び制度上の位置付け並びに専門職として適切に職務を遂行するため生涯にわたって学び続けることの必要性を理解している。
3) 教員に課せられる服務上・身分上の義務及び身分保障を理解している。
(4) チーム学校運営への対応
一般目標：学校の担う役割が拡大・多様化する中で，学校が内外の専門家等と連携・分担して対応する必要性について理解する。
到達目標：1) 校内の教職員や多様な専門性を持つ人材と効果的に連携・分担し，チームとして組織的に諸課題に対応することの重要性を理解している。

出典：教職課程コアカリキュラムの在り方に関する検討会「教職課程コアカリキュラム」(2017) より抜粋

れぞれ示している（表5.3参照）。ただし，これらの目標は，あくまで教職課程における教育内容について規定したものであり，目標の数によって大学の授業科目の単位数や授業回数が拘束されるわけではない。

こうして制定された教職課程コアカリキュラムは，これからも学校や社会の変化やそれに伴う制度改正によって改訂されることになっている。なお，教職課程コアカリキュラムで示される資質能力だけでなく，使命感や責任感，教育的愛情，総合的人間力，コミュニケーション能力など，これまでに重視されてきた資質能力も，依然として教員に求められることはいうまでもない。

3 現場体験の重視—「学校ボランティア」「学校インターンシップ」など

　近年の教員養成カリキュラムの改革では，学生たちができるだけ早い時期に学校現場を見学し，児童生徒たちと触れ合う現場体験が重視されるようになってきている。これまでの教員養成において，教職志望者が学校現場を体験できる機会というのは，主として2～4週間程度の教育実習に限られていた。しかし，学生たちが教育実習の期間だけで現場の感覚を体験し，将来のキャリアを展望するにはやや無理があるという状況になってきている。

　近年では，企業が求める人材と就職希望者の資質が合わない「雇用のミスマッチ」が問題となっているが，教職においてもそれは例外ではなく，「教員免許状が保証する資質能力と，現在の学校教育や社会が教員に求める資質能力との間に乖離が生じて」いる（中教審，2006）。もはや教員免許状を取得し，教員として採用されても，学校現場がかかえる数々の問題に直面し，「こんなはずではなかった」と失望してしまう危険性が高まっている。逆に，教師になるつもりのなかった学生が，教育実習で現場を体験するうちに教師としてのやりがいに目覚め，教員採用試験に向けて本格的に勉強しはじめるということも少なくない。したがって，教員志望者が早い段階で学校現場を体験することは，学生のキャリア形成を支援する意味でも，教員免許状取得者の質を担保する意味でも，たいへん有意義なことである。

　こうした認識のもと，学生たちを近隣の学校に派遣し，そこで指導の補助を行う「学校ボランティア」または「学校インターンシップ」等が，各大学の教職課程において急速に拡大している。実際，学校現場でのボランティアやインターンシップを体験した学生たちの活動記録や報告書をみれば，例えば，部活動や体育祭の補助などで生徒たちをサポートできたとか，いじめを受けている生徒の味方になって手を差し伸べたなど，現場の臨場感が伝わってくる。これらの体験を通して，学生たちは教師の責任の重大さを感覚的に理解し，教師になるための覚悟を持つようになっている。こうした現場体験の重視は，中教審答申（2015）でもさらに強調されている。

4 教育実習の改善と充実

　教員養成カリキュラム改革の動きは，教育実習においてもみられるようになっている。これまでは，所定の科目さえ履修していれば，教育実習に参加することができた。そして大学は基本的に，教育実習における指導を各実習校に一任してきた。また教育実習は，附属学校をもつ大学を除けば，原則として学生の母校（出身校）で行われてきた。ところが，これからの教育実習は少しずつ厳格化の方向に向かっている。

　中教審答申（2006）で示された方針によると，それは次の4点に集約することができる。すなわち，①大学と実習校，さらには教育委員会との連携，②実習生の資質能力の事前確認，③母校実習の見直し，④教職課程全体での体系的な教育実習の実施である。

　まず，これまでの教育実習は，実習校の各担当教諭による指導が一般的であったが，今後は教育委員会の協力を得ながら，大学と実習校の教員が相互に連携し，また実習校でも複数の教員が協力して実習生の指導にあたること。これらの連携協力のもとで，とりわけ教壇実習（実習生の授業時数）を十分に確保することが求められている。次に，これからは教育実習に至るまで，事前に学生の能力や適性，意欲等を適切に確認する。また必要に応じて補完的な指導を行い，資質能力を欠く学生は教育実習に出さない。あるいは実習開始後であっても実習生の姿勢や資質能力に問題が生じた場合には，実習を中止させる。これらの対応を行うことになった。そしてさらに，これまで伝統的に行われてきた母校実習を，今後はできるだけ見直していくことが提言された。大学と実習校の緊密な連携のためには，できるだけ近隣の学校での実習がよい。ただし，学生が自分の出身地の教職に就くことを希望する場合には，母校での実習も柔軟に認めてよいが，その場合でも，大学と実習校が工夫して連携指導を行うことが必要だとされた。最後に，教育実習はもはやそれが単独で実施されるのではなく，教職課程のカリキュラムと連動させるよう求められている。例えば，教育実習の反省から生じた課題に「教職実践演習」で取り組むなどの工夫が考えられる。

第2節　教職大学院の充実

　教職大学院とは，2008年に創設された専門職大学院である。専門職大学院とは，高度の専門性を要する職業等に必要な高度の能力を専ら養うための大学院である（専門職大学院設置基準第2条）。

　学校教育の問題が複雑で多様化するに伴い，こうした問題に対応しうる高度な専門性と豊かな人間性や社会性を備えた教員が求められてきている。それゆえ教職大学院は，教師の養成教育の改善と充実を図るため，高度専門職業人としての教員養成に特化した機関として創設された。

　文部科学省によれば，従来の大学院が，研究者養成・学術研究コースとして各分野における深い学問的知識・能力の育成等に重点を置くものであるのに対し，教職大学院は，高度専門職業人養成コースとして学校現場における実践力・応用力など教職としての高度な専門性の育成に重点を置くものである。すなわち，これら既存の大学院修士課程と教職大学院との違いは，学問的（アカデミック）な研究活動に重点を置くか，それとも専門的（プロフェッショナル）な職業人の育成に重点を置くかの違いである。したがって，教職大学院を修了すれば，従来の修士課程修了者に授与される「修士（教育学）」ではなく「教職修士（専門職）」という学位が与えられる。

1　教職大学院の役割と基本方針

　教職大学院が果たすべき主な役割は，次の2点である。それは，①学部段階での資質能力を修得した者の中から，さらにより実践的な指導力・展開力を備え，新しい学校づくりの有力な一員となりうる新人教員を養成することであり，②現職教員を対象に，地域や学校における指導的役割を果たしうる教員らとして不可欠な確かな指導理論と優れた実践力・応用力を備えたスクールリーダー（中核的中堅教員）を養成することである。つまり，教職大学院の主な責務は「実践力の高い新人教員」と「スクールリーダー」の育成にある。

さらに，これらの役割に加えて，教職大学院には，各学校の管理者らに必要な高度なマネジメント能力の養成，特別支援教育コーディネーターなどの教育施策の進展に対応して新設された専門的職務に必要な知識・技能の養成，大学等高等教育機関の管理者や高等教育政策担当者の養成ならびに国際的な開発教育協力の専門家など幅広い教育分野の高度専門職業人の養成といった役割を果たすことが期待されている。

他方，教職大学院の基本方針は5つあり，それは，①教職に求められる高度な専門性の育成への特化，②「理論と実践の融合」の実現，③確かな「授業力」と豊かな「人間力」の育成，④学校現場など養成された教員を受け入れる側（デマンド・サイド）との連携の重視，⑤第三者評価等による不断の検証・改善システムの確立である。

2　教職大学院の制度的概要

専門職大学院設置基準によれば，教職大学院の目的は「専ら幼稚園，小学校，中学校，高等学校，中等教育学校及び特別支援学校の高度の専門的な能力及び優れた資質を有する教員の養成のための教育を行うこと」（第7章教職大学院第26条）である。教職大学院の標準修業年限は2年であり，原則として45単位以上を修得することで修了する。その45単位には「高度の専門的な能力及び優れた資質を有する教員にかかる実践的な能力を養うことを目的として小学校等その他の関係機関で行う実習に係る10単位以上」が含まれるが，その一方で「教育上有益と認めるときは，当該教職大学院に入学する前の小学校等の教員としての実務の経験を有するものについて，10単位を超えない範囲で，当該実習の全部又は一部」とみなすことができる（第7章教職大学院第29条）。

教職大学院の入学者選抜，教育課程，教育方法・授業形態，履修形態，専任教員，連携協力校ならびに認証評価などは，それぞれ表5.4のようになっている。従来の大学院教育学研究科（修士課程）と比べて，教職大学院では，理論と実践を融合させながらも，より学校現場に近い，教師の実践力を高める制度になっていることがわかる。

表 5.4 教職大学院の制度的概要

入学者選抜	入学者受け入れ方針（アドミッション・ポリシー）を明確にし，将来の中核的・指導的な教員に相応しい資質能力を的確に判断しえるような入学者選抜の工夫を行う。
教育課程	体系的に開設すべき授業科目領域： ①教育課程の編成・実施に関する領域 ②教科等の実践的な指導方法に関する領域 ③生徒指導，教育相談に関する領域 ④学級経営，学校経営に関する領域 ⑤学校教育と教員の在り方に関する領域
教育方法・授業形態	少人数で密度の濃い授業 理論と実践の融合を強く意識した新しい教育方法を積極的に開発・導入 （例：事例研究，模擬授業，授業観察・分析，ロールプレーイング等）
履修形態	特に現職教員が職務に従事しながら履修できるよう，昼夜開講制，夜間大学院等の弾力的な履修形態の工夫を図る。
専任教員	最低限必要な専任教員数 11 人のうち実務家教員の比率は 4 割以上
連携協力校	附属学校および一般校の中から連携協力校を制定することを義務付ける。
認証評価等	他の専門職大学院と同様，自己評価および認証評価が課される。

出典：中央教育審議会答申「今後の教員養成・免許制度の在り方について」(2006) より抜粋

3　教職大学院の拡充

　現在のところ，教職大学院を修了し，専門職学位を取得したとしても，それが教員採用試験の合否にとりわけ有利に働くわけではなく，また現職教員の場合も専門職学位を保持する教師が現場で特に優遇されることはない。しかし，これからの時代には，教職大学院のさらなる拡充が期待されている。中教審答申 (2012) によれば，教職大学院は，実践力の高い新人教員ならびにスクールリーダーの育成という従来の役割を果たしつつ，今後さらに，①新たな学びに対応した教科指導力や教科専門の高度化を達成し得るカリキュラムや，理論と実践の往還により理論に裏づけられた新たな教育実践を生み出していく方法を開発すること，②学校現場での実践に資する教科教育，特定分野の養成，生徒指導に関する教育研究の拠点となること，③教職大学院の設置されていない都道府県においては，大学と教育委員会との連携・協働により，教職大学院の設置を推進すること，④新たな学びを展開できる実践的指導力などを身につけることができる教員組織体制の構築を図り，専任教員のうち実務家教員の割合の

見直すこと，⑤教職大学院修了者への初任者研修の一部または全部免除，教員採用選考における選考内容の一部免除，採用枠の新設などの取り組みを進め，また教員採用選考合格者の名簿登載期間延長などの取り組みを進めること，⑥教育委員会が将来の教育界を担う現職教員を教職大学院へ積極的に派遣することなどが求められている。

第3節　地方の教育行政による教員養成への関与―広島市の事例

　地方における近年の改革動向として，地方の行政による教員養成への関与があげられる。これまでの教員養成は，ほとんど中央の文部科学省による指導や監督のもと，各大学の教育学部や教職課程等で実施されてきた。しかし最近では，地方自治体レベルで独自に教員養成プログラムを開発し，それを「学校ボランティア」や「学校インターンシップ」などの現場体験と連動させて実施する動きが見られるようになっている。

1　独自の教員養成プログラムを設ける地方自治体

　大学の教職課程を履修し，教員免許を取得した後は，各都道府県などの教育委員会によって，それぞれ教員採用試験が実施される。基本的には，その採用試験に合格した者が教員として正式に採用される。これまでは，多くの学生たちに教員免許を与える一方，各教育委員会が教員採用試験において厳正な選考を行うことによって，できるだけ質の高い教員の確保に努めてきた。ところが，近年は団塊世代教師の大量退職の時期を迎えるとともに，少人数学級が推進される中で，教員採用試験の受験倍率が徐々に低下する事態が生じている。その一方で，採用後まだ勤務年数の少ない若手教員の離職率が高くなっており，その背景として，現代の子どもたちがかかえる複雑な問題に対して，新米教師たちの力量形成が追いつかないといった事情もある。

　こうした状況に鑑み，2004年の東京都を皮切りに，各地方自治体がより実践的指導力のある人材を発掘し，教員に向けて独自に養成しようとする動きが

見られるようになってきた。ここでは，広島市の「ひろしま未来教師セミナー」を事例に取り上げる。

2　ひろしま未来教師セミナー

「ひろしま未来教師セミナー」は，小学校教諭及び中学校教諭を志す学生を対象に，計画的・継続的に研修などを実施し，児童生徒の実態や学校運営の状況について理解を深めるとともに，「広島らしい」教育にふれることによって，教職をめざす意欲と広島市の教師に求められる資質・能力の向上を図ることを目的としてセミナーであり，広島市教育委員会によって開講されるものである。

このセミナーは，子ども理解の土台づくりをめざす「セミナーⅠ」(大学2年生約100名対象)と，学級・授業の土台づくりを目標とした「セミナーⅡ」(大学3年生・大学院1年生約100名対象)からなり，大学の教職課程と比べて，より実践的な教育プログラムを用意している。すなわち，現場ですぐに活用できるようなテーマの講演や演習を受け，それを実際の学校現場での実習において実践するといったカリキュラムが組まれている。講師は，教育委員会の指導主事などを中心に，現場を熟知したベテラン教員が多く，その内容は，目指す教師像のイメージ化に始まり，子ども理解の基礎，板書計画や学習指導案などの授業づくり，学級経営やクラスを盛り上げるポイントなど，現場の具体的なノウハウについての講義や演習が多い。

なお「ひろしま未来教師セミナー」は，誰でも受講できるというわけではなく，広島市教育委員会が示した以下の条件をすべて満たす者でなければならない。その条件とは，①将来，広島市立学校教員として勤務を希望している者，②原則として，全ての研修を受講することができる者，③「大学生による学校支援活動」(学校インターンシップ)を積極的に活用し，学校において支援活動を行っている者または支援活動を行う意志がある者，④本セミナーの趣旨に賛同する者である。また「セミナーⅠ」への応募に際し，受講申込書とともに「自己アピール文」の提出が求められている。他方，やむを得ない理由で欠席する場合は，所定の「欠席届」の提出が義務づけられている。

ただし，教員採用試験との関連性でいえば，「ひろしま未来教師セミナー」を受講し修了したからといって，広島県・広島市公立学校教員採用候補者選考試験で優遇されるとか，試験の一部が免除されるなどの取り扱いは一切ない。

こうした地方自治体独自の教員養成プログラムは，優秀な学生をなるべく早期に確保しておきたいという行政の思惑に基づいて開設されたものが多いが，本来であれば，大学の教員養成課程が，資質や意欲を十分に兼ね備えた優秀な教員をきちんと養成するほうが望ましい。

3　教員育成協議会の創設

中央教育審議会答申「これからの学校教育を担う教員の資質能力の向上について」（2015 年）では，教員の主体的な学びを支えるさまざまな取り組みを進めるための基盤として，「教員育成協議会」の創設を提唱している。「教員育成協議会」とは，教育委員会と大学等が相互に議論し，養成や研修の内容を調整するための制度である。おおむね都道府県および政令指定都市の教育委員会単位で組織するものとし，関係する市町村教育委員会，域内を含め周辺の教員養成大学・学部やその他の教職課程を置く大学，関係する各学校種（幼稚園，小学校，中学校，義務教育学校，中等教育学校，高等学校，特別支援学校及び幼保小連携型認定こども園など）の代表，職能団体の代表などが，国公私立を通じて参画できうるものとして想定されている（図 5.1 参照）。

今後，「教員育成協議会」では，教育委員会と大学その他の関係者が教員の育成ビジョンを共有するための教員育成指標を協議し共有することや，養成・採用・研修における教員の主体的な「学び」を積極的に進めるための協議・調整に取り組むことが期待されている。

こうした流れを受けて，教育公務員特例法の改正（2016 年）とともに，広島市でも「広島市教員等育成に関する協議会」が設置され，教員らの資質向上に関する指標の策定が始まっている。広島市の場合，協議会のメンバーは，広島市教育委員会事務局，広島市教育センター長，各大学の教職課程担当教員，広島市立の幼稚園長会代表および各学校種の校長会代表からなる約 20 数名で構

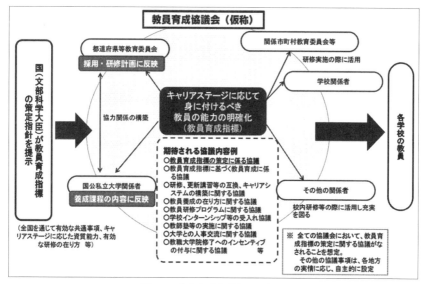

図 5.1　教員育成協議会の仕組み

出典：中央教育審議会答申「これからの学校教育を担う教員の資質能力の向上について」(2015) より抜粋

成され，毎年 1 〜 2 回程度の会議が開催されている。

第 4 節　教師の質の保証―他国の教員養成制度との比較

　教育の質的改善には，教師の質保証が重要であるのはいうまでもない。このことは，わが国のみならず世界各国においてもそうである。とするならば，他国では教師の質を担保するために，教員養成制度や教員免許制度にどのような工夫がみられるのか。ここでは，他国の教員養成ならびに教員免許制度について紹介する。

　教員養成・免許制度には，大きく分けて 2 つのパターンがみられる。1 つは，教員免許を更新することで教師の資質や能力を確認しながら養成教育を進めていくものであり，もう 1 つは，(終身の) 教員免許状を取得するまでの養成教育が極めて長期にわたるものである。

1　期限付き教員免許状制度と教師のキャリアアップ

　教員免許に期限を設け，その更新によって教師の質を保証しようとする国として，例えば，アメリカ合衆国が挙げられる。アメリカにおいて教員免許状を取得するには，州により異なるが，教員養成を行う大学の学部で学んだ後，まずは各州が実施する能力試験に合格しなければならない。ただし，この教員免許には通常5年程度の有効期限が設けられており，免許を更新するためには研修を受けたり，さらに大学または大学院などで教員養成カリキュラムを履修し，それらの単位または学位を取得しなければならない。これらの修練を通して，これまで取得した教員免許が単に更新されるのではなく，さらに上級レベルの免許に切り替えられることが多い。つまり，教員免許の更新ごとに教員はレベルアップを図り，より上級の免許に向けてキャリア形成を行うのである。他方，アメリカでは，各大学の教員養成コースの質が民間団体によって評価される制度（アクレディテーション）が設けられており，教員の質の維持や向上が制度面でも支援される仕組みになっている。

2　試補勤務制度と終身免許状

　その一方で，教員免許状を取得するまでの養成教育がきわめて長期にわたる国として，例えば，フランスやドイツがあげられる。これらの国では，教員免許状を取得するまでの過程が長く，またそのハードルも高くなっている。実際，教員になるには，大学の教員養成課程で学んだ後，教員採用試験（フランス）や第一次国家試験（ドイツ）に合格したうえで，さらに約1～2年間の試補勤務に従事しなければならない。試補勤務中には（例えばドイツの場合），州の教育センターで理論的な内容を学ぶと同時に，教員として学校に勤務し，児童生徒たちの前で通常の授業を行うことになっている。その後，ドイツでは第二次国家試験に合格することで，ようやく教員免許状が取得できる。こうした長期的なプロセスを経て取得する教員免許状は，基本的に終身有効なものとなっている。

3 教師の養成教育の課題

　他国との比較をふまえながら，いま一度わが国の教師の養成教育改革に目を向けてみると，教職課程コアカリキュラムの制定，教職大学院の充実など，教員として採用された後も絶えずレベルアップを図るアメリカ型の制度に近づいているようにみえる。

　本章では，教師の養成教育改革の動向について述べてきたが，変化の激しい現代社会では，教員に求められる資質能力を確実に身につけることの重要性が高まっており，それゆえ教師には，不断に最新の専門的知識や指導技術などを身につける努力が求められる。こうした事情から，教職課程コアカリキュラムが制定され，教職大学院の拡充が求められ，さらに地方教育行政による独自の教員養成プログラムが開設されるようになってきた。そして，地方教育行政と教員養成大学，各学校の代表による教員育成協議会が新設され，教員育成指標の策定が求められるようになっている。

　教師たちに高度な専門性を求めるのは，時代の要請によりやむを得ないことではあるが，だからといって教員免許の取得や更新・研修の要件を厳しくしたり，研修や修練の時間を増やすだけでなく，優れた実践モデルを開発した学校を積極的に表彰し，そのモデルをもとに各校の「学校づくり」で教師が育っていくような仕組みを整備することも大切である。また，そうした学校の取り組みを，大学や教育委員会がサポートしていくことできれば，現場の教師の負担軽減にも貢献できるであろう。

【卜部 匡司】

参考文献

今津孝次郎『教師が育つ条件』岩波新書，2012年。
大野亜由未「教師の養成教育」赤星晋作編著『新教職概論』学文社，2008年，75-90頁。
大場茂美・赤星晋作編著『学校教師の探求』学文社，2001年。
二宮皓編著『新版 世界の学校』学事出版，2014年。
文部科学省中央教育審議会答申「今後の教員養成・免許制度の在り方について」2006年。
　——「教職生活の全体を通じた教員の資質能力の総合的な向上方策について」2012年。
　——「これからの学校教育を担う教員の資質能力の向上について」2015年。

第6章　教育実習と介護等体験

第1節　教育実習の定義・意義および位置づけ

1　教育実習の定義・意義

　第二次世界大戦終結以後，教育実習に関する最初の提案は1946 (昭和21) 年の『アメリカ教育使節団報告書』である。それ以降，教育実習に言及している主な答申を時系列にあげると，1978 (昭和53) 年の教育職員養成審議会 (教養審) 答申「教育実習の改善充実について」，1997 (平成9) 年教養審第1次答申「新たな時代に向けた教員養成の改善方策について」，2006 (平成18) 年の中央教育審議会 (中教審) 答申「今後の教員養成・免許制度の在り方について」，2012 (平成24) 年の中教審答申「教職生活全体を通じた教員の資質能力の総合的な向上方策について」，そして2015 (平成27) 年の中教審答申「これからの学校教育を担う教員の資質能力の向上について」(以下,「教員の資質能力向上」) である。

　以上の答申などによる教育実習の定義をふまえ，かつ1980年代以降の教師教育における専門性の鍵的概念である「省察 (reflection)」概念を用いて，教育実習を以下のように定義することができる。

　　　教育実習は大学において学習した教育理論や技術などを用いながら，教育現場における児童生徒との直接的なかかわりの中で，理論と実践との統合を試みながら省察 (reflection) する過程である。

　そして，上記の教育実習の定義が将来像として想定するのは，反省的実践家モデルである。そのモデルとは，「複雑な問題状況に身を置きながら，経験から形成した実践的知識を用いて，実践経過を省察し，授業を創出していく」(秋

田喜代美，451頁）教員を意味する。

　次に教育実習の意義を確認しておく。端的には，大学において学習した教育理論や技術などを教育現場において試行することを通じて，自分自身の教職への適性や進路選択を考える点に教育実習の意義を見出すことができる。

　教育実習中の試行が，必ずしも成功するとは限らない。むしろ，教育実習生にとってうまくいかないことのほうが多い。しかし，多くの失敗という現実を真摯に受け止め，それらを省察することによって何を学びとるかが教育実習生には求められている。

2　養成段階において求められる教員の資質能力と教育実習の位置づけ

　1997（平成9）年の教養審第1次答申「新たな時代に向けた教員養成の改善方策について」では，大学の教職課程を教員の養成段階として，「専攻する学問分野に係る教科内容の履修とともに，教員免許制度上履修が必要とされている授業科目の単位修得等を通じて，教科指導，生徒指導等に関する『最小限必要な資質能力』を身に付けさせる過程」と位置づけた。また，「最低限必要な資質能力」を「採用当初から学級や教科を担任しつつ，教科指導，生徒指導等の職務を著しい支障が生じることなく実践できる資質能力」と定義している。2015（平成27）年の中教審答申「教員の資質能力向上」においても，養成段階を「教員となる際に必要な最低限の基礎的・基盤的な学修」を行う段階に位置づけている。そして，その資質能力を教職志望学生に身につけさせるために大学が用意する養成カリキュラムの核として，教育実習が位置づけられている。

　2007（平成19）年度から2010（平成22）年度に実施された国立教育政策研究所による『教員の質の向上に関する調査研究』（松尾知明，22頁）の優秀教員の力量形成に関する質問紙調査結果によれば，教員として自分に最も大きな影響を大学時代に与えたのは，第1に「教育実習先で出会った教師」，第2に「教育実習先で出会った児童生徒」，第3に「教育実習先での授業実践」であった。本調査研究では，上位3位がすべて教育実習の関連項目で占められていることが指摘されている。すなわち，教育実習は教育実習生自身にとっても，大学の

教職課程のカリキュラムの中で最も重要な位置を占めているのである。

第2節　教育実習事前事後指導と教育実習の成果および課題

1　教育実習事前指導

　教育実習の根拠法令は，教育職員免許法施行規則第6条である。そして「教育実習の単位数には，教育実習に係る事前及び事後の指導の一単位を含む」とされている。つまり教育実習は，教育現場における2～4週間の教育実習と事前事後の指導という構成になっており，事前指導と事後指導は，教育現場での教育実習を円滑に実施するために，あるいは教育実習後の学習成果を定着させるために，教育現場における教育実習と同様に，非常に重要な意味をもつ。本節では，事前指導，教育実習，事後指導について考える。

　教育実習事前指導において，大学が各々作成している教育実習の手引書などに基づき，教育実習中の服装，挨拶，敬語の使い方など，社会人としての基本的なことから始まり，教員として児童生徒と接することの責任の重さ，教育実習生としての心構え，教材研究の方法，観察・参加・実習の具体的な方法についての講義などが展開される。また，強いに不安を抱いている学生への適切な指導・援助，あるいは逆に，不安をあまり感じていない学生への意識啓発など，教育実習に必要不可欠な情報提供や技術の向上などが実質的には事前指導の主たる内容となる。

　数カ月後に教育実習に臨むことになる現実は，学生のモチベーションを一気に高める。事前指導の授業では担当する教科や道徳などの授業をどのように進めれば児童生徒が学習内容を理解できるか，あるいは児童生徒による主体的な学習が成立するかなど，教材研究，学習指導案作成，そして模擬授業にも熱が入る。

　また，児童生徒と円滑なコミュニケーションをとるにはどうすればよいのかなど，具体的な質問が教育実習に臨む学生から出る。基本的な事柄ではあるが，クラス全員の名前をできるだけ早く覚えること，児童生徒の間で共有されてい

る遊びやテレビ番組などの話題の把握，児童生徒のことを把握する前に自己開示をまずは教育実習生から行うことなど，具体的な指示が教育実習担当教員から出される。教育実習生の不安を取り除き，教育実習の順調な滑り出しを可能にするために，教育実習事前指導では，マニュアル的な情報提供も必要である。

2　教育実習の実際

　大学における教育実習担当教員の仕事の1つは，教育実習先から戻ってきた学生の体験談を聞くことである。学校段階や実習先の現場の状態によって，感想の内容は必ずしも一様ではないが，共通して聞かれるのは「教育実習は体力勝負」という言葉である。なぜ「教育実習は体力勝負」なのか。以下において，教育実習の一端を示す。

　実習校への登校については，ほとんどの教育実習生が8時までに済ませている。実習先によっては，朝の挨拶運動や部活動などでさらに早い時間帯に登校している場合もある。授業終了後も中学校や高等学校では放課後の部活動に参加するケースや実習校に残っての実習日誌の記入，あるいは明日以降の授業の準備などもあり，帰宅が遅くなる場合も多い。加えて，帰宅後も教材研究など，授業の準備に追われ，連日ではないにしても，睡眠時間を削りながらの数週間が続いていると推察される。

　教育実習開始直後は慣れない環境で，体力的にも精神的にも厳しい数日が続くが，2週目以降は，児童生徒とのコミュニケーションも1週目に比べると円滑に行えるようになり，また授業を実際に担当するようになると，さらに充実した日々を過ごすことになり，「あっという間に実習最終日になっていた」との声をよく聞く。体力を消耗している教育実習中に元気を与えてくれるのは，児童生徒の笑顔であったり，授業中に児童生徒が見せてくれるわかった瞬間の真剣な顔であったりする。こういった経験の連続は，教育実習生に元気を与えてくれることにとどまらず，彼らの教員になりたい気持ちを強化する。

　教育実習最終週に設定される研究授業において，緊張と疲労は最高潮に達する。普段はなかなか集中してくれないこともある児童生徒たちも，このときば

かりは，教育実習生を気遣ってか，いつもより積極的に授業に参加してくれることも多いようである。教育実習生の指導教員に加え，実習校によっては校長先生をはじめ，多くの先生たちが教育実習生による研究授業を参観する。研究授業後の反省会における先生方からの温かくも，厳しい助言の数々は，教育実習生にとってこれまで経験したことのない深い学習機会となっている。

3　教育実習の成果

上記したような教育実習を終えて大学に戻ってきた教育実習生の変容ぶりに，教育実習担当者は毎年驚かされる。特に，大学の授業における彼らの受講態度の変化には目覚ましいものがある。ミクロな観点からいえば，当該教育実習生の変容そのものが教育実習の成果であるといえる。教育実習に行くまでは，教員になるかどうか迷っていた教育実習生も，濃密な数週間を教育実習先で過ごした後では，教員になる意志を強くすることが多い。

マクロな観点から教育実習の成果を示すとすれば，教育実習が教育実習生の教職志望意識を高めたことを明らかにした研究や，教育実習によって教職志望学生の力量が向上したことを示した研究などの知見が1990年代以降蓄積されている。これらの研究知見は，端的にいえば，「教職志望学生が教育実習を通じて，教職意識の醸成，教授及び子ども理解に関する力量の基礎を形成している」(米沢，54頁) とまとめることができる。

4　教育実習事後指導

教員をめざす学生が教育実習後にすべきことは，冒頭において教育実習を定義したように，理論と実践との統合を試みながら省察することが求められる。すなわち，事後指導では反省的実践家としての教員になるために，教育実習の経験に基づき，省察を中心とした学習を主体的に進めていくことが教職志望学生には求められる。実際には，教育実習の反省から自己課題を設定し，課題に取り組んでいくことになる。具体的には，記録してきた教育実習簿を読み返し，それらの情報を学生間で交換し，学びを共有することも非常に有効である。

また，多くの大学では事後指導の一環として教育実習報告会などが設けられている。このような機会は，教育実習を経験した教職志望学生にとっては，自らの実習体験の意味を問い直し，省察する場として，あるいは次年度以降教育実習に参加する予定の学生にとっては，先輩の教育実習経験からの学びを受け取る場として，非常に意義があるといえる。

第3節　介護等体験の概要・目的・根拠

1　介護等体験特例法

1997（平成9）年6月に制定された「小学校及び中学校の教諭の普通免許状授与に係る教育職員免許法の特例等に関する法律（以下，介護等体験特例法）」に則り，特別支援学校での2日間，社会福祉施設などでの5日間，計7日間の介護等体験が小学校と中学校の普通免許を取得しようとする教員志望者に義務づけられた。

2日間介護等体験をする特別支援学校は，学校教育法第72条にあるとおり，視覚障害者，聴覚障害者，知的障害者，肢体不自由者，または病弱者（身体虚弱者を含む）を対象とした，障害による学習上のまたは生活上の困難を克服し自立を図るために必要な知識技能を授けることを目的とした学校である。介護等体験先の学校の種類により，障害の種別も異なることから，各障害に関する広汎な知識に加え，自らが介護等体験を行う実習先の児童生徒が有する障害およびその援助について一定程度の理解が必要となる。

次に，5日間介護等体験をする社会福祉施設などについては，介護等体験特例法施行規則第2条に明記されている。児童福祉法，生活保護法，社会福祉法，老人福祉法，介護保険法などに規定されている各施設が対象となる。具体的には乳児院，母子生活支援施設，児童養護施設，知的障害児施設や養護老人ホームなどである。

2　介護等体験の目的と意義

　介護等体験は，介護等体験特例法の第1条に明記されているように「教員が個人の尊厳及び社会連帯の理念に関する認識を深めることの重要性にかんがみ，教員としての資質の向上を図り，義務教育の一層の充実」を目的としている。

　ところで，介護等体験を通して向上を図るとされている「教員としての資質」とは，具体的にどのような資質をさしているかについて，教養審および中教審答申に基づき，確認する。

　教師に求められる資質能力については，教養審や中教審などが答申を通してこれまでも示してきた。特に注目すべき答申として，1997（平成9）年の教養審答申第1次答申「新たな時代に向けた教員養成の改善方策について」をあげることができる。

　同答申では，第1に「いつの時代にも求められる資質能力」として，専門的職業である「教職」に対する愛着，誇り，一体感に支えられた知識，技能などの総体をあげている。

　第2に「今後特に求められる資質能力」として，地球的視野に立って行動するための資質能力（地球・国家・人間等に関する適切な理解，豊かな人間性など），変化の時代を生きる社会人に求められる資質能力（課題探求能力等にかかわるものなど），教員の職務から必然的に求められる資質能力（幼児児童生徒や教育の在り方に関する適切な理解，教職に対する愛着，誇り，一体感など）を提示している。

　次に，2005（平成17）年の中教審答申「新しい時代の義務教育を創造する」では優れた教師の条件として以下の3つを掲げている。

　第1は「教職に対する強い情熱」である。具体的には，教師の仕事に対する使命感や誇り，子どもに対する愛情や責任感などである。

　第2は「教育の専門家としての確かな力量」である。これは子ども理解，児童・生徒指導力，集団指導の力，学級づくりの力，学級指導・授業づくりの力，教材解釈の力量などである。

　そして第3に「総合的な人間力」を掲げている。その内容は豊かな人間性や社会性，常識と教養，礼儀作法をはじめ対人関係能力，コミュニケーション能

力などの人格的資質，教職員全体と同僚として協力していくこととされている[1]。

既述した1997（平成9）年の教養審答申において「いつの時代にも求められる資質能力」や「今後特に求められる資質能力」として示された教職に対する愛着，誇り，一体感は，上述した2005（平成17）年の中教審答申「新しい時代の義務教育を創造する」においても，優れた教師の条件，すなわち「教職に対する強い情熱」として，共通して掲げられていた。このことは教職に対する使命感，愛着や情熱が，これまでもこれからも，優れた教師の条件として必須であることを意味している。そして，そういった資質能力をもつ教員を養成するための1つの意義ある取り組みとして，介護等体験が小・中学校の教員志望者に義務づけられたのである。

3　介護等体験が義務づけられた理由

アメリカの教育学者デューイ（Dewey, J.）の有名な言葉に "learning by doing"（為すことによって学ぶ）がある。これは単に経験をすれば，自動的に学習が成立するということではなく，体験の意味づけを経て，学習が成立することを意味する。教育実習も同様であるが，介護等体験についても体験したことの意味づけをした結果として学習が成立する。以下は，A特別養護老人ホームで介護等体験を行った学生の感想の一部である。引用が長くなるが，学生による体験および意味づけが典型的になされている事例としておおいに参考になる。

「（前略）話が聞けて，言葉のキャッチボールが成り立つ人とはどんどん会話をしていくように努めていた。利用者の方とコミュニケーションをとることを，話すことだと思い込んでいた私は，とにかく話さなければと意気込み，逆に，会話が成り立たないような利用者の方からは少し離れたところにいた。しかし，体験も半ばになったころ，私が今まであまり話しかけようとしなかったある利用者の方が，私に手招きしていた。『なんだろう』と思って傍に寄ってみると手を握って微笑んでくれた。私はその時まで，その人は周りで起こっていることが全然理解できていないと思っていたので，何か話そうと口をもごもご動かしている姿を見たときは驚いた。ちょ

っとでもその人が言おうとしていることを理解しようと耳をかたむけていたが，やはりわからない。しかし，利用者の方が手を離してくれないので傍を離れることができない。会話しなくちゃいけないのに，と焦っていた私だったが，その方と手をつないでいるうちに何か通じるものを感じた。何も言葉だけがお互いを結び付けるものではなかったのだ。場を共有するだけで，また体を少し触れ合うだけでもコミュニケーションはとれるのだ。私たちの暮らしの中でも同じだと思う。もしも誰かが悩んでいたら，その対策を一緒に考えてあげるのもいいだろう。しかし，静かに手を握ってその人を受け入れようと思うだけでも，充分な助けになるのではないだろうか。」

そしてこの学生は，A 特別養護老人ホームの 5 日間と S 聾学校（2007 年より特別支援学校）の 2 日間の介護等体験に関する感想の最後において以下のような気づきをしている。

「共通して学んだことは，自分から積極的に理解しようと近づけば，常識という名の偏見をとりのぞくことができるということである。理解するためには，私が今まで考えていたような会話によるコミュニケーションだけをとればよいのではない。ただじっと手を握り合うだけで充分な場合もある。また，学校でも老人ホームでも，人を支える仕事には変わりはない。そこで働く人々にとって自分は最優先事項ではない。つまり，他人のために働くことに喜びを見出すことが必要だと考える。だからこそ肉体的にも精神的にもタフでないといけない仕事ではあるが，それだけに社会的意義の高い仕事だと改めて感じた。」

この学生は，教師と同老人ホームで働く職員との共通点を人を支える仕事としてとらえ，他人のために働くことに喜びを見出し，教師になる決意を固めた。

以上，個別事例ではあるが介護等体験による成果の 1 つを示した。机上の受身的な学習だけでなく，自らがある対象に能動的に働きかけて，その体験から気づいたことの意味づけをしていくことを通して，人権尊重や一人ひとりの違いに対する配慮の感覚を身につけ，教員として求められる使命感や誇りを各人

がより強く有することが期待されている。介護等体験はそのために設けられた貴重な学習機会であるととらえることができる。

第4節　教育実習・介護等体験の課題と展望

1　教育実習・介護等体験に関する課題

まず、教育実習の実態から教育実習の課題を概観する。

図6.1は、現在の学部段階における教育実習の課題を教員、学校長、教育委員会、大学および学生の5者に問うている[2]。実際の教育実習の課題についてはデータに基づくかぎり、全体的には以下のことがいえる。

① 実習期間が短い。特に、学校長と教育委員会の5割以上がそのように認識している。

② 実習生受入校の負担が大きい。第1の課題と同様に、学校長と教育委

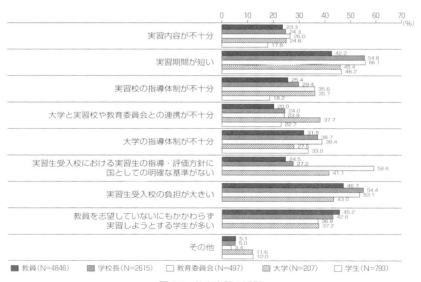

図6.1　教育実習の課題

出典：文部科学省「教員の資質向上方策の見直し及び教員免許更新制の効果検証に係る調査集計結果」http://www.mext.go.jp/a_menu/shotou/sankou/__icsFiles/afieldfile/2011/02/24/1302602_01_1.pdf（2013年10月30日）。

会の5割以上がそのように認識している。
③ 教員を志望していないにもかかわらず実習しようとする学生の多さが指摘されている。特に，現場で実際に指導にあたっている教員の45.2％がそのように回答している。

以上の教育関係者が認識する教育実習の諸課題は，日本の学校現場の負担等を十分に考慮し，後述するような制度的な整備が求められている。

制度的観点からいえば，教育実習は教育現場の協力なしには成立しない，非常に脆弱な状態のまま今日に至っている。介護等体験についても各施設の献身的な受け入れが前提になっているのが現状である。したがって，教育現場や各施設の善意に頼ることで成立しているような現行制度を改善すべく，抜本的な制度の見直しが不可欠である。

また，教育実習を核とした大学における教員養成は，教員の各ライフステージに応じた研修（初任者，中堅教員，管理職）への連続性を視野に入れたカリキュラムを構築しなければならない。この指摘は，1999（平成11）年の教養審第3次答申「養成と採用・研修との連携の円滑化について」において以下のようにすでになされている。

「教員の資質能力の向上を図るためには，養成・採用・研修の各段階を通じて，大学と教育委員会等とのこれまで以上の連携が不可欠であり，大学と教育委員会等との間で，組織的・継続的・相互的交流を含めて体制づくりを図ることが必要である。」

さらに，2012（平成24）年の中教審答申「教職生活全体を通じた教員の資質能力の総合的な向上方策について」においても，「教員になる前の教育は大学，教員になった後の研修は教育委員会という，断絶した役割分担から脱却し，教育委員会と大学との連携・協働により教職生活全体を通じた一体的な改革，学び続ける教員を支援する仕組みを構築する必要がある」と指摘されている。

すなわち上記の提言内容は，現在においてなおそういった体制づくりができているとはいえない状況であることを示しており，依然課題として残されたままであることを意味している。

2 各大学レベルにおける具体的なプログラム開発

　教育実習に関する各大学レベルの最重要課題は，各大学による教育実習を核とした教員養成カリキュラムの構築である。2006（平成18）年の中教審答申「今後の教員養成・免許制度の在り方について」の中で，「平成11年の教養審第三次答申において，各大学が養成しようとする教員像を明確に持つことが必要であるとされながら，現状では，教員養成に対する明確な理念（養成する教員像）の追求・確立がなされていない大学がある」と言及されている。まずは各大学における教員養成に対する明確な理念の追求・確立および教員養成カリキュラムの構築が急務的課題である。

　では，どのような資質能力を学生自身が身につければよいのか。そして，そのためにどのようなカリキュラムを学生に提供すべきであろうか。

　2012（平成24）年の中教審答申「教職生活の全体を通じた教員の資質能力の総合的な向上方策について」において，「初任者が実践的指導力やコミュニケーション力，チームで対応する力など教員としての基礎的な力を十分に身につけていないこと」が指摘されている。実践的指導力にしても，コミュニケーション力やチームで対応する力にしても，それらの力の基礎には他人を思いやる気持ち，すなわちやさしさがなければならない。どのような学びがあれば，やさしさを育むことが可能なのか。非常に難しい問いではあるが，教員養成の観点からは避けて通ることのできない課題である。以下では，司馬遼太郎が小学校高学年向けに書いた『21世紀に生きる君たちへ』から手がかりを得たい。

　自然物としての人間は，決して孤立して生きられるようにはつくられていない。
　このため，助け合う，ということが，人間にとって，大きな道徳になっている。
　助け合うという気持ちや行動のもとのもとは，いたわりという感情である。
　他人の痛みを感じることと言ってもいい。
　やさしさと言いかえてもいい。
　「いたわり」
　「他人の痛みを感じること」
　「やさしさ」

> みな似たような言葉である。
> この三つの言葉は，もともと一つの根から出ているのである。
> 根といっても，本能ではない。だから，私たちは訓練をしてそれを身につけねばならないのである。
> その訓練とは，簡単なことである。例えば，友達がころぶ。ああ，痛かったろうな，と感じる気持ちを，そのつど自分の中でつくりあげていきさえすればよい。

　司馬が伝えたかったこと，すなわち，それは想像力を働かせて，他人の立場に立つことの繰り返しを通して，やさしさを身につけていくことができるようになるということである。

　これまで述べてきたように，教育実習を経た教職志望学生の受講態度が大きく変容し，学びに積極性が急激に出てきたのは，授業を行う当事者の苦労を教育実習の諸経験から推察することが可能になったことと，教育現場の先生方の力量と比較して自らの非力さを実感できたことが大きな理由であろう。謙虚であること，そして相手のことを理解しようとすることを通して，相手の立場に立った言動ができるようになる。このような思いやりの気持ちを育むことを念頭に置いたカリキュラムが必要である。教育実習および事前事後指導，さらには教職実践演習などの科目と連動させた，座学だけにとどまらない，例えば後述するようなロール・プレイングなどのカリキュラム開発が必要である。

3　提供されるべき学習内容の開発

　先述したように，謙虚な態度で，相手のことを理解しようとすることを通して，相手の立場に立った言動ができるようになる。そのような力を身につけさせることが可能なカリキュラム開発が急務の課題である。具体的には，どのようなプログラムがそのことを可能とするのか。

　以下のロール・プレイングは，T大学教職課程の教職実践演習において開発されたプログラムの1つである。本授業の到達目標は，教員としての使命感や責任感，教育的愛情などをもって，学級や教科を担当しつつ，教科指導や生徒

指導などの職務を著しい支障が生じることなく実践できる資質能力を総合的に身につけることとしている。また，上記到達目標を達成するために教員として求められる①使命感や責任感，教育的愛情など，②社会性や対人関係能力，③生徒理解や学級経営など，④教科内容等の指導力といった要素を身につけさせるために構成されており，特にロール・プレイングは③生徒理解や学級経営などの資質能力を身につけさせるために開発した教材の1つである[3]。

方法は1グループ5名で構成し，それぞれ校長，教頭，担任教員，生徒A，生徒Aの保護者という設定で，以下の役割のカードを配る。注意事項は，他の人のカードは見ないこと，ロール・プレイングの趣旨を理解し，カードに書いてある内容に従って役を演じることである。

校長役：学校外にいじめのことがもれるのをなんとしても防ぎたい。担任を替えることもできないため，何とか保護者をなだめ，担任教員と一緒に形だけでも謝って，なんとかやり過ごそうとする。担任を替えても事態は変わらないことをやんわりと主張はするが，保護者に反論されると，それ以上反論できない。

教頭役：校長のサポート役で，保護者の怒りを何とかなだめようとする。校長同様，学校の体裁を第一に考え，担任教員に謝らせようとする。

担任教員役：A君が他の生徒からいじられていたことを早くから認識していた担任教員は，A君に声かけをしながら，A君との信頼関係を築いてきた。今回，保護者からクレームが出てきたのは，A君のノートに「うざい」「転校しろ」「このクラスにお前の居場所はない」などの書き込みがあり，それを保護者が見つけたことが発端になっている。生徒A君の気持ちを第一に考え，彼がどうしたいかを聞き出そうとする。

生徒A君役：いじめはこれまでも何度か経験している。これまでの担任教員も対応はしてくれていたが，今の担任教員ほどは親身になって対応してくれていなかった。今の担任教員は，自分がいじめられていることを早くから気づいて

くれて，いろんなかたちで関わってきてくれたので，生徒Aはこの教員に信頼を寄せている。今回のノートの件は，保護者に見せたのではなく，保護者が勝手に見つけて，一方的に学校にクレームを言いに来ただけである。担任を替えてほしいなどの主張は保護者の意見であって，自分の意見ではない。しかし，保護者に言い訳ができない生徒Aは，そのことを言えずにいる。

生徒Aの保護者役：息子のノートに「うざい」「転校しろ」「このクラスにお前の居場所はない」などの書き込みがあり，学校に息子とともに来校した。息子がいじめにあったのは，担任教員の責任であると主張。担任を変えるように校長に依頼。もし，聞き入れられなかったら，教育委員会に行くと主張する。
　子どもの意見も聞かず，一方的に担任を替えるように主張する。校長は担任を替えても事態は変わらないという意見を持っているが，それには断固として反論する。自分の子どものことを第一に考えている。

以下は，保護者役を演じた学生の授業後のコメントである。

　「学級経営（いじめ）についてロールプレイで学習し，わかりやすかった。いじめ問題ひとつとっても，学校側，教師側，保護者側と別々の考えになってしまう。私は保護者の役で学校側の提案にすべて反対した。終わった後は矛盾したことしか言っていなかったと感じた。しかし，自分の子どもがいじめに遭ったとすれば，冷静に話を聴くこともできないだろうと思う。もちろん担任を替えたり，教育委員会に訴えてどうなる問題でも無いだろう。学校側は保身を考えていたから保護者の考えと反発することはわかるが，担任は子どものことを考えている。同じ子どものことを考えているのに，一人の子どもを尊重するのと多数の子どもを平等に尊重する違いでここまで大きく変わるとは驚きであった。」

最も重要なことは，自分以外の相手の立場を想像することであろう。換言すれば，他人に対するリスペクト（敬意・尊敬・尊重）である。それが，司馬が記していたやさしさを身につけるための繰り返しの行為である。示したロール・プレイングの具体は，やさしさを教職志望学生が身につけるプログラムの1つ

である。

　教育実習をカリキュラムの中心に据えて，事前・事後指導，および2010（平成22）年度から導入された教職実践演習を連動させた具体的なプログラムの1つを示した。教育実習と教職実践演習を連動させた各大学における特色ある教員養成の取り組みが一層求められている。
　　　　　　　　　　　　　　　　　　　　　　　　　　　　【湯藤　定宗】

注
(1) 同様に2012（平成24）年に出された中教審答申「教職生活の全体を通じた教員の資質能力の向上方策について」においても，これからの教員に求められる資質能力として，(i) 教職に対する責任感，探究力，教職生活全体を通じて自主的に学び続ける力，(ii) 専門職としての高度な知識・技能，(iii) 総合的な人間力が示されている。
(2) 図6.1は，文部科学省により委託された三菱総合研究所が2010（平成22）年に実施した全国調査「教員の資質向上方策の見直し及び教員免許更新制の効果検証に係る調査集計結果」に基づいている。
(3) 反省的実践家モデルの定義の「複雑な問題状況に身を置きながら」の1つの具体として，学級におけるいじめとその対応を想定し，既述したロール・プレイングを開発した。そのアイデアは，T大学教職課程の学生から得た。

参考文献
秋田喜代美「教師教育における「省察」概念の展開」森田尚人他編『教育学年報5　教育と市場』世織書房，1996年。
大槻達也（研究代表者）『教員の資質の向上に関する調査研究報告書』国立教育政策研究所，2011年。
司馬遼太郎『21世紀に生きる君たちへ』世界文化社，2001年。
全国特殊学校長会編『特別支援学校における介護等体験ガイドブックフィリア』ジアース教育新社，2007年。
藤枝静正『教育実習学の基礎理論研究』風間書房，2001年。
米沢崇「我が国における教育実習研究の課題と展望」『広島大学大学院教育学研究科紀要』第一部，第57号，2008年。

第7章　教員の採用と研修

第1節　採用の方法

　教員には，教育者としての使命感，豊かな人間性や社会性，確かな指導力など，さまざまな資質・能力が求められる。ここでは，このような資質・能力を必要とする教員の採用をどのような方法で実施しているかについてみることにする。また，社会の変化に対応するために，教員は絶えず成長しつづける必要があるので，後半では，教員採用後の研修（現職教育）についてふれることにする。なお，ここでは，主に公立学校教員を対象に説明する。

　教員の採用は，一般公務員の「競争試験」による採用とは異なり，「選考」によるものとされ，任命権者である教育委員会の教育長が行うことになっている（教育公務員特例法第11条）。「選考」とは，競争試験以外の能力の実証に基づく試験であり，職務上の特殊性から職務遂行の能力があるかどうかを一定の基準によって判定することである。

　また，一般公務員が6カ月の条件附き採用であるのに対し，公立学校教員である教育公務員は，初任者研修制度の創設にともない，特例として1年間の条件附き採用となっている（教育公務員特例法第12条）。

　教員の採用については，受験者の資質能力，適性を多面的に評価するため，筆記試験や面接に加えて，実技試験，体力テスト，適性検査など多様な方法を取り入れている。またクラブ活動，社会的奉仕活動などの経験や教育実習の履修状況について積極的に評価を行うことが求められている（文部科学省初等中等教育局長通知「教員の採用及び研修について」(1982（昭和57）年5月））。

さらに，1982年の上記の通知をより強化する必要から，1999（平成12）年に中央教育審議会が答申した「養成と採用・研修との連携の円滑化について」(第3次答申) では，教員採用の現状を分析し，改善の方向として次の3点をあげる。
① 教員の採用については，多面的な人物評価を積極的に行う選考に一層移行することが必要である。
② 採用側において，採用選考に当たり重視する視点を公表することにより，求める教員像を明確化することが必要である。
③ 条件附採用制度の一層の運用の改善を図ることが必要である。
そして，採用改善の具体的方策として，以下の6項目をあげている。

---

① 採用選考の多面化（新規学卒者の採用選考，教職経験や民間企業等の勤務経験を有する者の採用選考）
② 採用選考の内容・基準の公表
③ 良質な学力試験問題の研究開発
④ 条件附採用制度等の運用の改善（条件附採用期間中の適正な評価の実施，条件附採用期間経過後の分限制度の的確な運用）
⑤ 障害者の受験に対する配慮
⑥ 中・長期的な採用計画の策定

さらに，2011（平成23）年の「教員採用等の改善について」（文部科学省初等中等教育局長通知）では，次の3点が強調されている。
① 人物重視の採用選考の実施
② 新学習指導要領の趣旨および内容をふまえ，専門性を考慮した採用選考の実施
③ 「障害者の雇用の促進等に関する法律の一部を改正する法律」をふまえ，一層の障害者の採用拡大

以上のことをふまえながら，2018（平成30）年度公立学校教員採用選考試験の実施方法について，文部科学省が2017（平成29）年度に各都道府県(47)および政令市(20)・豊能地区(大阪府)の教育委員会に実施した調査に基づいて具体的にみていくことにする。

まず，2018（平成30）年度選考の実施ポイントは以下のとおりである。
① 学習指導要領の改訂をふまえた取り組みの増加。
　・小学校教員の採用選考において，外国語・外国語活動に関する筆記試験を全県市で実施。実技試験は28県市で実施。
　・英語の資格による一部試験免除・加点制度・特別の選考は58県市で実施。
② 大学院在学者・進学者に対する特例を実施。
③ 受験年齢要件の緩和が拡大。
　・受験年齢制限なしとした県市が32県市に拡大した。

つぎに，提出書類には「教員採用等の改善について」（通知）をふまえて，豊かな経験や教員としての意欲，使命感を把握し評価できるように，自己アピール等申告書や勤務先などからの推薦書・人物証明書を求めている。さらに，多くの県市がクラブ活動，ボランティア活動，各種検定試験などの成績，得意分野・重点履修分野などについて，志願書や自己アピールなどの提出書類への記載を求めている。具体的には，自己アピールなど申告書は57県市，勤務先所属長の推薦書・人物証明書（社会人など一部の受験者のみとしている場合も含む）は11県市，クラブ活動・部活動は65県市，ボランティア活動は63県市，各種検定試験などの成績は56県市，得意分野・重点履修分野は50県市，教育実習の実施状況は18県市が記載などを求めている。

採用選考試験は，受験者の資質能力，適性を多面的に評価するために，教養・専門などの筆記試験のほか，面接，実技，作文・論文，模擬授業などの多様な方法が組み合わされて実施されている。

筆記試験については，一般教養が47県市（すべて1次で実施），教職教養が65県市（1次で64県市が実施），専門教科は68県市（1次で63県市が実施），作文は7県市（1次で4県市が実施），小論文は40県市（1次で10県市，2次で32県市（1次との重複あり）が実施）で行われている。一部の県市では，論述試験，学習指導案作成なども行われている。

実技試験については，実践的指導力を見極めるために，従来から実施されている。小学校の受験者に対しては，57県市で何らかの実技試験が実施されて

第7章 教員の採用と研修

表7.1 小学校の実技試験実施状況

(単位:県市)

年度	区分	音楽	図画工作	水泳	水泳以外の体育	外国語活動
2014 (平成26)	1次	6	3	13	10	8
	2次	39	3	33	41	13
	計	45	6	46	49	20
2015 (平成27)	1次	6	2	13	8	7
	2次	40	4	31	40	14
	計	46	6	44	48	20
2016 (平成28)	1次	6	1	13	10	8
	2次	39	4	30	39	17
	計	45	5	43	47	23
2017 (平成29)	1次	5	0	13	9	8
	2次	39	3	31	39	19
	計	44	3	44	46	24
2018 (平成30)	1次	5	0	12	8	12
	2次	39	3	30	38	21
	計	44	3	42	46	28

注:計については,実施した県市の実数である。
出典:文部科学省『教育委員会月報3月号』第一法規,2018年3月,75頁。

表7.2 中学校・高等学校の実技試験実施状況

(単位:県市)

年度	区分	理科	音楽	美術	書道	保健体育	技術	家庭	英語	農業	工業	商業
2014 (平成26)	中学校	15	68	64	1	68	39	48	66	−	−	−
	高等学校	8	39	39	23	53	−	31	55	11	13	9
2015 (平成27)	中学校	15	68	65	1	68	39	49	68	−	−	−
	高等学校	8	42	35	23	53	−	35	56	12	13	9
2016 (平成28)	中学校	15	67	65	1	68	42	50	68	−	−	−
	高等学校	8	42	35	20	52	−	38	54	12	14	9
2017 (平成29)	中学校	16	67	65	1	68	42	50	68	−	−	−
	高等学校	8	41	36	20	52	−	34	56	11	14	10
2018 (平成30)	中学校	16	68	64	0	68	40	49	68	−	−	−
	高等学校	7	35	38	17	51	−	37	56	11	14	8

出典:表7.1に同じ,75頁。

いる。表7.1は小学校の実技試験実施状況を示したものである。実技試験の内容は水泳，体育実技，音楽，図画工作，外国語活動である。水泳・図画工作は減少傾向がみられるが，外国語活動はわが国が直面しているグローバル化との関係から増加している。また，表7.2は中学校・高等学校の実技試験の実施状況を示したものである。中学校，高等学校の受験者に対しては，英語（リスニング，スピーチ・プレゼンテーション，ディベート・ディスカッション，英語面接，インタビューなど），体育，音楽（主にピアノなどの楽器演奏や伴奏しながらの歌唱）が全68県市で，美術が64県市で実施されている。高等学校の受験者に対しては英語が56県市で実施され，他の教科でも何らかの実技試験が実施されている。また，理科では器具の操作を含めた実験観察などの実技試験を中学校で16県市が，高等学校で7県市が実施している。経年的にみても，実施されている教科・科目においては実技試験が必要であることから，大きな変化はみられない。

表7.3は面接試験の実施状況を示したものである。個人面接が全68県市で，集団面接が58県市で実施されている。面接担当者は主に教育委員会事務局職員や現職の校長，教頭などであるが，加えて58県市では民間企業の人事担当者，経営者，弁護士，臨床心理士，学校評議員などの民間人を起用している。面接

表7.3 面接試験の実施状況

(単位：県市)

年度	実施状況			実施方法			面接担当者への民間人起用			
	1次試験で実施	2次試験で実施	1次・2次両方で実施	個人面接を実施	集団面接を実施	個人・集団両方を実施	民間企業関係者	臨床心理士・スクールカウンセラー	その他	計
2014（平成26）	44	65	42	68	54	54	49	26	39	62
2015（平成27）	43	65	41	68	54	54	49	26	40	62
2016（平成28）	43	65	41	68	54	54	45	26	42	60
2017（平成29）	42	65	40	68	50	50	44	28	44	60
2018（平成30）	41	66	40	68	50	50	42	29	45	58

注：「面接担当者への民間人起用」の計については，実施した県市の実数である。
出典：表7.1に同じ，76頁。

114   第7章　教員の採用と研修

表7.4　作文・小論文，模擬授業，場面指導，指導案作成，適性検査の実施状況

(単位：県市)

区　分	作文・小論文	模擬授業	場面指導	指導案作成	適性検査
2015 (平成26)	48	54	38	15	46
2016 (平成27)	47	54	40	17	45
2016 (平成28)	49	55	39	17	43
2017 (平成29)	46	55	40	16	41
2018 (平成30)	46	53	40	16	40

出典：表7.1に同じ，76頁。

　試験は教員としてふさわしい資質や使命感，意欲，適格性を評価するために，重要な選考試験であることから，経年的にもほとんど変化がみられない。

　表7.4は作文・小論文，模擬授業・場面指導・指導案作成，適性検査の実施状況を表したものである。まず，作文・小論文は46県市で，適性検査は40県市で実施されている。模擬授業や学校生活のさまざまな場面を設定して受験者に教員役として対応させる場面指導などは実践的指導力を観察できる試験方法であることから，模擬授業は53県市，場面指導は40県市，指導案作成は16県市で実施されている。経年的にも大きな変化はみられない。

　また，個性豊かで多様な人材を確保するために，さまざまな経験，資格を有している者などを対象に一部試験免除や特別の選考が実施される。試験の一部免除は51県市で，特別の選考は64県市で実施されている。具体的には，一部試験免除については，英語の資格によるものが16県市，教職経験によるものが39県市，国際貢献活動経験，民間企業等勤務経験によるものが，それぞれ12県市，12県市である。つぎに，特別選考については，英語の資格によるもの（22県市），スポーツ・芸術での技能や実績によるもの（39県市），社会人特別選考によるもの（42県市），教職経験によるもの（42県市），そのほか特定資格を有するものに対して実施されている。

　障害のある者を対象とした特別選考は，66県市において行われている。また，全県市では筆記試験や実技試験実施時における配慮，試験時間延長，試験会場の工夫がなされた。

　また，採用選考の透明性を高めて公教育への信頼性を確保するために，試験

問題，解答，配点の公表，本人への成績の開示は全 68 県市で実施されている。

第 2 節　採用者数の動向

　公立学校教員採用選考試験の実施状況に基づき，教員採用者数の状況を概観すると，1990〜2000（平成 2〜12）年まで採用者数は減少しつづけ，2001 年度公立学校教員採用者数（全校種合計）1 万 1021 人と減少した。しかし，それ以降増加が続き，2016（平成 28）年度公立学校教員採用者数の 3 万 3472 人をピークに減少に転じた。

　公立学校教員採用者数の増減に大きな影響を与えているのは採用者数の多い小学校，中学校および高等学校の教員の採用者数である。具体的には，小学校教員採用者数は最低であった 2000（平成 12）年度 3683 人から 2004（平成 16）年度には 1 万人を超え，2017（平成 29）年度には 1 万 5019 人に，増加している。中学校教員採用者数も最低であった 2000（平成 12）年度 2073 人から 2005（平成 17）年度には 5000 人を超え，2016（平成 28）年度に 8411 人とピークに達し，2017（平成 29）年には 7751 人に減少している。高等学校教員採用者数は 2005〜2007（平成 17〜19）年度まで 2000 人台と最低状態であったが，2008（平成 20）年度から 3000 人台になり，2012〜2016（平成 24〜28）年度までほぼ 5000 人まで回復したが，2017（平成 29）年度には 4827 人と減少している。

　教員採用者数は受験倍率に大きく影響を与える。小学校では採用者数が最も少なかった 2000（平成 12）年度に競争倍率が 12.5 倍と最も高くなったが，その後，教員採用者数が増えるにつれて，2004（平成 16）年度に競争倍率が 4 倍台に，さらに 2015（平成 27）年度から 3 倍台に低下し，2017（平成 29）年度は 3.5 倍であった。中学校でも 2000（平成 12）年度に 17.9 倍と最高の競争倍率になったあと，2003（平成 15）年度にはその倍率が 11 倍台となり，2009（平成 21）年度には 10 倍を切り，2016（平成 28）年度には 7.1 倍と底を打ち，2017（平成 29）年度は 7.4 倍であった。高等学校は採用人数が増加に転じた 2008（平成 20）年度は 10 倍台の競争倍率を維持したが，その翌年から倍率が低下しはじめ，2016（平成 28）

年度には 7.0 倍と底を打ち，2017（平成 29）年度は 7.1 倍であった。

　今後の教員採用者数がどのように変化していくかは，教員需要の規定要因である教員退職者数，児童生徒数の増減，学級編制基準をみる必要がある。

　規定要因として最初にみる必要があるのは，教員退職者数である。公立小・中・高等学校の年齢別の教員構成を示した図 7.1 をみると，50 歳以上の教員が 39.9％を占めており，教員の高齢化が進んでいることがわかる。小学校教員は 2013（平成 25）年以降 2024 年まで毎年 1 万人以上の教員が退職し，そのピークは 2018（平成 30）年と予測される。同様に，中学校教員の退職のピークは小学校教員のそれより遅れ，高等学校教員の退職のピークは中学校教員のそれより遅れる。現在生じている教員の大量退職は，団塊の世代の教員の退職というよりも，第 2 次ベビーブームをピークに児童生徒数が急増したときに大量に採用された教員が退職の時期を迎えていることによる。

　教員採用者数に影響を及ぼす児童生徒数については，1973（昭和 48）年に出生者数が 209 万人となり，第 2 次ベビーブームが到来した。それ以降急速に子どもの人数が減少し，2005（平成 17）年には出生数が 110 万人を割り込み，その後増加と減少を繰り返しながら 100 万人台を維持していた。しかし，2016（平成 28）年には出生者数が 99.7 万人に，2017（平成 29）年には 94.1 万人と 100 万人を割り，2030 年には約 74 万になると予測される。

　最後の規定要因である学級編制基準については，1978（昭和 53）年の法律により 1 クラス 40 人とされる学級編制及び教員定数基準が定められた。その後，少人数学級の教育効果を実現するために，2011（平成 23）年に法改正がなされ，2011 年度から小学校 1 年生のみ 35 人以下の学級が実現した。さらに 2021（令和 3）年 3 月の法改正により，2021 年度の 2 年生から段階的に適用され，2025 年度には小学校全学年での「35 人学級」化が実現することとなった。

　義務教育諸学校の教員数は，学級数などに応じて算出される基礎定数と政策目的や各学校がかかえる課題などをふまえて配分される加配定数とで決まる。今後は，少子化による児童生徒数の減少，学校の統廃合による学級数の急速な減少から，基礎定数が大幅に減少する。現在学校現場では，①いじめ・不登校

第 2 節　採用者数の動向

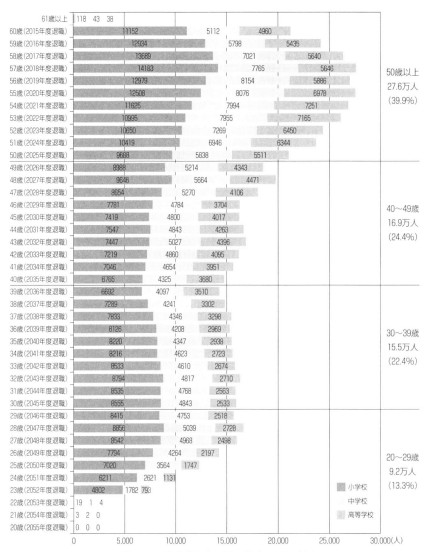

図 7.1　公立学校年齢別教員数（2015 年度）

【小学校】34 万 1903 人　43.5 歳　　【高校】15 万 1166 人　45.6 歳
【中学校】19 万 9306 人　43.9 歳　　【合計】69 万 2377 人　44.1 歳
注：平成 27 年 5 月 1 日現在で在職する正規教員の数（校長，副校長，教頭，主幹教諭，指導教諭，教諭，助教諭，講師（非常勤講師を除く））。年齢は，平成 27 年度末時点。
出典：文部科学省調査より

などの未然防止・早期解消，②貧困などによる学力課題の解消，③障害のある児童生徒の指導，④外国人児童生徒などに対する日本語教育など，多くの課題に対応するために，文部科学省は加配定数を増やしてきた。さらに学校指導体制強化のための教職員定数を充実するために，2017（平成 29）年度から 2027 年度までの 10 年間で，2016（平成 28）年度加配定数の約 3 割を基礎定数化する方向で法律改正を行い，教員数の減少を最小限にとどめようとしている。

　これまで，教員退職者数，児童生徒数の増減，学級編制基準について考察してきた。これらを総合的にみると，今後教員需要が減少することは確実である。また，今生じている教員の年齢構成のアンバランスは学校運営に大きく影響を及ぼしており，年齢構成のゆがみを是正するためには，中・長期的視点に立った採用計画を組むことが求められる。また，よりすぐれた教員を確保して，アンバランスな年齢構成を是正するために実施されつつある受験年齢制限の緩和や社会人経験者の採用をより積極的に推進していくことが必要であろう。さらに，ここ数年の教員採用選考試験の競争倍率の低下による教員の資質能力を維持するためには教員の研修がますます重要である。同時に，教員の年齢構成の不均衡から生じる課題に対応するためにも研修体系の見直しが求められる。

第 3 節　研修の保証

　生涯学習社会，情報化社会の到来により，社会に取り残されないためにも，社会人は絶えず新たな知識を学ぶことを求められている。特に，教員は児童生徒を指導することを本務とすることから，研修は欠かせない活動である。さらに，近年における社会の急速な変化，児童生徒の多様化に対応するためにも，絶えず学び続けることが必要である。

　教員には研修が重要かつ不可欠であることから，2006（平成 18）年に改訂された教育基本法では，旧法第 6 条（学校教育）2 項に記されていた教員の項目に，研究と修養の重要性を追加し，第 9 条（教員）として独立させた。その第 9 条には，すべての学校の教員は「自己の崇高な使命を深く自覚し，絶えず研究と

修養に励み，その職責の遂行に努めなければはらない」「その使命と職責の重要性にかんがみ，その身分は尊重され，待遇の適正が期せられるとともに，養成と研修の充実が図られなければならない」と記されており，教員の研修に対する基本的な考えがより明確にされた。

ところで，公立学校教員は地方公務員であることから，地方公務員法の適用を受ける。地方公務員法では，研修について「職員には，その勤務能率の発揮及び増進のために，研修を受ける機会が与えられなければならない」（第39条）と定められている。同時に教員は職の特殊性から一般の公務員とは異なり，さらに教育公務員特例法の研修が適用される。

教育公務員特例法では，研修について「その職責を遂行するために，絶えず研究と修養に努めなければはらない」「教育公務員の任命権者は，教育公務員の研修について，それに要する施設，研修を奨励するための方途その他研修に関する計画を樹立し，その実施に努めなければはらない」（第21条）と定めている。

一般公務員では，勤務能率の発揮および増進のために研修がある。それに対し，教員は児童生徒の教育を委託された者であるので，その職責を遂行するためには，教員自身の資質能力を向上させることが不可欠であり，他律的と同時に，自主的，自律的な研修に努めなければはらない。これは，児童生徒とともに自らも学び成長するという教職の本務に根ざしている。

そのために，教育公務員特例法第22条で研修の機会が保証されている。具体的には，「教育公務員には，研修を受ける機会が与えられなければならない」「教員は，授業に支障のない限り，本属長の承認を受けて，勤務場所を離れて，研修を行うことができる」「教育公務員は，任命権者の定めるところにより，現職のままで，長期にわたる研修を受けることができる」と記されている。地方公務員である教員も地方公務員法の服務規律「職務に専念する義務」（地方公務員法第35条）の適用を受けるが，教員の研修については本務の遂行に支障がないと任命権者が認める場合，教育公務員特例法第22条により職務に専念する義務（職務専念義務）を免除される。

第4節　研修の新しい動向

　社会の急速な進展のなかで，21世紀を生き抜くための力を育成するために教員は学び続ける必要があり，2012（平成24）年に中央教育審議会から「教職生活の全体を通じた教員の資質能力の総合的な向上方策について」が答申された。ここでは，教員の新しい学びに対応する指導力および実践的指導力の育成強化という課題に対して，教育委員会と大学との連携・協働による教職全体を通した一体的改革，新たな学びを支える教員の養成と学び続ける教員を支援する仕組みの構築（「学び続ける教員像」の確立）という改革の方向性が示された。

　その後，図7.1からもわかるように，若手教員の人数が中堅教員の人数より多くなってきたことから，知識・技術の伝承が途切れるおそれがあり，また新学習指導要領の内容に沿った新たな時代に必要な資質能力を獲得する必要があるなど，教員の資質向上を図るための環境の整備が喫緊の課題となった。そこで，2015（平成27）年に中央教育審議会は「これからの学校教育を担う教員の資質能力の向上について」を答申した。答申のポイントを図7.2に示す。

　この答申は，上記の答申を踏襲しつつ，こうした課題を解決するためには，教員の養成・採用・研修を一体的にとらえ，教員の資質の向上に向けた新しい体制の構築の必要性を唱えている。さらに，学び続ける教員を支えるキャリアシステムの構築のための体制の整備の必要性を訴えている。そして，初任段階，中堅段階，管理職段階における現職研修の見直しを求めた。同時に教員免許更新制の意義や位置づけをふまえつつ，10年経過した時点で受講すべき10年経験者研修を学校内でミドルリーダーとなるべき人材を育成する研修に変更し，実施時期を弾力化することを求めた。この答申に基づいて，2016（平成28）年に「教育公務員特例法の一部を改正する法律」が制定され，以下のような新たに教員育成指標を策定するプロセスの条文が追加された。

① 文部科学大臣が公立学校などの校長および教員の計画的かつ効率的な資質向上を図るため，「校長および教員としての資質の向上に関する指標に

第4節 研修の新しい動向

【背景】
- 教育課程・授業方法の改革(アクティブ・ラーニングの視点からの授業改善,教科等を越えたカリキュラム・マネジメント)への対応
- 英語,道徳,ICT,特別支援教育等,新たな課題への対応
- 「チーム学校」の実現
- 社会環境の急速な変化
- 学校を取り巻く環境変化
  - 大量退職・大量採用→年齢,経験年数の不均衡による弊害
  - 学校教育課題の多様化・複雑化

【主な課題】

【研修】
- 教員の学ぶ意欲は高いが多忙で時間確保が困難
- 自ら学び続けるモチベーションを維持できる環境整備が必要
- アクティブ・ラーニング型研修への転換
- 初任者研修・十年経験者研修の制度や運用の見直しが必要

【採用】
- 優秀な教員の確保のための求める教員像の明確化,選考方法の工夫が必要
- 採用選考試験への支援方策が必要
- 採用に当たって学校内の年齢構成の不均衡の是正に配慮することが必要

【養成】
- 「教員となる際に最低限必要な基礎的・基盤的な学修」という認識が必要
- 学校現場や教職に関する実際を体験させる機会の充実が必要
- 教職課程の質の保証・向上が必要
- 教科・教職に関する科目の分断と細分化の改善が必要

【全般的事項】
- 大学等と教育委員会の連携のための具体的な制度的枠組みが必要
- 幼稚園,小学校,中学校,高等学校及び特別支援学校等の特徴や違いを踏まえ,制度設計を進めていくことが重要
- 新たな教育課題(アクティブ・ラーニングの視点からの授業改善法,ICTを用いた指導法,道徳,英語,特別支援教育)に対応した養成・研修が必要

【免許】○義務教育学校制度の創設や学校現場における多様な人材の確保が必要

【具体的方策】
○養成・採用・研修を通じた方策~「教員は学校で育つ」との考えの下,教員の学びを支援~

ベテラン段階 より広い視野で役割を果たす時期
中堅段階 「チーム学校」の一員として専門性を高め,連携・協働を深める時期
1~数年目 教職の基盤を固める時期

【現職研修の改革】
- 【継続的な研修の推進】
  - 校内の研修リーダーを中心とした体制作りなど校内研修推進のための支援等の充実
  - メンター方式の研修(チーム研修)の推進
  - 大学,教職大学院等との連携,教員育成協議会活用の推進
  - 新たな課題(英語,道徳,ICT,特別支援教育)やアクティブ・ラーニングの視点からの授業改善等に対応した研修の推進・支援
- 【初任研改革】
  - 初任研運用方針の見直し(校内研修の重視・校外研修の精選)
  - 2,3年目など初任段階の教員への研修との接続の促進
- 【十年研改革】
  - 研修実施時期の弾力化
  - 目的・内容の明確化(ミドルリーダー育成)
- 【管理職研修改革】
  - 新たな教育課題等に対応したマネジメント力の強化
  - 体系的・計画的な管理職の養成・研修システムの構築

採用段階

【採用段階の改革】
- 円滑な入職のための取組(教師塾等の普及)
- 教員採用試験の共同作成に関する検討
- 特別免許状の活用等による多様な人材の確保

養成段階 「学び続ける教師」の基礎力を身につける時期

【養成内容の改革】
- 新たな課題(英語,道徳,ICT,特別支援教育)やアクティブ・ラーニングの視点からの授業改善等に対応した教員養成への転換
- 学校インターンシップの導入(教職課程への位置付け)
- 教職課程に係る質保証・向上の仕組み(教職課程を統括する組織の設置,教職課程の評価の推進など)の促進
- 「教科に関する科目」と「教職に関する科目」の統合など科目区分の大くくり化

教員育成指標

【現職研修を支える基盤】
- (独)教員研修センターの機能強化(研修ネットワークの構築,調査・分析・研究開発を担う全国的な拠点の整備)
- 教職大学院等における履修証明制度の活用等による教員の資質能力の高度化
- 研修機会の確保等に必要な教職員定数の拡充
- 研修リーダーの養成,指導教諭や指導主事の配置の充実

○学び続ける教員を支えるキャリアシステムの構築のための体制整備
- 教育委員会と大学等との協議・調整のための体制(教員育成協議会)の構築
- 教育委員会と大学等の協働による教員育成指標,研修計画の全国的な整備
- 国が大綱的に教員育成指標の策定指針を提示,教職課程コアカリキュラムを関係者が共同で作成(グローバル化や新たな教育課題などを踏まえて作成)

図7.2 これからの学校教育を担う教員の資質能力の向上について(答申のポイント)
出典:中央教育審議会答申「これからの学校教育を担う教員の資質能力の向上について~学び合い,高め合う教員育成コミュニティの構築に向けて~(答申)」中教審第184号,2015年

関する指針」を定める。(教育公務員特例法第22条の二)
② 校長・教員の任命権者は，教育委員会と研修に協力する大学などで構成する「協議会」を組織し，この協議会で校長および教員の職責，経験，適性に応じてその資質の向上を図るために必要な「指標」の策定について協議する。(第22条の五)
③ この協議を経て，任命権者は文部科学大臣の指針を参酌し，その地域の実情に応じた指標を策定する。(第22条の三)
④ 任命権者はこの指標をふまえ，「教員研修計画」を毎年度定める。(第22条の四)

これに基づき，独立行政法人教職員支援機構調査(2017年2月)によれば，67都道府県・指定都市教育委員会の約45％(30県市)が何らかの教員育成指標を策定している。たとえば，横浜市教育委員会が策定した「『教員のキャリアステージ』における人材指標」をみると，縦軸に資質・能力として「教職の素養」「教職専門性(児童生徒指導(2項目)，授業力(6項目)，マネジメント力(4項目)，連携・協働力(2項目))」の項目が示され，横軸にステージとして「横浜市が求める着任時の姿」「第1ステージ」「第2ステージ」「第3ステージ」をおき，それぞれに育成すべき指標が示されている。今後は，すべての県市で同様な指標が策定され，それに基づくより充実した研修が行われる。また，第24条10年経験者研修が中堅教諭等資質向上研修に改正された。

研修は，①職務命令による研修，②職務専念義務の免除による研修(職専免研修)，③勤務時間外に行う研修(自主研修)に分類できる。さまざまなタイプの研修があるなかで，法定研修である「初任者研修」「中堅教諭等資質向上研修」，さらに2007(平成19)年に教育公務員特例法の一部改正により，2008年から新たに追加された「指導改善研修」について概説する。

(1) 初任者研修

初任者研修制度は，1988(昭和63)年に公布された「教育公務員特例法及び地方教育行政の組織及び運営に関する法律の一部を改正する法律」により，創設され，1989(平成元)年度から順次導入された制度である(教育公務員法第23条)。

公立の小学校などの教諭などのうち，新規採用された教員に実践指導力と使命感を養うとともに幅広い知見を得させることを目的とし，採用の日から1年間，学級や教科・科目を担当しながら行う実践的な研修である。この研修は，勤務校で教員として活動するなかで教科指導，生徒指導，学級経営などについて研修を受ける校内研修（週10時間以上，年間300時間以上）と，勤務校を離れて教育センターなどで実施される講義・演習や企業などでの体験研修からなる校外研修（年間25日以上）とから構成される。なお，2003（平成15）年度から校内研修で，主に小・中学校に初任者研修に専念する教員として初任者4人に対して1人の拠点校指導教員を配置し，同時に校内にコーディネーター役の校内指導教員をおいて指導する「拠点校方式」が導入された。

しかし，2015（平成27年）年の答申では「拠点校方式」がもつ課題，すなわち，①週に1日しか指導ができない，②学校での初任者の指導が担当教員に任せきりになるなどの課題を解決するためには，校内の複数の経験豊かなベテラン教員や中堅教員などからなるメンターチームが新任者を学校の日常活動のなかで指導するというOJTを中心とした校内研修がより好ましいと指摘された。

(2) 中堅教諭等資質向上研修

中堅教諭等資質向上研修は，教員の年齢構成・経験年数の不均衡によるミドルリーダー不足を解消する必要性と教員免許更新講習と同時に実施されてきた重複感および負担感を解消するために，2003（平成15）年から実施されてきた10年経験者研修に替わり，2016（平成28年）に公布された「教育公務員特例法の一部を改正する法律」により新たに導入され，2017（平成29）年度から実施された（教育公務員特例法第24条）。研修の趣旨は公立の小学校などで教育に関し相当の経験を有し，その教育活動やそのほかの学校運営の円滑かつ効果的な実施において，中核的な役割を期待される中堅教諭などに，中堅教諭として職務を遂行するうえで必要な資質の向上を図ることである。また，この研修は原則として，一部の教諭に限定するものではなく，教育に関し相当の経験を有するに至ったすべての教諭などを対象に行うものである。実施時期は任命権者（都道府県，指定都市，中核市教育委員会）が指定する。

(3) 指導改善研修

　指導改善研修は，公立学校教員のうち，任命権者（都道府県，指定都市教育委員会）に指導が不適切であると認められた者に対して，指導の改善を図ることを目的に，2007（平成19）年の「教育公務員特例法の一部を改正する法律」により，2008（平成20）年から導入された。研修期間は原則1年以内で，延長の場合でも2年以内である。研修は，研修を受ける者の能力，適性などに応じて計画書を作成して実施される。指導改善研修後の措置としては，現場復帰，分限免職，免職・採用に分かれる。2016（平成28）年度には68名が研修を受け，33名が現場復帰し，12名が退職などをしている。

　最後に，採用と研修の今後の方向性についてまとめる。今後少子化が進むことにより教員の採用人数はますます減少するであろう。同時に，教員の長時間労働を解決するために行われる教員の働き方改革と相まって，学校がかかえるさまざまな課題を解決するためには，今後学校はカウンセラーなどの外部専門スタッフが参画する「チームとしての学校」，さらには地域・家庭と連携・協働する「コミュニティ・スクール」の方向に進まざるをえなくなるであろう。それに対応するために，教員には今まで以上に資質能力の向上が求められ，今後ますます研修が重要視されるであろう。　　　　　　　　　　　【赤木　恒雄】

参考文献

赤星晋作編著『新教職概論 改訂版』学文社，2014年。
市川他編『教育小六法2018』学陽書房，2018年。
坂田他著『図解・表解教育法規（新訂第3版）』教育開発研究所，2017年。
中央教育審議会「これからの学校教育を担う教員の資質能力の向上について―学び合い，高め合う教員育成コミュニティの構築に向けて（答申）」2015年。
中央教育審議会「教職生活の全体を通じた教員の資質能力の総合的な向上方策について（答申）」2012年。
文部科学省『教育委員会月報』第一法規，2017年5月号；2018年3月号；2018年4月号
文部科学省「指導が不適切な教員の認定及び措置等の状況（平成28年度）」『平成28年度公立学校教職員の人事行政状況調査について』

第8章　教師の職務

第1節　教師の身分

1　学校の設置者と教職員の身分

　教育基本法は「法律に定める学校は公の性質を有するものであって，国，地方公共団体及び法律に定める法人のみが，これを設置することができる」（第6条）と定めており，学校は，その設置者によって，①国立学校，②公立学校，③私立学校の3つに大別される。そして，それらの学校に勤務する教職員には，法律上異なる身分が付与される。すなわち，国立学校に勤務する教職員の場合は国立大学法人の職員（2003（平成15）年以前は国家公務員）として，公立学校に勤務する教職員は地方公務員として，また，私立学校の教職員は学校法人職員としての身分を有する。以下では，公立学校の教職員に焦点を当てて，その特徴について示していく。

2　教育公務員としての身分―教育公務員特例法―

　公立学校の教職員は，地方公務員法に基づいて身分規定がなされた地方公務員に相当する。さらに，公立学校の教員は，一般法としての地方公務員法の適用を受けるほかにも，特別法としての教育公務員特例法（教特法）の適用を受けて，「教育公務員」としての身分が付与されているのが特徴である。

　「教育公務員」とは，地方公務員のうち，学校教育法第1条が規定する学校および就学前の子どもに関する教育，保育などの総合的な提供の推進に関する法律第2条7項が規定する幼保連携型認定こども園にあって，地方公共団体が

設置するもの（公立学校）の学長，校長，園長，教員，部局長（副学長や学部長など），ならびに教育委員会の専門的教育職員（教育長，指導主事および社会教育主事）をいう（教特法第2条1項）。また，ここにいう教員とは，学校教育法第1条に定める学校の教授，准教授，助教，副校長（副園長），教頭，主幹教諭（幼保連携型認定こども園の主幹養護教諭および主幹栄養教諭も含む），指導教諭，教諭，助教諭，養護教諭，養護助教諭，栄養教諭，主幹保育教諭，指導保育教諭，保育教諭，助保育教諭および講師をさす（教特法第2条2項）。教育公務員特例法は，地方公務員法の「特例」として1949（昭和24）年に制定された法律であり，「教育を通じて国民全体に奉仕する教育公務員の職責とその責任の特殊性に基づき」（教特法第1条），一般の地方公務員（例えば，市役所の職員など）とは異なる教育公務員の取り扱いを定めたものにあたる。特別法は一般法より優先されるという原則があり，教育公務員の「特例」には，採用や昇任が「選考」によることや，研修が義務とされている点などが含まれる。

　なお，教育公務員特例法の適用と「教育公務員」の扱いの範囲には，国立学校の教員は含まれないという点には留意が必要である。以前は国立学校の教員も国家公務員法で規定される公務員として，教育公務員特例法の適用を受けていた。しかし，2003（平成15）年の国立大学法人法の制定にともない，国立学校の教員は，国とは別個の法人格を有する各国立大学法人の雇用職員に改められ，国家公務員法が適用される国家公務員ではなくなった。そのため，教育公務員特例法の対象からも外れる形となった（ただし，職務の内容が公務員に準ずる公益性および公共性を有しているため，「みなし公務員」として，刑法や罰則の適用については公務員としての扱いを受ける）。

3　県費負担教職員

　公立学校の教職員の任命は，通常，教育委員会が管理下にある学校の教職員に対して行う（地方教育行政の組織および運営に関する法律（地教行法）第34条）。しかし，指定都市を除き，特別区（東京の23区）を含む市町村立小中学校（義務教育諸学校）の教員の任命権は，都道府県がこれを有する（同法第37条1項）。つま

り，市町村立学校の教員は，身分としては市町村職員として位置づけられるものの，その任命権は当該市町村が属する都道府県教育委員会にあり，人事管理も都道府県教育委員会によって行われるという現状がある。こうしたねじれの背景には，教員の給与負担者の問題がある。

学校教育法第5条は，学校の設置者は設置する学校を管理し，その学校の経費を負担するという原則，いわゆる「設置者負担」の原則について規定している。この原則に則れば，公立学校の教員の給与負担者は，設置者である市町村が該当する。しかし，市町村の財政規模の多寡が教員給与の差異につながることを回避するために，「市町村立学校教職員給与負担法」は，公立学校教員の給与を，設置者である市町村（指定都市を除き，特別区を含む）ではなく都道府県が負担すると定めている。また，「義務教育費国庫負担法」は，国がその負担額の3分の1を，残る3分の2を都道府県が負担すると規定している。そしてこのことが，市町村立学校の教員を，一般に「県費負担教職員」と呼称するゆえんになっている。

教員給与を負担した者が教員人事にも口を出すという構図としてもとらえられる「県費負担教職員」の存在は，教育を通じて国民全体に奉仕するという「教育公務員」の職責と表裏の関係にある。都道府県レベルに教職員の給与負担義務と任命権が委ねられているのは，市町村に比べて財政基盤の安定が見込めることと，より広域的な教職員人事交流が可能になることが関係する。

第2節　教師の服務と分限・懲戒

1　教師の服務

(1) 服務の根本基準

服務とは，公務員が職務遂行上または公務員としての身分にともなって守るべき義務ないし規律をさす。地方公務員である公立学校教員は，地方公務員法の適用下に置かれている。同法第30条は「すべて職員は，全体の奉仕者として公共の利益のために勤務し，且つ，職務の遂行に当っては，全力を挙げてこ

れに専念しなければならない」と規定し,「全体の奉仕者」として国民の利益に資することを求めている。これは,服務の根本基準として位置づく。

公務員の服務義務は,職務上の義務と身分上の義務とに大別される。

(2) 職務上の義務

職務上の義務は,公務員が勤務時間中に職務を遂行するうえで守るべき義務に相当する。具体的には,①服務の宣誓,②法令および上司の命令に従う義務,③職務専念義務の3つが該当する。

① 服務の宣誓(地方公務員法第31条)

職員は,法令を遵守することを約束する服務の宣誓をしなければならない。公立学校教員の場合,新規に教員として採用を受けた際に,校長室などで服務宣言書に署名し,それを読み上げる儀式が行われる。

② 法令および上司の命令に従う義務(地方公務員法第32条)

職員は,職務を遂行するにあたって,法令や条例,地方公共団体の規則,地方公共団体の機関の定める規定に従う義務があり,また,上司の職務上の命令に従う義務がある。

ここでいう「上司」とは,その職員との間で指揮監督をする権限を有する者をさす。したがって,公立学校教員にとっての「上司」には,教育委員会,教育長,所属校の校長,副校長,教頭,主幹教諭が含まれる。また,職務命令が有効となる要件は,第1に,権限ある職務上の上司から発せられた命令であること,第2に,職員の職務に関することであること,第3に,法律上の不能または事実上の不能を命ずるようなものではなく,実行可能な命令であること,以上が含まれる。

③ 職務専念義務(地方公務員法第35条)

職員は,勤務時間に職務上の注意力のすべてを職責遂行のために用いる義務と,当該地方公共団体がなすべき責を有する職務にのみ従事する義務がある。

ただし,法律や条例に特別の定めがある場合には,その義務が免除される。これを職務専念義務免除(一般に「職専免」)という。職務専念義務免除には,休職,停職,育児休業,休日,休暇,研修などがある。なお,職務専念義務が免

除されても，その期間中も以下に示す身分上の義務を負う点には留意されたい。

(3) 身分上の義務

身分上の義務は，職務の内外を問わず公務員がその身分を有することによって守るべき義務に相当し，勤務時間以外の私生活の場面にも及ぶ義務として位置づけられる。具体的には，①信用失墜行為の禁止，②秘密を守る義務（守秘義務），③政治的行為の制限，④争議行為の禁止，⑤営利企業等の従事の制限の5つが含まれる。

① 信用失墜行為の禁止（地方公務員法第33条）

職員は，その職の信用を傷つけ，または職員の職全体の不名誉となるような行為を禁止されている。信用失墜行為の禁止は，職務に直接関係ない行為や勤務時間以外の時間においても義務が生じるものであり，一般的に法令違反や犯罪のみならず，公序良俗に反する行為なども含まれる。わいせつ行為やセクハラ，飲酒運転などの事例も該当し，公立学校教員に対しては，教育公務員としての職責上，一般の公務員よりも厳しい処罰が下される場合が多い。

② 秘密を守る義務（守秘義務）（地方公務員法第34条）

職員は，職務上知りえた秘密を漏らしてはならない。またこの義務は，在職中のみならず退職後にも及ぶのが特徴である。公立学校教員の守秘義務の対象には，指導要録や健康診断表における記載事項，試験問題や成績，子どもの個人的な家庭の事情やプライベートな情報，教職員の人事記録などが含まれる。

③ 政治的行為の制限（地方公務員法第36条，教育公務員特例法第18条）

職員は，全体の奉仕者として，政治的中立と行政的中立を守らねばならない。したがって，自らが属する当該地方公共団体の区域において，政党など，政治的団体の役員に就任することや，その勧誘運動を支持することが禁止されている。禁止には，特定政党や地方公共団体の執行機関を支持しまたは反対するための投票の勧誘や不支持運動，署名運動，寄付金募集，地方公共団体の施設や資金の利用などの行為も含まれる。

なお，教育公務員である公立学校教員の政治的行為の制限に関しては，一般の地方公務員よりも厳しい規定が適用され，「国家公務員の例による」とされ

ている(教育公務員法特例法第18条)。そのため,上述した禁止事項は一般の地方公務員とは異なり,勤務する地方公共団体の区域の内外を問わず適用されるのが特徴である。

④ 争議行為の禁止(地方公務員法第37条)

職員は,ストライキやサボタージュ,そのほか争議行為を行ったり,地方公共団体の活動の能率を低下させるような行為を行ったりしてはならず,また,そのような違法行為をそそのかしてはならないとされる。背景には,「全体の奉仕者」という性格上,争議行為は住民の共同利益に影響を与えるとともに,活動能率の低下によって共同利益の損失がもたらされるとの考えがある。

一方,争議行為等の禁止の代償措置として,公務員には,法律などにより主要な勤務条件が定められてその身分が保障されており,さらに,人事行政を行う人事委員会が設けられている。

⑤ 営利企業等への従事制限(地方公務員法第38条,教育公務員特例法第17条)

職員は,勤務時間の内外を問わず,任命権者の許可を受けなければ営利企業等の事業に従事できない。制限には,営利を目的とする私企業や団体などの役員を兼ねること,自ら営利を目的とする私企業を営むこと,そして,報酬を得て事業や事務に従事することなどが含まれる(地方公務員法第38条)。

ただし,教育公務員については,その能力を広く社会に活用できるようにするため,任命権者が本務の遂行に支障がないと認めた場合には,「教育に関する他の職を兼ね,又は教育に関する他の事業若しくは事務に従事すること」を認める特例が設けられている(教育公務員特例法第17条)。例えば,専門家が少ない特定の教科等で,公立学校教員が所属校以外の学校(私立学校を含む)の非常勤講師を兼ねる場合などが該当する。しかし,塾講師や家庭教師などを兼ねることは認められない。

2 身分保障と分限処分

職員が「全体の奉仕者」として全力をあげてその職務に専念するためには,身分保障が不可欠である。そのため,基本的に自らの意志による場合を除いて,

法令などに定めのある事由以外に、その意に反して不利益な処分を受けることはない。しかし、一定の事由が認められる場合には、職員の意に反して身分上の不利益処分である「分限」処分が行われる。

分限とは、身分保障を前提とした公務員の身分上の変動をさし、公務の能率向上維持の見地から行われるものにあたる。「分限」は客観的にやむをえない事由により、その職員の意に反して身分上の変動をもたらす処分であり、義務違反や過失などに対するペナルティーとしての「懲戒」とは性格が異なる。分限処分の種類としては、①免職、②休職、③降任、④降給などがある。また、すべての職員に対して公正でなければならず、地方公務員法第28条では、次の事項のいずれかに該当した場合に限って、分限処分がなされると定められている。

> 職員が、左の各号の1に該当する場合においては、その意に反して、これを降任し、又は免職することができる。
> ① 勤務実績が良くない場合
> ② 心身の故障のため、職務の遂行に支障があり、又はこれに堪えない場合
> ③ 前2号に規定する場合の外、その職に必要な適格性を欠く場合
> ④ 職制若しくは定数の改廃又は予算の減少により廃職又は過員を生じた場合
> 2 職員が、左の各号の1に該当する場合においては、その意に反してこれを休職することができる。
> ① 心身の故障のため、長期の休養を要する場合
> ② 刑事事件に関し起訴された場合

なお、2007(平成19)年に教育公務員特例法が一部改正され、公立学校の教諭等であって児童生徒に対する指導が不適切であると認定された場合、任命権者によって「指導改善研修」(原則1年。特に必要がある場合は2年を超えない範囲で延長可)が実施されることとなった。そして、その指導改善研修終了時に、指導の改善が不十分で、なお児童生徒などに対する指導を適切に行うことができないと認められる教諭などに対しては、「免職その他必要な措置を講ずる」と規定された(教育公務員特例法第25条の2)。分限免職処分を受けた場合、教員

免許状は効力を失う（教育職員免許法第10条）。

3　懲戒処分

　懲戒とは，職員としての各種義務に反した行為がなされた場合に与えられる制裁措置をさし，公務員としての秩序維持を目的として行われるものに当たる（地方公務員法第29条）。懲戒の事由は，法令違反行為，職務義務違反・職務怠慢，全体の奉仕者としてそぐわない非行が含まれる。懲戒処分の種類としては，①戒告（服務義務の責任を確認し，その将来を戒めることを申し渡す処分），②減給（一定期間，一定額を減ずる処分），③停職（一定期間，職務に従事させない処分），④免職（公務員としての身分を剥奪する処分）の4つがある。公立学校教員が懲戒免職処分を受けた場合，分限免職処分の場合と同様に，教員免許状は失効する。

　一方，懲戒に至らない義務違反に対する制裁措置として，「訓告」や「諭旨免職」などがある。「訓告」は，懲戒処分には至らないが，公務員として不適切な非行がある場合に注意を喚起し，公務における規律と秩序の維持を目的として行われるものである。また「諭旨免職」は，形式上の自主退職にあたる。一般に，重大な非違行為を行った職員を諭し，当該職員に辞職の申し出を求め，これを承認するという一連の行為をさす。

　文部科学省の調査によれば，2016（平成28）年度に懲戒処分を受けた公立学校教職員は923人にも上る。懲戒処分の事由として上位に位置づくのは，交通違反・交通事故：266人，わいせつ行為等：197人，体罰：162人などであった。また，個人情報の不適切な取扱いに係る懲戒処分（個人情報が記録された電子データや書類の紛失，インターネットを介した個人情報の流出等）：23人も認められる。教職員による不祥事が児童生徒に与える影響は計り知れず，改めて教育公務員としての身分と職責に関する自覚が求められるといえよう。

　なお，分限や懲戒などの不利益処分に対しては，職員は人事委員会または公平委員会に対して不服申立て（審査請求または異議申立て）をすることができる（地方公務員法第49条の2）。

第3節　学校の教職員組織

1　教職員の種類と配置の原則
(1) 教職員の種類

　学校は，さまざまな職員によって教育活動が展開される組織である。学校に配置されている職員には，校長や教頭，教諭などの教育職員のほかにも，事務職員や用務員などが含まれる。教職員配置は，①必ず置かなければならない必置職員，②特別な事情がある場合は置かないことができる原則必置職員，③任意に置くことができる任意設置職員の3種類に分けられる。

　また，指導教諭，教諭等をもって充てる職（充当職）として，教務主任，学年主任，学科主任，保健主事，生徒指導主事などがある。これも，学校種や規模によって置かれる職種や設置形態が異なる。表8.1は教職員の職種および教諭等の充当職を示したものである。

　近年の特徴としては，第1に，栄養教諭（2005（平成17）年度から。任意設置）や司書教諭（学校図書館法第5条。2003（平成13）年度以降，12学級以上の学校には必置に。大学等で司書教諭の講習を修了した教諭をもって充てる）の配置など，「教諭」の多様化が進行したことがあげられる。また第2に，2007（平成19）年に学校教育法が改正されたことにより，任意設置職員として，副校長（副園長），主幹教諭，指導教諭という「新たな職」が設けられたことがあげられる。

(2) 教職員定数

　地方公共団体の設置する学校には，校長（学長，園長），教員，事務職員，技術職員その他所用の職員を置くこととされ，この教職員の定数は，臨時または非常勤職員を除き，学校を設置する地方公共団体の条例（県費負担教職員定数については都道府県の条例）により定められる（地教行法第31条，第41条）。

　ただし，学校種別の設置基準の規定のほか，公立の小・中・高等学校に関しては，学級編制の標準を示し，それを基に教職員定数の標準が定められている。「公立義務教育諸学校の学級編制及び教職員定数の標準に関する法律」（義務標

表 8.1 教職員の職種および教諭等の充当職

職種 \ 校種	幼稚園	小学校	中学校	高等学校	中等教育学校	特別支援学校
教職員の職種						・幼稚部、小学部、中学部、高等部は、それぞれ幼稚園、小学校、中学校、高等学校にほぼ準ずる ・寄宿舎を設ける場合は寄宿舎指導員を必置
校(園)長	◎	◎	◎	◎	◎	
副校(園)長	●*1	●*1	●*1	●*1	●*1	
教頭	○	○	○	○	○	
主幹教諭	●	●	●	●	●	
指導教諭	●	●	●	●	●	
教諭	◎	◎	◎	◎	◎	
助教諭	●	●	●	●	●	
講師	●	●	●	●	●	
養護教諭	●	△	△		△	
養護助教諭	●	●	●	●	●	
栄養教諭	●	●	●	●	●	
実習助手				●	●	
事務職員	●	○	○	◎	◎	
技術職員				●	●	
学校用務員	●	●	●	●	●	
学校医・歯科医・薬剤師	◎	◎	◎	◎	◎	
教諭等の充当職						
教務主任		○	○	○	○	○
学年主任		○	○	○	○	
学科主任				○*2	○*2	○(高)*2
保健主事		○	○	○	○	○
生徒指導主事			○	○	○	○(中高)
進路指導主事			◎	◎	◎	◎(中高)
農場長				○*3	○*3	○(高)*3
舎監						◎*4
寮務主任						○*4
各部の主事						●
その他の主任等		●	●	●	●	●
司書教諭		△	△	△	△	△

◎—必置　○—事情により置かないことができる　●—置くことができる
△—養護教諭は当分の間、司書教諭は学校規模により当分の間置かないことができる
＊1　副校長を置くときは、教頭を置かないことができる
＊2　2以上の学科を置く場合　＊3　農業科を置く場合　＊4　寄宿舎を設ける場合
出典：森秀夫『要説 教育制度 三訂版』学芸図書, 2009年, 43頁。

準法）および「公立高等学校の適正配置及び教職員定数の標準等に関する法律」（高校標準法）は，1学級40人を標準と定め（小学校1年生は2012（平成24）年度以降35人），都道府県ごとの小・中学校に置くべき教職員の総数の標準，あるいは都道府県・市町村ごとの公立の高等学校に置くべき教職員の総数の標準を定めている。そしてこれらの基準に従い，教職員給与費に関する国からの財源措置がなされている。

2 校務分掌

校務分掌とは，教育目標を効率的に達成するために学校が為すべき仕事を教職員が分担して処理することをいう。学校においては「調和のとれた学校運営が行われるためにふさわしい校務分掌の仕組みを整えるものとする」と規定されている（学校教育法施行規則第43条）。

「校務分掌の仕組みを整える」とは，「学校において全教職員の校務を分担する組織を有機的に編制し，その組織が有効に作用するように整備することである」と説明されている（昭和51年1月13日 文部次官通達）。

具体的には，地域や学校の実態，学校規模，教職員数などにより組織化され，部局や委員会の種類や名称は学校ごとに異なる。図8.1は，公立A中学校における校務分掌組織の1例である。

なお校務分掌組織を編制する場合，以下の点に留意することが大切である。
①地域，学校の実態を考慮し，実際的な部局（委員会）を組織する。
②各部局における業務及びその責任と権限を明確にする。
③教職員の意向を尊重するとともに，能力や特性を生かし適材適所の配置をする。
④教職員数，経験年数，性別等を考慮し，負担の均等化を図る。
⑤長期の同一業務を避け，相互理解を進めるために適時に交流する。

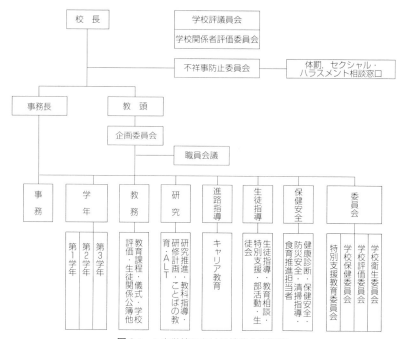

図 8.1 A 中学校における校務分掌組織
出典:広島県公立 A 中学校『平成 25 年度 学校要覧』より一部修正。

3 職員会議

　従来,職員会議は大学の教授会のように法的根拠はなく,その位置づけは曖昧であった。多くの場合,職員会議は学校の自治的慣行として置かれていた。

　しかしながら,2000(平成 12)年学校教育法施行規則改正により,「設置者の定めるところにより,校長の職務の円滑な執行に資するため,職員会議を置くことができる」,そして「職員会議は校長が主宰する」として,職員会議が法的に明確にされた(学校教育法施行規則第 48 条)。

　これに関して,「職員会議は,……学校の管理運営に関する校長の権限と責任を前提として,校長の職務の円滑な執行を補助するものとして位置付けられるものであることに十分留意すること」(平成 12 年 1 月 21 日　文部次官通知)と,職員会議を補助機関として明文化し,議決機関や諮問機関として位置付けるこ

とに歯止めをかけた。

　校長の職務遂行上の補助機関としての職員会議の機能は，大きくは次の3つに分けられよう。

①教育行政機関の指示や連絡事項，校長の決定や方針などを伝達する，意思伝達機能
②担当している校務の報告，情報交換，各種行事の調整など，連絡調整機能
③校長の適正・適切な意思決定ができるように教職員が意見を述べそれを聞くなど，校長の意思形成に参加する経営参加機能

第4節　教師の職務

　学校教育法に定められる教職員の職務については，同法第37条に規定されている。以下に，職務の内容と近年の改革動向について示していく。

1　校長の職務

　校長の職務権限は「校務をつかさどり，所属職員を監督する」(学校教育法第37条)と規定されている。つまり，校務掌理権および所属職員監督権を有する。
　校務とは，学校における教育事業を遂行するために行うすべての事務をさす概念であり，実に幅広い概念である。校長の校務は，具体的には次のようなものが含まれる。①学校教育の内容に関する事項(教育課程の編成，卒業の認定など)，②学校の施設・設備の保全管理や教材・教具の管理に関する事項，③児童生徒の管理に関する事項(指導要録の作成と送付など)，④教職員の人事管理に関する事項(職専免研修の許可，教員の任免に関する意見具申など)，⑤その他学校運営に関する事項(教育委員会や家庭・地域を含む関係機関との調整に関する事項)(職員会議の主宰，学校評議員の推薦など)。
　一方，所属職員の監督については，職務上の監督と身分上の監督がある。所属職員には，非常勤講師や学校医なども含まれ，身分上の監督に関しては，職務上の監督とは異なり職務時間の内外を問わずに行われるのが特徴である。

また，以上のような職務のほかにも，校長には，教育委員会による委任または命令に基づく職務がある。それらの職務内容は，「学校管理規則（教育委員会規則）」（地方教育行政の組織及び運営に関する法律（地教行法）第33条1に基づき制定）に定められており，一般的には，①正規の勤務時間の割り振り，②校務分掌命令，③出張命令，研修への参加命令，④年次有給休暇等の承認，⑤学校の目的外使用（短期）の許可などが含まれる。近年，学校の自主性や自律性の確立が掲げられる中で，校長の職務内容と裁量権は拡大傾向にあるといえる。

2　副校長・教頭の職務

　校長の裁量権の拡大とリーダーシップの発揮が期待される中で，学校の責任あるマネジメント体制の確立と指導体制の強化を企図した改革が展開された。その結果，2007（平成19）年の学校教育法の改正を経て，副校長の職が創設され，各都道府県（および政令指定都市）の教育委員会の判断で置くことが可能になった。
　副校長の職務は，「校長を助け，命を受けて校務をつかさどる」ことと，校長の職務の代理・代行にある。一方，教頭の職務は，校長の職務の代理・代行を行うことができる点では副校長と同様である。しかし，副校長が校長から命を受けた範囲で校務を「つかさどる」こと，つまり，自らの権限で処理することができる一方で，教頭の場合は，あくまで校長を助けることの一環として校務を「整理する」こと，つまり，調整することにあり，明確な違いが認められる。さらに，副校長と教頭が置かれる学校においては，教頭は校長と副校長のそれぞれを補佐する立場となる。新たな職としての副校長の創設は，まさに，管理職層の重層化と階層化を意味する。

3　主幹教諭・指導教諭・主任の職務

　教職員の職位の重層化と階層化の進行は，管理職層のみならず，2007（平成19）年の学校教育法の改正では，「主幹教諭」と「指導教諭」という新たな職も創設されたことにより，一般の教諭層にも及ぶこととなった。いわゆる鍋蓋型組織からピラミッド型組織への移行がめざされた背景には，①学校が児童生

徒や地域の多様なニーズに応じて，機動的かつ組織的な経営を展開することが期待されたこと，②教職員の多忙化が指摘され，適切な役割分担や経営組織の確立が求められたこと，③主任制度の限界が指摘されたこと，およそ以上のような状況がある。

　従来，学校では，校長の指名によって教務主任や生活指導主任，学年主任などの「主任」が置かれてきた。しかし，「主任」は監督権限もなく，職位はあくまで一般の「教諭」であった。試験や選考も経ずにその時々の教諭などをもって充てられる「充当職」であるために1年ごとの交代も稀ではなく，長期的な視野に立ったリーダー養成は行えない状況にあった。こうした主任制度が有する限界を克服するため，「主幹教諭」「指導教諭」は，一般の教諭層の上にミドルリーダー層として置かれ，指導者として，選考を経て登用される職として位置づけられた。人事異動の際も「主幹教諭」「指導教諭」として異動するため，長期的かつ計画的に人材を育成することも可能となったのである。主任などの職務は，「校長の監督を受け」「連絡調整及び指導，助言に当たる」（学校教育法施行規則第44条）と規定されているが，主幹教諭と指導教諭の職務は，主任よりも一歩踏み込んだ自律性が付与されている。主幹教諭は一般に主要な主任を兼務し，特に，管理職と一般教諭との調整を図る役割を担っている。また，指導教諭は，同じく主任を兼務し，一般教諭の指導・助言を行う役割を担う。

4　教諭の職務

　教諭の職務は「児童の教育をつかさどる」と規定されている。「教育をつかさどる」範囲は明確ではないが，一般に教師には，①授業経営，②学級経営，③児童生徒指導，④学校経営の4つの領域の職務があると考えられている。このうち，①②③は児童生徒に直接的にかかわる教育活動であり，教師としての職務として認識されやすい事柄であろう。一方で，④の学校経営は，①②③に付随する校務として，教師が分担する必要があるものと解されるものにあたる。

　とりわけ学校経営のうち，校務分掌と職員会議が重要となる。先述のとおり校務分掌とは，校長の責任と指導の下に学校における校務を教職員で分担・処

理することであるが，主体的・協働的な取り組みが求められる。また職員会議は，教師にとって校長が組織として何を課題として掲げているのかを知り，組織の一員として自身がどのように責任を果たすかを考究する機会だといえる。

5　多忙の実態と教師のやりがい―専門職としての教師の今後の展望―

　教師は実に多忙だということはよく知られている。2006（平成18）年の文部科学省の調査では，公立小・中学校の教員の勤務時間は1日10時間45分にも及んでいることが明らかになった。そしてその約4割は，子どもと直接かかわるものではなく，間接的な業務，つまり授業準備や成績つけ（2時間10分），学校運営業務（会議，事務・報告書作成など：1時間39分），保護者やPTAなどへの対応（12分）が占めた。こうした実態は，教師の職務の特性である「無限定性」と「不確実性」と表裏の関係にある。つまり，教師としての仕事と責任には明確な範囲はなく，またどんなに準備を行っても，教育活動の実際においては，予想どおりの確実な結果が示されてくるとはかぎらない。そしてこれらは，教師としての「やりがい」の源にもなれば，心理的疲労やバーンアウトなど，アキレス腱にもなり得る特性ととらえられる。

　恒常的な多忙状況の中で，教師が「やりがい」を消失せずにその専門性を発揮し続けるためには，何が必要であろうか。その答えの1つとして，今日，学校組織の見直し，教職員の協働，そして相補的な関係性の構築があげられている点は特筆に値する。どんなに多忙な状況にあっても，同僚教師が状況を理解し共感し，支え合う文化や組織が学校内に存在していた場合とそうでない場合では，結果が異なるということが指摘されはじめたのである。つまり，前者の場合，学校が組織として，一教師の情緒的消耗感や離人化，達成感の衰退といった事態を回避させたことを意味する。

　今日の学校は，「新たな職」の設置にみられる教職員の職務の縦の階層化と，「教諭」の多様化など職務の横の専門分化が進行している。加えて，スクールカウンセラーやボランティアなど，教員とは異なる専門性を有する者が多数配備されている状況にある。こうした中にあっては，教師の専門性として，学校

の「ウチ」とさらに「ソト」における他者との協働が重要となる。まさに，「チームとしての学校」である。今後の教師および学校組織には，教職員それぞれの専門性を尊重し，なおかつ補完しあう関係性を構築していくことが一層望まれる。

【鞍馬 裕美】

参考文献

赤星晋作編著『新教職概論　改訂版』学文社，2014年。
小島弘道・北神正行・水本徳明・平井貴美代・安藤知子『改訂版　教師の条件』学文社，2016年。
学校管理運営法令研究会編『第6次全訂　新学校管理読本』第一法規，2018年。
窪田眞二・小川友次編『教育法規便覧 平成30年版』学陽書房，2018年。
佐藤晴雄監修『新教育法規　解体新書』東洋館出版社，2014年。
佐藤晴雄『第5次改訂版　教職概論』学陽書房，2018年。
樋口修資『教員・教職志望者のための教育法の基礎―教育政策の法制・組織・財務―』明星大学出版部，2010年。
油布佐和子編『教師という仕事』〈リーディングス日本の教育と社会15〉日本図書センター，2009年。
油布佐和子『現代日本の教師―仕事と役割』放送大学教育振興会，2015年。

第9章　教員評価

第1節　人事管理における教員評価の導入

1　人事管理における教員評価の導入のねらい

　新たな人事考課制度，優秀教員の表彰制度，任用におけるFA（フリーエージェント）制，公募制，指導が不適切な教員への対応など，近年，人事管理のなかで教員の職能を評価し，職能開発を促そうとする動きが加速している。

　この背景には，現在学校が，社会情勢の急激な変化のなかでさまざまな教育課題に的確に対応することが求められており，学校が活力ある組織として総合的な力を発揮するためには，教職員の質を向上させ，家庭や地域社会から信頼を得て，保護者や地域住民の期待に応える学校づくりを推進することが喫緊の課題となっていることがあげられる。2005（平成17）年10月の中央教育審議会（中教審）答申「新しい時代の義務教育を創造する」のなかでは，教師の質の向上には，「職場の同僚同士のチームワークを重視し，全員のレベルを向上させる視点」とともに，「個々の教師の能力を評価し，向上を図っていく視点の両方を適切に組み合わせることが重要である」として，教員評価の重要性を指摘している。

　そこで本章では，近年，全国的に広がりつつある新たな人事考課制度を中心に，その他，優秀教員の表彰制度，任用におけるFA制，公募制について，その運用の動向について概説し，また，2007（平成19）年6月の教育公務員特例法の改正のなかで法的に明確にされた指導が不適切な教員への対応についてみていく。

2 教員評価導入の経緯
(1) 勤務評定の導入

1950年代後半以降，全国に普及したのが勤務評定である。すなわち，「任命権者は，職員の執行について定期的に勤務成績の評定を行い，その評定の結果に応じた措置を講じなければならない」(旧地方公務員法第40条1項)と規定された。ただ，県費負担教職員については特例があり，県費負担教職員の勤務成績の評定は「市町村教育委員会が行うものとする」(旧地方教育行政の組織及び運営に関する法律（地方教育行政法）第46条) としていた。

勤務評定のねらいは，人事管理の適正をはかるため，職員の勤務実績・能力・性格・適性を公平に評価し，記録することである。

勤務評定は，これまで教職員団体の反対を受けながらも，制度的には定着してきた。しかし，その運用にはさまざまな課題が指摘されてきた。

すなわち，第1に，勤務評定が，校長の観察内容により一方的に評定されてきたことである。具体的には，教職員自身による自己申告や自己評価の制度が存在せず，また，教頭等を評定補助者として意見を聞く制度がないため，客観的な評定結果や評定の精度が不明確になってきたことが指摘できる。第2は，評価結果が教員本人に告知される制度になっていないことから，校長が個々の教員の育成課題を把握しても，本人に対する指導・育成，モラールの向上などに十分活用されていない点があげられる。第3は，評定者に対する研修も十分なされなかったため，校長が評価者として一定の力量を確保することが十分できなかった点である。第4に，教職員団体との闘争のなかで，評定結果を人事異動・処遇に反映させない取り扱いとされてきた点があげられる。

(2) 新たな教員評価システムの検討

前出の勤務評定は，上述の問題点や教職員団体の反対のなかでしばしば「形骸化」が指摘されてきた。これに対して，近年の深刻な教育課題に対する学校としての組織的取り組みの必要性から，教員の業績を評価し積極的に職能開発を行うことの重要性が認識され，教員の処遇と結びつけた新たな人事考課システムが検討されてきた。2000 (平成12) 年には，東京都が全国に先駆けて「自

己申告制度」と「実績評価制度」を組み合わせた「能力開発型人事考課制度」を導入した。一方、国も東京都の取り組みに後押しされる形で、2000（平成12）年12月の教育改革国民会議の「最終報告」のなかで「教師の意欲や努力が報われ評価される体制をつくる」ことを提言した。2001年の文部科学省「21世紀教育新生プラン」では「優秀な教員の表彰制度と特別昇給の実施」が示されるとともに、2002（平成14）年2月の中教審答申「今後の教員免許制度の在り方について」において、「教員がその資質能力を向上させながら、それを最大限発揮するためには、教員一人一人の能力や実績等が適正に評価され、それが配置や処遇、研修等に適切に結び付けられることが必要である」として、適正な教員評価の必要性とその評価結果の処遇への反映が指摘された。また同年6月の内閣府の経済財政諮問会議「経済財政運営と構造改革に関する基本方針2002」においても、「早期に新たな教員評価制度を促進する。また、教員の一律処遇から、やる気と能力に応じた処遇をするシステムに転換する」として同様の指摘がなされた。

　さらに、2005（平成17）年10月の中教審答申「新しい時代の義務教育を創造する」では、新たな教員評価に際しては「民間企業で行われるような成果主義的な評価はなじみにくいという教師の職務の特殊性等に留意しつつ、単に査定をするのではなく、教師にやる気と自信をもたせ、教師を育てる評価であること」、「主観性や恣意性を排除し、客観性をもたせること」が重要であり、「教師の権限と責任を明確にし、それに基づいて行うことが効果的である」と提言された。すなわち、客観性を確保しつつ、教師が主体的に関与できる職能開発型の教員評価が提案されたのである。同答申はまた、「信頼される教師の養成・確保」の一環として、前出の教員評価の他に「優れた教師を顕彰し、それを処遇に反映させ」ることや、「高い指導力のある優れた教師を位置づけるものとして、教育委員会の判断で、スーパー・ティーチャーなどのような職種を設けて処遇し、他の教師への指導助言や研修に当たるようにすること」、そして、「熱意や指導力の不足、必要な人格的資質の欠如など」、「問題のある教師に対し毅然と対処することが重要」として、優秀教員の表彰制度や指導が不適切な教員

の処遇に言及している。

　2006（平成18）年7月の中教審答申「今後の教員養成・免許制度の在り方について」では，「現在，すべての都道府県・指定都市の教育委員会において，新しい教員評価システムの構築が進められている」ことを指摘し，「これらの取組を一層推進していくことが必要である」として，国が地方の教員評価の取り組みを支援するよう求めている。本答申ではまた，前年の中教審答申を受けて，「優れた実践や高い指導力のある教員を顕彰するなどの取組を進め，社会全体に教員に対する尊敬と信頼が醸成されるような環境を培うこと」や，「問題のある教員は教壇に立つことのないよう，引き続き，条件附採用期間制度の厳格な運用や，指導の不適切な教員に対する人事管理システムの活用による分限制度の厳格な適用等に努め」，「毅然とした対応をすることが重要である」と指摘している。

　2007（平成19）年3月の中教審答申「今後の教員給与の在り方について」は，「経済財政運営と構造改革に関する基本方針2006（骨太の方針2006）」（2006（平成18）年7月7日閣議決定）を受けて，「学校教育の水準の維持向上のための義務教育諸学校の教育職員の人材確保に関する特別措置法」（人材確保法）の精神をふまえつつ，教員給与月額が一般行政職給与月額を上回る部分（2.76%）の縮減をはかることが提言されたことを受けて，「メリハリを付けた教員給与システム」の導入について検討されている。そのなかで，「教員が自らその教育活動を見直し，自発的に改善していくことができるよう，今後とも，各任命権者が進めている教員評価の取組を一層促進し，教員一人一人の能力や業績を評価し，教員に意欲と自信を持たせ，育てていく必要がある。また，その評価結果を，任用や給与上の措置などの処遇に適切に反映させるように促し，教員の指導力や勤務実績が処遇上も報われるようにしていくことが必要である」と提言している。このように，同答申は教員給与の見直し論議のなかで，能力開発型の教員評価を推奨し，その評価結果を処遇，特に給与面に反映させることを強く求めたのである。

第2節　新たな人事考課制度の運用の特質

1　新たな人事考課制度の普及

　先述したように，2000（平成12）年度に，東京都教育委員会が全国に先駆けて「能力開発型人事考課制度」を導入したのを皮切りに，教員一人ひとりの能力や実績などが適正に評価される教員評価システムの重要性が中教審答申などで再三指摘されるなか，2001（平成13）年度には，香川県教育委員会が，人事評価制度の見直しを行い，2002（平成14）年度には，大阪府が「教職員の評価・育成システム」の試行を開始，2003（平成15）年度には，神奈川県教育委員会と広島県教育委員会が新たな人事評価システムを実施した。これら新たな人事考課システムは，「自己申告に基づく目標管理（業績評価）」と「実績評価（能力評価）」を通じて，教員の能力・業績などを評価し，その結果を人事管理に反映させようとする点で基本的な共通性を有している。

　2014（平成26）年には地方公務員法が改正され，任命権者は「職員の任免，人事評価（任用，給与，分限その他の人事管理の基礎とするために，職員がその職務を遂行するに当たり発揮した能力及び挙げた業績を把握した上で行われる勤務成績の評価をいう。以下同じ。），休職，免職及び懲戒等を行う権限を有する」（第6条）とされ，任命権者の権限に新たに人事評価が加えられ，能力および実績に基づく人事管理の徹底が図られることになった。これに伴って，これまで実施されてきた人事評価システムも，地方公務員法を法的根拠として実施されることになった。

　一方，文部科学省の「平成28年度公立学校教職員の人事行政状況調査」によると，2017（平成29）年4月現在，全国67あるすべての都道府県および指定都市教育委員会が新しい評価システムに取り組んでいる。

2　広島県における人事考課制度

　近年の人事考課制度の具体的な内容を理解するために，ここでは，広島県の事例を中心にみていく。広島県では，2003（平成15）年度から多くの教育委

会が導入している「自己申告による目標管理」(同県では「業績評価」と呼称)と「実績評価」(同県では「能力評価」と呼称)の2本柱による人事評価制度を導入している。以下、現行制度の概要を示していく。

(1) 業績評価

「業績評価」は、教職員自らが組織目標(学校経営目標や、各学部、各学年・各教科等の分掌組織の目標)に基づいて、自己の1年間の目標を設定し、その達成度を自ら評価することによって、教職員の自主的・意欲的な業務への取り組みを促し、組織目標の着実な達成を図るとともに、教職員一人ひとりの意欲や資質の向上、使命感の高揚、能力開発をはかることを目的としている。その期間は、毎年4月1日から1年間である。「業績評価」の流れを時系列的に表したのが図9.1である。以下、「業績評価」の流れについて説明する。

① 自己目標の決定

目標設定に当たっては、図9.1のように、まずは組織の長である校長がビジョンとしての学校経営目標を具体的に示し、その実現のために、教頭や事務長等、部主事、主幹教諭、指導教諭あるいは各主任が学年や分掌ごとに果たすべき目標を詳細かつ具体的に設定する。教職員一人ひとりは、校長が示した学校経営目標を十分に理解し、各学年、各教科で設定した目標をふまえて教職員それぞれが4月1日を基準日として能力に応じて自己目標を設定することになる。こうした学校全体の目標を十分にふまえて設定されること、すなわち「目標の連鎖」が目標管理においては重要となる。例えば、校長が学校経営目標の1つに「学力向上に重点をおき、特色ある学校づくりを推進する」を掲げたとすると、この目標を受けて、部、学年または教科等の分掌では、主任の一人が「家庭学習時間を1,2,3学年別に最低2,3,4時間確保し、学習習慣を身につけさせる」という形で、学校経営目標を具体化し、さらに、2学年の教諭が前者2つの目標をふまえて、「家庭学習記録を毎週提出させて家庭学習状況を把握し、毎日3時間の家庭での学習を確保させる」という目標を設定することになる。

このような「業績評価」は、業績評価(自己申告)書を通じて実施される。業績評価(自己申告)書の様式は図9.2のとおりである。例えば教諭の自己目標の

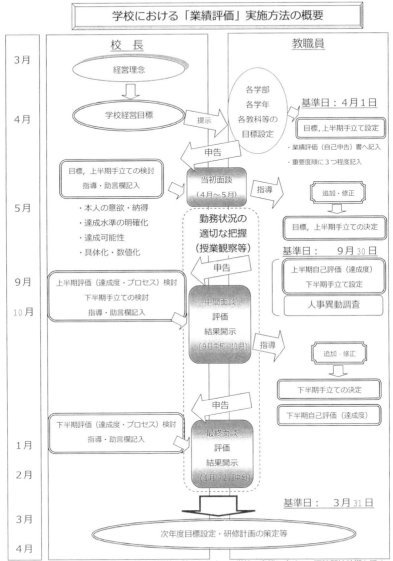

図 9.1　自己申告による目標管理

出典：広島県教育委員会『人事評価ハンドブック（改訂版）』2018年，45頁。

第2節 新たな人事考課制度の運用の特質　149

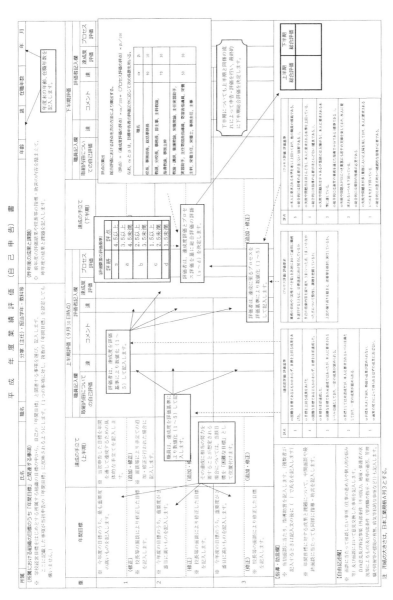

図9.2 自己申告書（教諭・講師用）様式

出典：図9.1に同じ、63頁。

決定を例にあげると，自己の現状や課題を把握するために，昨年度の成果と課題を記入する。そして，教員は所属する組織の目標を理解し，部，学年または教科等の分掌の目標をふまえて，自己の現状・成果・課題を整理し，「所属における組織の目標のうち『年間目標』と関連する事項」を考える。ここでは，学校経営目標をはじめとする所属する組織の目標のなかから，今年度の自己目標（年間目標）と関連する事項を選んで記入する。そして，所属の組織目標を達成するための取組課題を解決するために何をするのかを「年間目標」に，また，どのように実践するのかを「達成の手立て（上半期）」に記入する。この申告書は教頭・事務部長，統括事務長または事務長がとりまとめて，校長に提出し，校長は教職員一人ひとりの自己目標を検討し，「指導・助言」欄に記入する。そして，校長等は教職員個々の目標，能力や意欲を把握するとともに，個々人に応じた指導，育成の方向性を明確にしたうえで，組織目標を達成するために，適正な目標設定となるよう指導する。面談で，校長等が教職員本人にフィードバックを行うことで，組織目標を達成し教職員の能力開発や意欲向上につながることが期待されている。面談終了後，話し合ったことをもとに，十分本人が納得したうえで最終的に「年間目標」や「達成の手立て（上半期）」の「追加・修正」を行い，当該年度の目標が決定される。

② 授業観察等と指導助言

目標達成のための適切な指導・助言を行い，職務遂行状況を把握し職能成長や意欲の向上を図るために，面談以降２月までの間に教職員に対して授業観察を含めた勤務状況の把握が行われる。

授業観察等は，校長等が行う。授業観察の際には，板書の工夫，発問の工夫，資料の活用，教育機器の活用などの観点を明確にした「授業観察カード（授業観察記録）」などを活用する。『人事評価ハンドブック』によると，授業観察の「着眼点」として，「児童生徒理解（アンケート等による興味・関心の把握はなされているか。）」「めあての設定（学習指導要領を踏まえ，授業のねらいの明確化はなされているか。）」「指導に関する知識・技能（授業構成，教材，発問，板書は適切か。）」「指導形態の工夫（個別指導，習熟度別指導等がなされているか。）」「適切な評価（評

価計画があるか。試験等による定着度の確認はされているか。)」があげられている。観察結果は，教職員にフィードバックされ，職能成長や意欲の向上に役立てられるとともに，適切な指導により，教職員一人ひとりが適正に評価されているといった納得感と自己目標の達成感をもてるよう配慮する。

　教職員の勤務状況などの把握にあたって，校長は観察・指導記録などを作成し，常日頃から観察事項，指導の内容・経過・結果などの事実を記録して，全教職員の情報を収集しておくことが必要となる。『人事評価ハンドブック』では，勤務状況の把握の着眼点として，「児童生徒に対する指導及び対処等」「管理職との意思疎通（報告，相談等）」「同僚との連携・協力」「保護者や地域・関係機関との連携・協力」「文書の作成・整理や保存の状況」「安全等への配慮」「施設・設備や物品の管理や活用の状況」が例示されている。

　③　中間申告と上半期評価

　9月30日を申告基準日として「上半期評価」が実施される。教職員は取り組み内容について自己評価を行い，面談を受ける。校長らは，面談をふまえ，年間目標に設定された目標ごとにコメントするとともに評価を記入する。さらにそれをふまえて，校長らは，各々の評価を総合し上半期の評語（総合評価）を出す。総合評価は，達成度評価（目標をどの程度達成できたか）とプロセス評価（目標達成に向けどのような姿勢で教職員が取り組んできたか）について各5点満点で評価し，さらに達成度評価とプロセス評価の結果を職名ごとに定められた比重を乗じて評点を算出（計算式（評点）＝（達成度評価の評点）×α／100＋（プロセス評価の評点）×β／100　教諭の場合比重のαとβは50となる），そして評点により「s」から「d」までの評語が決定される。ちなみに，評価結果は，業績評価（自己申告）書とともに教職員に対し開示されることになっている。

　また，中間申告時には。下半期の目標達成の手立てについて面談を実施しる。

　④　最終申告と下半期評価

　3月31日を申告基準日として，下半期評価を行う。下半期評価も，上半期評価と同様の流れで実施され，最終的な総合評価についても業績評価（自己申告）書とともに教職員に対し開示される。

第9章 教員評価

表9.1　職務遂行に必要とされる標準的な水準（例示）

(4) 職務遂行に必要とされる標準的な水準（例示）

評価項目・評価要素ごとの評定基準（優秀，標準，やや劣る）の参考水準例（教諭・講師の場合）

評価項目	評価要素	4（優秀）	3（標準）	2（やや劣る）
学習指導	能力	教科・科目に関する豊富な専門的知識・技能を効果的に活用し，指導方法の工夫・改善を行い，児童生徒の自発的な学習態度を引き出している。	教科・科目に関する専門的知識・技能を活用し，指導方法の工夫・改善を行い，児童生徒にわかりやすく指導できる。	教科・科目に関する専門的知識・技能や，指導方法の工夫・改善がやや不十分であり，ひとりよがりの指導になっている。
学習指導	実績	指導計画をもとに，児童生徒の実態を踏まえた指導を実施し，児童生徒の理解を深め，教科指導において目標以上の成果を上げた。	指導計画に基づいて指導を実施し，教科指導の目標を達成した。	指導計画に基づいているが，児童生徒の実態を把握しておらず，教科指導の目標達成がやや不十分である。
学習指導	意欲	児童生徒の実態を十分に把握し，常に教材や指導方法の工夫・改善を図ろうとした。	児童生徒の実態に応じて教材や指導方法の工夫・改善を図ろうとした。	児童生徒の実態に応じて教材や指導方法の工夫・改善を図ろうとする姿勢がやや不十分である。
生徒指導等	能力	生徒指導・進路指導に関する豊富な専門的知識・技能を効果的に活用し，児童生徒が自らの生き方を考え，主体的に行動できる計画を立案し，実施できる。	生徒指導・進路指導に関する専門的知識・技能を活用し，児童生徒の実態に応じた計画を立案し実施できる。	生徒指導・進路指導に関する専門的知識・技能にやや欠けるところがあり，児童生徒の意欲を引き出せない計画にとどまっている。
生徒指導等	実績	児童生徒理解に基づいた計画的な指導により，児童生徒が自己を生かしていく態度や主体的な進路選択・決定能力を十分に育成した。	計画的な指導により，児童生徒が自己を生かしていく態度や主体的な進路選択・決定能力を育成した。	計画的な指導ができていないため，児童生徒との信頼関係の構築が不十分となり，自己を生かしていく態度や主体的な進路選択・決定能力の育成につながっていない。
生徒指導等	意欲	計画的な面接の実施など常に児童生徒理解に努め，指導に関して必要な状況把握や情報収集を積極的に行い，家庭や関係機関と連携して指導方法の工夫・改善を図った。	児童生徒理解を深め，指導に関して必要な状況把握や情報収集を行い，指導方法の工夫・改善を図った。	児童生徒の指導に関して必要な状況把握や情報収集がやや不十分であり，児童生徒の能力や適性を理解しようとする姿勢にやや欠ける。
学級経営・その他	能力	学級等における児童生徒一人一人の実態を十分踏まえた計画的な指導ができる。学校運営上の課題や自らの役割を十分に理解し，創意工夫して企画・計画ができる。	学級等における児童生徒の実態を踏まえた，計画的な指導ができる。学校運営上の課題や自らの役割を理解し，企画・計画ができる。	学級等における児童生徒との実態を捉えきれず，計画的な指導に至っていない。学校運営上の課題や自らの役割の理解がやや不十分であり，企画・計画に工夫が見られない。
学級経営・その他	実績	学級経営や分掌した校務についての課題に効率的に取り組み，リーダーシップを発揮して課題解決を図った。関係機関や家庭，地域と密接に連携し，信頼関係を築いた。	学級経営や分掌した校務についての課題に取り組み，課題解決に貢献した。関係機関や家庭，地域との連絡・協力等を適切に行った。	学級経営や分掌した校務についての課題に対する取組がやや不十分であり，課題解決に困難をきたす場合がある。関係機関や家庭，地域との連絡・協力等がやや不十分である。
学級経営・その他	意欲	組織の一員としての自覚を十分に持ち，学級経営や分掌した校務について，積極的に教職員に働きかけるなど，業務改善に取り組んだ。	組織の一員としての自覚を持ち，学級経営や分掌した校務について教職員間の連携・協力を図ろうとした。	組織の一員としての自覚を持っているが，学級経営や分掌した校務について課題を共有しようとする意欲がやや足りない。

出典：図9.1に同じ，31頁。

(2) 能力評価・人事管理評価

「能力評価」は，教職員一人ひとりの能力，実績および意欲を的確に把握し評価することにより，意欲や資質あるいは指導力を高める研修などさまざまな場面での指導に生かすとともに，適材適所の配置等を進めるための人事上の資料として活用することを目的としている。また，「人事管理評価」として，年度末人事に向けて，人事管理上の必要性から評価が実施されている。

被評定者は，県立学校職員および県費負担教職員であり，評定者は，例えば，被評定者が教諭・講師の場合，一次評定者は教頭，二次評定者は校長となっている。校長，教頭はそれぞれ，定められた評価項目（教諭・講師の場合，学習指導・生徒指導等・学級経営その他の3項目）や能力（知識・技能，分析力・理解力，判断力，企画力・計画力，折衝力・調整力，指導力・統率力），実績（質的面での達成度・正確さ，量的面での達成度・迅速さ），意欲（規律性，責任感，積極性，協調性）の3つの評価要素ごとに5（非常に優秀），4（優秀），3（標準），2（やや劣る），1（劣っている）の5段階評価を絶対評価で行う（表9.1参照）。二次評定は，一次評定と同じやり方で二次評定者（教諭・講師の場合，校長）が行う。

そして総合評定はまず，二次評定者が絶対評価で行う。算定方法は，能力，実績，意欲の一次評定および二次評定の各評定に，職種別に定めた評定割合（教諭・講師の場合，能力：実績：意欲＝4：4：4）を乗じて合計し，2で除することにより求めた換算点について，定められた区分（S：162点以上，A：126点以上162点未満，B：90点以上126点未満，C：54点以上90点未満，D：54点未満）によりS〜Dのうち該当するものを丸で囲み総合所見を記入する。

その後，「人事管理評価」においては総合評定を相対評価で行う。総合評定（相対）は，各校種，各職種の人数割合により5段階で行う。Sの評定は，各校種，各職種の人数の10％以内，Aの評定はSを含んで30％以内とする。また，Dは期待を大幅に下回り，仕事内容に問題がある者で，該当者がいない場合もある。総合所見は校長が記入する。校長は，12月1日時点で仮の評価として，一次評価者に評価させるとともに，二次評価，総合評価（絶対）および総合評価（相対）を行って人事管理評価一覧表を作成し，県立学校の場合は県教育委

員会教職員課へ，市町村教育委員会の場合は市町村教育委員会に提出する。「能力評価」については，面談を行い，その際評価結果を開示する。いっぽうで，人事管理評価については，面談，開示ともに行わない。なお，業績評価と能力評価の結果は，当該年度の勤勉手当や翌年度の昇給に反映させることになっている。人事評価制度において最も重要な点の１つである業績評価と能力評価との関係性については，制度上「業績評価結果も踏まえて能力評価をすること」と規定されている。

(3) 学校評価システムに関連づけられた人事評価

現在，説明責任（アカウンタビリティ）を果たしていく観点から，学校評価の実施が学校に義務づけられている。すなわち，「文部科学大臣の定めるところにより」「教育活動その他の学校運営の状況について評価を行い，その結果に基づき学校運営の改善を図るため必要な措置を講ずることにより，その教育水準の向上に努めなければならない」(学校教育法第42条)とされている。さらに学校教育法施行規則のなかで，教職員による自己評価を行いその結果を公表すること(第66条)，保護者等による学校関係者評価を実施しその結果を公表するよう努めること(第67条)が規定されている。すなわち，学校は，自己評価に加えて，保護者，地域住民などの学校関係者等により構成された評価委員会などによる自己評価の結果の評価を通じて，自己評価の客観性・透明性を高めるとともに，学校・家庭・地域が共通理解をはかるよう求められている。

学校評価システムは，学校経営目標達成に向けて学校経営計画を策定(Plan)して，実践(Do)を行い，経営目標の達成状況を評価(Check)するというマネジメント・サイクルに基づき構築され，評価結果は，保護者や地域住民等に公表するとともに，学校経営計画の改善(Action)に資することになっている。一方，新たな人事考課，特に業績評価では，学校の経営目標との「目標の連鎖」のもとで，分掌等や教職員一人ひとりが自己の目標を設定し，その目標に向かってそれぞれが努力することで，結果として学校の目標の達成につながっていくことになる。そこで，学校の目標のマネジメント・サイクルは各教職員のマネジメント・サイクルと密接につながりながら運用されている。例えば広

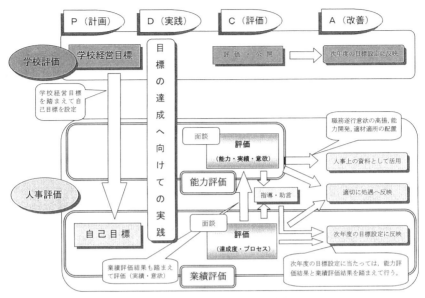

図 9.3　学校評価と人事評価の関係図

出典：図 9.1 に同じ，5 頁。

島県では，図 9.3 のように，学校評価と人事評価を体系化して運用している。

第 3 節　教員の意欲や能力を高める近年の人事管理上の諸施策

1　優秀教員の表彰制度

　優れた成果をあげた教員を表彰することは，教員の意欲および資質能力の向上に資すると考えられる。このため，2010（平成 22）年度には，58 の教育委員会が優秀な教員を表彰する取り組みを行っており，うち 13 教育委員会が表彰に伴って給与上の優遇措置を，6 教育委員会が研修機会の付与，44 教育委員会が教育職員免許状更新講習の受講免除などの優遇措置をそれぞれ設けている。

　一方，2006（平成 18）年度からは，文部科学省においても文部科学大臣優秀教員表彰を行っている。全国の国公私立学校の現職の教育職員のうち，2017（平

成29) 年度は734名を表彰している。

2 教員の公募制・FA制

また，人事管理において，公募制やFA制を導入して，教員の意欲の向上をはかり，専門性を生かそうとする取り組みも広がっている。

公募制とは，校長の教育理念や学校運営方針等に基づき，一定の教員を公募して配置するものである。これにより，校長がリーダーシップを発揮し，特色ある学校づくりや学校運営の活性化を進めるとともに，教員の適材適所や意欲の向上をはかるなどの効果が期待される。2011 (平成23) 年4月現在，公募制を実施しているのは，26教育委員会 (1都2府18県5市) である。具体的な実施事例をあげると，三重県では「公募制」を「募集による希望人事制度」と呼び，学校の活性化をねらいとして，各校長がすべての教員がみることができるLAN上に学校経営方針および求める人材を掲載し，それに基づき応募した教諭の中から選考により2名を限度として配置するとしている。このように，各学校が特色ある教育活動を展開するうえで必要な人材を公募している教育委員会が多い一方で，岡山県のように，県立中等教育学校の教諭を公募したり，東京都のように「コミュニティ・スクール」「児童自立支援施設」「島しょ地区」「西多摩地区」のように特定の教育分野や地域に必要な人材を公募する教育委員会もみられる。また，宮城県のように，高等学校再編統合の対象となる学校に配置する教員を，当該校の特色ある学校づくりに対する意欲・能力・実績を有する者から募集するような，高等学校再編にともなう新設校の教員を公募する例もみられる。

また，FA制とは，教員の情熱や意欲を生かし，その能力の一層の発揮を促すため，一定の経験を有する教員が自ら専門性・得意分野をアピールして転任先を募集するものである。2011 (平成23) 年4月現在，FA制を実施しているのは，4教育委員会 (1県3市) である。例えば，京都市教育委員会は，2004 (平成16) 年度からFA制を全国に先駆けて導入しているが，2005 (平成17) 年度からは中学校から小学校への異動を可能とし，また，大規模な小・中学校では最大

2名まで指名できるよう制度を拡大し，2006（平成18）年度からは1次指名を行った後，指名状況をふまえたうえで指名を変更できる制度を導入している。同市では，2011（平成23）年4月現在で63名の教員がFA宣言を行い，そのうち46名の教員のFAが成立している。

3 指導が不適切な教員への対応

　各学校では，日常の実践や研修を通して教職員が一定の資質・指導力を確保し，学校が活力ある組織として総合的な力を発揮することが求められている。
　こうしたなか，指導が不適切な教員，いわゆる指導力不足教員が児童生徒に与える影響はきわめて大きく，このような教員の処遇が課題となっていた。
　これまで指導が不適切な教員については法律上，県費負担教職員で，①児童または生徒に対する指導が不適切であること，②研修等必要な措置が講じられたとしてもなお児童又は生徒に対する指導を適切に行うことができないと認められることのいずれにも該当する場合，当該都道府県内で他の職に転職させることができると規定され，指導力不足の事実の確認方法，判断手続に関し必要事項については都道府県教育委員会規則で定めるとしてきた（地方教育行政法第47条の2）。
　さらに2007（平成19）年6月には教育公務員特例法が改正され，指導が不適切な教員の人事上の処遇についてより明確に規定されることとなった。すなわち，指導が不適切な教員に対しては「その能力，適性等に応じて，当該指導の改善を図るために必要な事項に関する研修」（指導改善研修）の実施が義務づけられ（第25条の2），「指導の改善が不十分でなお児童等に対する指導を適切に行うことができないと認める教諭等に対して，免職その他の必要な措置を講ずるものとする」（第25条の3）と規定されたのである（図9.4参照）。
　表9.2をみてほしい。2016（平成28）年度に指導が不適切な教員として認定された人数は108名である。内訳をみると，学校種別では小学校が6割であり，年代別では40代以上が6割以上を占め，性別では男性が7割以上となっている。
　なお，指導が不適切な教員として認定されて不利益な処分を受けた教員は人

158   第 9 章　教員評価

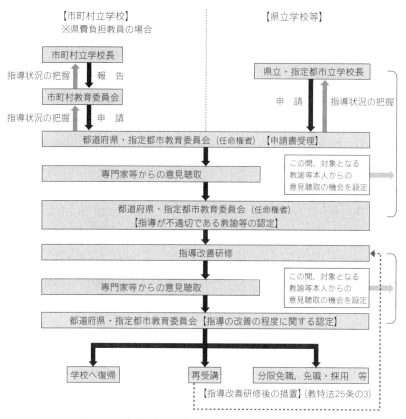

図 9.4　指導が不適切な教員の人事管理の流れ（イメージ）

注：「免職・採用」とは，地方教育行政の組織及び運営に関する法律第 47 条の 2 に基づく県費負担教職員の免職および都道府県の職への採用をいう。
出典：文部科学省パンフレット『魅力ある教員を求めて』2008 年，20 頁。

表 9.2　指導が不適切な教員の認定及び措置等の状況（平成 28 年度）　　（単位：人）

	認定者総数（①+②+③）		① 28 年度に研修を受けた者							② 研修受講予定者のうち，認定後，研修を受講することなく別の措置等がなされた者	③ 29 年度からの研修対象者
		うち，28 年度新規認定者	現場復帰	依願退職	分限免職	分限休職	転任	研修継続	その他		
合計	108	(44)	68	33	12	2	1	0	18	懲戒免職　1 病気による 研修中止　1	6	34

出典：文部科学省『教育委員会月報　3 月号』第一法規，2018 年 3 月，66 頁。

事委員会または公平委員会に対して不服申し立てをすることができる（地方公務員法第49条の2）。

第4節　教員評価の近年の動向と課題

「教育は人なり」とよくいわれるが，教育の成否は究極的にそれを担う教師の資質能力いかんにかかっているといっても過言ではない。近年，教職員の資質能力の確保ならびに向上に向けて，人事考課制度の導入や，優秀教員の表彰制度，公募制やFA制の導入など，教員意欲の向上や職能の開発を意図した人事管理にかかわる施策が相次いで出され，また一方で，指導が不適切な教員に対する人事上の処遇が明確に規定された。

　なかでも新たな人事考課制度は，教員の職能開発を促すうえで重要な位置づけを与えられている。適正な教員評価には，評価の公平性，客観性，透明性，納得性等が不可欠である。そのためには，被評価者の努力次第で意欲や能力，さらには実績の向上が見込めるような評価項目で評価されるとともに，その評価基準も客観的で明瞭であり，評価項目および基準が公開され，透明性が高く維持されることが重要である。近年多くの教育委員会において自己申告に基づく目標管理型の評価（業績評価）制度を採用・実施しているのも，支援的育成的な視点を含む能力開発型評価制度を指向しているためである。

　今後は，評価システムの充実に向けて，納得性を高めるために，すべての評価結果を本人に開示することが不可欠である。また，被評価者からの苦情に対して，迅速に対応し，公正に処理するための第三者的な苦情相談・処理機関を設け，異議申し立ての機会を確保することが必要である。一方，評価システムを担う評価者の資質・能力の向上も非常に重要である。古賀らによる広島県の人事考課についての調査によると，校長等による評価結果への納得性について，納得できると回答した者が49.6％であり，納得できないと回答した者は50.4％であった。このように約半数の教員が評価結果に納得できないと回答している。評価制度に対する被評価者の不満や不信の主要な原因の1つに，「評価者の人

間性や能力に対する不信，不満」の存在が指摘されている。評価者が，教職員の情報を適確に活用し，客観的な評定や評定についての説明責任を担えるように評価者に対する訓練や研修を今後改善し充実していくことが不可欠である。

さらに，教員評価の結果を人事上の処遇や給与にどのように反映させるかも重要な課題である。中教審や経済財政諮問会議などは，教員の給与の優遇部分の縮減論議とも絡んで評価結果の給与への反映に焦点を当てている。しかし前出の広島県の調査によると，評価結果の反映対象として，「給与」だけでなく，「自主的な研修機会」や「校務分掌」「希望地（校）への異動」「昇進」「顕彰・認証」への反映を希望する教員の意見も看取されている。そこで，「給与」のみに拘泥することなく，教職員自身の希望を反映して，多面的な側面から総合的に処遇するようなシステムを開発するほうがより有効であり，教職員にとって励みとなるのではないだろうか。　　　　　　　　　　　　　【住岡　敏弘】

参考文献

髙妻紳二郎「福岡県の教員『人事考課』施策」全国私立大学教職課程連絡協議会第26回大会第4分科会発表資料，2006年。

河野和清編著『教育行政学』ミネルヴァ書房，2006年。

古賀一博「メリハリをつけた教員給与への転換」『教職研修』2007年7月号。

古賀一博・市田敏之・酒井研作・藤村祐子・藤本駿『「能力開発型」教職員人事評価制度の効果的運用とその改善点」『日本教育経営学会紀要』第50号，2008年。

古賀一博・市田敏之・酒井研作・藤村祐子・藤本駿『「能力開発型」教職員人事評価制度に対する教員の意識傾向と諸特徴」西日本教育行政学会編『教育行政学研究』第29号，2008年。

広島県教育委員会『人事評価ハンドブック～教職員のさらなる人材育成をめざして～（改訂版）』2018年。

文部科学省『教育委員会月報　2月号』第一法規，2018年2月。

文部科学省『教育委員会月報　3月号』第一法規，2018年3月。

文部科学省パンフレット『魅力ある教員を求めて』2008年。

八尾坂修「人事考課制度・指導力不足教員への対応をどう機能させるべきか」『教育改革の論争点』教育開発研究所，2004年。

終　章　これからの学校と教師

　これまで，第1章，第2章，第3章では主に教職についての考え方や意義をふまえて教師の資質能力について，第4章，第5章，第6章では教員免許と関連して教師の養成教育について，第7章，第8章，第9章では教員の採用と研修，職務など学校現場における教師の実際について述べてきた。

　終章にあたりこれらの総括の意味も込めて，学校・教師の登場背景を概説し，特に生涯学習社会と知識基盤社会という観点から学校と教師，そして教師の資質能力の向上について述べてみたい。

(1) 学校・教師の登場背景

　子どもにものごとを教えるという行為の原型は，親がわが子に教えるという行為であろう。原始社会において，狩猟の仕方，食べ物，言葉，物の名前，数の数え方，さらには日常の礼儀作法，集落での習俗など，わが子が生きていくために必要な事項をまずは親が教えていった。

　時が流れ，時代を経るとともに社会も変容し，教えるべき文化内容も多量化し，また高度化してくる。そうなると，わが子の教育に対する熱情はあるもののすべての親が子どもに必要な事柄を教えるということは難しくなる。またそれらの事項を，効率的，効果的に教えていくことは困難となる。

　そうするならば，特に文化内容の多量化，高度化にともない親が子に対応することが難しくなった領域を中心に教える「場」と，それを専門に担当する「人」が必要になってくる。端的には，それが「学校」であり「教師」である。特に18世紀半ばの英国に端を発する産業革命を機に社会の状況が急激に変化し，それとともに世界的に近代学校教育制度が整備されていく。それは，どのような施設設備の中で，どのような教育内容を，また誰が教えるのかなどを法に規

定し，いわゆる「公教育」として整備されていく。

　ところで，教育という用語は一応 Education と Instruction に分けることができる。Education は主にものの見方・考え方，良心，道徳などの領域の教育であり，Instruction は客観的知識や技能の教育である。こう考えると，学校・教師が担う領域は，その登場背景からして Instruction の領域となる。学校・教師は，特に真理に基づいた客観的知識技能を，子どもの発達段階や状況をふまえて効果的に教授していくことが主要な任務となる。むろん，Education と Instruction は関連があるし，学校・教師が Education の部分をまったく無視してよいということではない。ただ，家庭（親）は教育を完全に放棄したのではなく，Education の領域においては依然として重要な教育の場なのである。

(2) 生涯学習社会と学校・教師

　生涯学習社会と言われて久しい。そもそも生涯学習という用語は，ラングラン (Lengrand, P.) 提唱の「生涯教育」(life-long integrated education) に依拠する。それが1965年の成人教育推進国際委員会においてユネスコ (UNESCO) への勧告がなされて本格的に取り上げられるようになった。そして生涯教育では，特に各人の自発的意志を強調することから「生涯学習」(life-long learning) という用語が用いられている。

　その背景には，急速に進展する社会にあっては以前にも増して文化内容が多量化，高度化し，知識や技術の習得は一定年齢で終了する学校教育だけでは困難であり，生涯にわたって学習（教育）していかなければならないという考えがある。そして，情報化・国際化社会において必要な知識・技術の習得は学校以外の場で可能なのである。また自己の充実，啓発の必要性もこれまでになく求められている。そこで，人の一生という時系列に沿った「垂直的次元」と個人および社会の生活全体にわたる「水平的次元」の統合的な教育が主張される。

　複雑化，高度化した現代社会においては絶えず新しい知識・技術が生み出され，知識の耐用年数が短くなっている。そして，それらは高度化・多量化している。このような社会にあって「生涯学習（教育）」の意義が改めて認識されている。

こうしたなか，ユネスコでは21世紀教育のキーワードとして「生涯学習」を設定し，以下のようなこれからの学習の4本柱を設定した。

① 知ることを学ぶ(Learning to know)　単に既知の体系化された知識・技術を獲得するのではなくて，それらの獲得の手立て，方法を習得する。
② 為すことを学ぶ(Learning to do)　知識を単なる知識としてではなくてそれをいかに応用し，実践に結びつけていくか，またそれは学習をいかに将来の仕事に結びつけていくかということとも関連する。
③ （他者と）ともに生きることを学ぶ(Learning to live together)　偏見，差別，抑圧，紛争，戦争などがみられる中，多様な文化や価値観を尊重し認める。
④ 人間として生きることを学ぶ(Learning to be)　個人の肉体と精神，諸能力を調和的に発達させる，そして個性を尊重し各人の存在意義を認める。

今日の生涯学習社会にあっては，学校・教師の役割は変わりつつあり，これらを視野に入れた学校教育が求められるし教師にもその役割が求められる。

ところで，生涯学習社会にあって教育は学校が独占しえないし，地域の諸機関・団体などあらゆる場において可能である。そうするならば，学校と地域の連携が今まで以上に求められる。

2015（平成27）年の中教審答申「新しい時代の教育や地方創生の実現に向けた学校と地域の連携・協働の在り方について」では，子どもの教育や地域づくりについて学校と地域が共有した目標に向かって「パートナー」として連携・協働していくことが必要である，といっている。そして，コミュニティ・スクールの一層の推進，またこれまでの「学校支援地域本部」や「放課後子ども教室」などをさらに発展させ，「地域学校協働本部」による「地域学校協働活動」の展開を提案している。

いっぽうで，同年の中教審答申「チームとしての学校の在り方と今後の改善方策について」のなかで，学習指導や生徒指導上の課題，貧困問題や健康問題など複雑化・多様化した問題への対応において，教員同士の連携は無論のこと，加えて事務職員や心理・福祉の専門家（スクールカウンセラー，スクールソーシャルワーカーなど）とも連携協力し学校の教育機能を高めていく，いわゆる

「チームとしての学校」の体制を整備していくことを提言している。

　このように，学校内外の教職員，地域（住民）との連携協力，協働が求められるならば，教師にはそのための連携構築能力が一層要請されてくる。

　ウェルク（Welch, M.）の意見を参考にすると，連携構築能力を育むためには以下の6領域の知識・技能が必要とされている。

　① 問題解決と意思決定

　諸機関・団体との連携においては意思決定の形態およびプロセスが大切である。リーダーシップを共有するような共有の意思決定（shared decision making）である。共有の意思決定の一般的形態が問題解決（problem solving）であり，①問題の確認　②新しい解決策の考案　③意思決定　④解決策の実行　⑤成果の評価という手続きをとる。

　② コミュニケーション技能

　コミュニケーション技能は，具体的には「情報の発信と受信」「積極的な傾聴」「関係の構築」からなる。

　「情報の発信と受信」　効果的なコミュニケーションの第一段階は，相手にメッセージを送ることであり，正確に理解されることである。また一方では，情報を受けることが大切である。

　「積極的な傾聴」　聞くことの主な目的は理解することであるが，それは言語によるメッセージだけではなく，非言語的な態度・行動（顔の表情，体の動き，声の質など）を聞くことであり理解することでもある。

　「関係の構築」　よりよい関係を築くためには，純粋性（genuineness），応答（reflection），受容（acceptance），具体性（concreteness），共感（empathy）が求められる。

　③ コンフリクト・マネジメント（conflict management）技能

　コンフリクトは，必ずしも否定的なもの，あるいは避けるべきものではなくて，それをどのように扱うかが重要である。コンフリクトの処理においては，高い自己主張性と高い協調性があり，また自身の目標と同じく双方の関係も重視するような協働的スタイル（collaborative style）が求められる。

④ ミクロ (micro) 文化とマクロ文化 (macro) の知識

ミクロ文化とは学校内部の，教職員の共有する文化であり，価値，思考，行動などのパターンや期待である。マクロ文化とは，近隣，コミュニティ，社会の価値や態度など学校外部の文化をいい，このような文化は，連携において重要な要因となる。

⑤ ミクロ (micro) 組織とマクロ (macro) 組織の知識

学校には，学校内部の教職員組織，校務分掌による組織，学年レベルの組織，科目間の組織などのミクロ組織がある。また一方で，教育関連法や教育委員会の規則などを含む学校外のマクロ組織は，学校の組織構造に影響を与える。

⑥ 他の専門職訓練の知識

教育関連の専門職はどのように養成されているのか，またそれぞれの専門職の役割と機能，その領域における問題解決のアプローチ，概念などを理解している必要がある。

(3) 知識基盤社会と学校・教師

「知識基盤社会」(knowledge-based society) という概念は，20世紀後半から21世紀にかけてこれからの社会として多くの研究者が示唆してきた。わが国では，中教審答申「我が国の高等教育の将来像」(2005 (平成17) 年) で用いられてからよく使用されるようになった。

答申では，21世紀は新しい知識・情報・技術が政治・経済・文化をはじめ社会のあらゆる領域での活動の基盤として飛躍的に重要性を増す，いわゆる「地域基盤社会」の時代であるとしている。そしてその特質として，以下の4点をあげている。

① 知識には国境がなく，グローバル化が一層進む。
② 知識は日進月歩であり，競争と技術革新が絶え間なく生まれる。
③ 知識の進展は旧来のパラダイムの転換をともなうことが多く，幅広い知識と柔軟な思考力に基づく判断が一層重要になる。
④ 性別や年齢を問わず参画することが促進される。

そして，中教審答申「幼稚園，小学校，中学校，高等学校及び特別支援学校

の学習指導要領の改善について」(2008(平成20)年)では,「知識基盤社会」といわれる時代にあっては,「生きる力」を育むという理念はますます重要になっているとしている。

　生きる力とは,変化が激しく,未知の課題に対応することが求められる時代にあって,子どもたちが将来の生活や職業を見通して,社会において自立的に生きるために必要とされる力である。

　そして,この「生きる力」の育成を一層重視し,「競争」「共存・協力」がキーワードとなる知識基盤社会の中で,特に「基礎的・基本的な知識・技能の習得」「思考力,判断力,表現力等の育成」「学習意欲の向上や学習習慣の確立」などが必要であるとしている。

　これは,2006(平成18)年の教育基本法の改正,2007(平成19)年の学校教育法の改正と連動したものである。

　このような方針において学習指導要領は改訂(『小学校学習指導要領』『中学校学習指導要領』2008(平成20)年,『高等学校学習指導要領』2009(平成21)年)された。

　そして,2016(平成28)年12月の中教審答申「幼稚園,小学校,中学校,高等学校及び特別支援学校の学習指導要領等の改善及び必要な方策について」においては,この「生きる力」の理念を受け継ぎ,理念としての「生きる力」の資質能力を具体的に提示している。

　「資質・能力の3つの柱」として,以下の3点をあげている。

　①何を理解しているか,何ができるか(生きて働く「知識・技能」の修得)。
　②理解していること・できることをどう使うか(未知の状況にも対応できる「思考力・判断力・表現力等」の育成)
　③どのように社会・世界と関わり,より良い人生を送るか(学びを人生や社会に生かそうとする「学びに向かう力・人間性等」の涵養)

　こうした「生きる力」としての資質能力を育むために,「社会に開かれた教育課程」を掲げ,その「社会に開かれた教育課程」の実現に必要な手法として「カリキュラム・マネジメント」の確立,そして,そのための学習・指導方法として「主体的・対話的で深い学び」(アクティブ・ラーニング)を提言してい

る。

こうして，今回の学習指導要領は改訂（『小学校学習指導要領』『中学校学習指導要領』2017（平成29）年，『高等学校学習指導要領』2018（平成30）年）された。

(4) 教師の資質能力の向上

教育の成果は教師の指導力，力量に負うところが大きい。教師の資質能力の向上が主張されるゆえんである。学校制度改革，カリキュラム改革など教育諸改革がなされる中で，やはりその中心となるのは教師教育改革である。

ところで，最近のわが国の教師教育改革の動向はどうなっているのだろうか。2012（平成24）年8月に提出された中教審答申「教職生活の全体を通じた教員の資質能力の総合的な向上方策について」をみてみよう。

そこでは，急激に変化する社会にあって，高度化・複雑化する諸問題に対応することのできる人材育成が求められている。そして，そのために必要とされる知識・技能，能力を育むことのできる教員の養成，そうした資質能力を向上させるため教職全体を通して学び続ける教員像を示している。まさに，教師自身も生涯にわたって学習しつづけていく生涯学習社会の中にいるのである。

答申の中では，本書の第3章でも述べているが，2005（平成17）年の中教審答申「新しい時代の義務教育を創造する」の教師像をふまえて，これからの教員に求められる資質能力を以下のように整理している。

①教職に対する責任感，探究力，教職生活全体を通じて自主的に学び続ける力（使命感や責任感，教育的愛情）

②専門職としての高度な知識・技能
  ・教科や教職に関する高度な専門的知識（グローバル化，情報化，特別支援教育その他の新たな課題に対応できる知識・技能を含む）
  ・新たな学びを展開できる実践的指導力（基礎的・基本的な知識・技能の習得に加えて思考力・判断力・表現力などを育成するため，知識・技能を活用する学習活動や課題探究型の学習，協働的学びなどをデザインできる指導力）
  ・教科指導，生徒指導，学級経営などを的確に実践できる力

③総合的な人間力（豊かな人間性や社会性，コミュニケーション力，同僚とチームで対応する力，地域や社会の多様な組織などと連携・協働できる力）

そして，こうした資質能力をもつ教員を養成するために，教員養成を修士レベル化し教員を高度専門職業人として明確に位置づけるとしている。連動して，教員免許制度の改革の方向性として，「基礎免許状（仮称）」（学士課程修了レベル），「一般免許状（仮称）」（修士課程修了レベル），「専門免許状（仮称）」（特定分野に関する高い専門性の証明）の創設を提言した。

ここで最も重要なことは，単なる高学歴化ではなくて専門職化を求めるということである。専門職の定義について，リーバーマン（Lieberman, M.）は以下の8点あげている。

① 明確で，不可欠な社会的な仕事である
② 仕事の遂行にあたっては知的技巧に重点がある
③ 長期間の特別な訓練が必要である
④ 個人としても，職業集団全体としても，広範囲な自律性をもっている
⑤ 職業的自律性の範囲内における判断や行為について，各人が責任をもつ
⑥ 収入を得るということより，なすべき仕事そのものに重点が置かれる
⑦ 自治的な同業者の組織をもっている
⑧ 倫理綱領がある

このなかで，最も重要なのが④⑤である。つまり，職業的判断，行為において自律的であることであり，それは客観的，科学的な知識・技能に基づいたものでなければならない。とするならば，教師の資質能力の向上，つまりは高度な力量，資質能力が当然に求められるのである。

アメリカにおいては，「全国教職専門職基準委員会」（National Board for Professional Teaching Standards=NBPTS）が「教師は何を知り，何ができなければならないか」という観点から，教師に必要とされる知識，技能，資質，信念を説明した5つの中核提言を示している。そして，これらの基準に合致した教師を「全国委員会による資格証明された教師」（National Board Certified Teachers=NBCTs）として認定し，教師の専門的自律性を追求している[1]。

2015 (平成 27) 年の中教審答申「これからの学校教育を担う教員の資質能力の向上について」では，教員が生涯にわたって資質能力を向上させていくことが大切であり，そのために教育委員会と大学等より構成される「教員育成協議会」(仮称) による「教員育成指標」の策定を提言した。

　「教員育成指標」とは，上述の NBPTS にみられるような「教職スタンダード」(Teaching Standards) であり，教師に求められる資質能力，教師の専門的力量の基本的な枠組みである。このような指標を策定することにより，教員の養成，採用，研修といった一連の教師教育において，さらなる教師の資質能力の向上が期待されている。

　そして，2016 (平成 28) 年教育公務員特例法が改正され「教員育成指標」の策定が規定された[2]。

　また教師の資質能力の向上は，資質能力自体の問題とその資質能力を十分に発揮することのできる環境，条件の整備ともに重要である。

　先の中教審答申「チームとしての学校の在り方と今後の改善方策について」(2015 (平成 27) 年)，文部科学省「学校現場における業務改善のためのガイドライン〜子供と向き合う時間の確保をめざして〜」(2015 (平成 27) 年)，「学校現場における業務の適正化に向けて」(2016 (平成 28) 年) でも言及しているが，さらに 2017 年 6 月に「新しい時代の教育に向けた持続可能な学校指導・運営体制の構築のための学校における働き方改革に関する総合的な方策について」が中教審に諮問された。

　そこでは「学校及び教師が担う業務の明確化・適正化」「学校の組織運営体制の在り方」「勤務時間の在り方に関する意識改革と制度面の検討」「『学校における働き方改革』の実現に向けた環境整備」という視点から，検討されている。学校の業務，組織や運営の在り方，教員配置，また勤務時間や給与を含めた処遇の問題など，教育諸条件の改善が必要であり，学校・教職を魅力ある職場・職業にしていくことも忘れてはならない。

【赤星　晋作】

注
(1) 5つの中核提言は，「①教師は，生徒とかれらの学習に専念する，②教師は，教える教科の内容およびそれを生徒にどのように教えるかを知っている，③教師は，生徒の学習を管理し，点検する責任をもっている，④教師は，自分の実践を体系的に考察し，また経験から学ぶ，⑤教師は，学習共同体のメンバーである」であり，さらに各項目に具体的な3～5の基準を設定している。これらを基準として長期の綿密な評価を通して認定し，専門職としての教師をめざす。認定された教師（NBCTs）は，2018年には約12万人となっている。これは全米公立学校教師の3～4％である。
(2) 教育公務員特例法第22条の二，三，四，五に規定されているが，これらは2017（平成29）年4月1日より施行されることとなった。

参考文献
赤星晋作『アメリカ教育の諸相—2001年以降—』学文社，2007年。
天城勲監訳『学習：秘められた宝—ユネスコ「21世紀教育国際委員会」報告書—』ぎょうせい，1999年（UNESCO. *LEARNING: THE TREASURE WITHIN, Report to UNESCO of the International Commission on Education for the Twenty-First Century,* 1996）。
中教審答申「新しい時代の教育や地方創生の実現に向けた学校と地域の連携・協働の在り方について」2015年。
中教審答申「教職生活の全体を通じた教員の資質能力の総合的な向上方策について」2012年。
中教審答申「これからの学校教育を担う教員の資質能力の向上について」2015年。
中教審答申「チームとしての学校の在り方と今後の改善方策について」2015年。
中教審答申「幼稚園，小学校，中学校，高等学校及び特別支援学校の学習指導要領の改善について」2008年。
中教審答申「我が国の高等教育の将来像」2005年。
前田嘉明・岸田元美監修，寺田晃・竹下由紀子・佐々木保行編『教師の心理（1）—教師の意識と行動—』有斐閣，1986年。

資　料

○日本国憲法（抄）
(1946.11.3 公布，1947.5.3 施行)

第11条（基本的人権の享有）　国民は、すべての基本的人権の享有を妨げられない。この憲法が国民に保障する基本的人権は、侵すことのできない永久の権利として、現在及び将来の国民に与へられる。

第12条（自由及び権利の保持義務と公共福祉性）　この憲法が国民に保障する自由及び権利は、国民の不断の努力によつて、これを保持しなければならない。又、国民は、これを濫用してはならないのであつて、常に公共の福祉のためにこれを利用する責任を負ふ。

第13条（個人の尊重と公共の福祉）　すべて国民は、個人として尊重される。生命、自由及び幸福追求に対する国民の権利については、公共の福祉に反しない限り、立法その他の国政の上で、最大の尊重を必要とする。

第14条（平等原則、貴族制度の否認及び栄典の限界）　すべて国民は、法の下に平等であつて、人種、信条、性別、社会的身分又は門地により、政治的、経済的又は社会的関係において、差別されない。

②華族その他の貴族の制度は、これを認めない。

③栄誉、勲章その他の栄典の授与は、いかなる特権も伴はない。栄典の授与は、現にこれを有し、又は将来これを受ける者の一代に限り、その効力を有する。

第15条（公務員の選定罷免権、公務員の本質、普通選挙の保障及び投票秘密の保障）　公務員を選定し、及びこれを罷免することは、国民固有の権利である。

②すべて公務員は、全体の奉仕者であつて、一部の奉仕者ではない。

③公務員の選挙については、成年者による普通選挙を保障する。

④すべて選挙における投票の秘密は、これを侵してはならない。選挙人は、その選択に関し公的にも私的にも責任を問はれない。

第16条（請願権）　何人も、損害の救済、公務員の罷免、法律、命令又は規則の制定、廃止又は改正その他の事項に関し、平穏に請願する権利を有し、何人も、かかる請願をしたためにいかなる差別待遇も受けない。

第17条（公務員の不法行為による損害の賠償）　何人も、公務員の不法行為により、損害を受けたときは、法律の定めるところにより、国又は公共団体に、その賠償を求めることができる。

第19条（思想及び良心の自由）　思想及び良心の自由は、これを侵してはならない。

第20条（信教の自由）　信教の自由は、何人に対してもこれを保障する。いかなる宗教団体も、国から特権を受け、又は政治上の権力を行使してはならない。

②何人も、宗教上の行為、祝典、儀式又は行事に参加することを強制されない。

③国及びその機関は、宗教教育その他いかなる宗教的活動もしてはならない。

第21条（集会、結社及び表現の自由と通信秘密の保護）　集会、結社及び言論、出版その他一切の表現の自由は、これを保障する。

②検閲は、これをしてはならない。通信の秘密は、これを侵してはならない。

第22条（居住、移転、職業選択、外国移住及び国籍離脱の自由）　何人も、公共の福祉に反しない限り、居住、移転及び職業選択の自由を有する。

②何人も、外国に移住し、又は国籍を離脱する自由を侵されない。

第26条（教育を受ける権利と受けさせる義務）　すべて国民は、法律の定めるところにより、その能力に応じて、ひとしく教育を受ける権利を有する。

②すべて国民は、法律の定めるところにより、その保護する子女に普通教育を受けさせる義務を負ふ。義務教育は、これを無償とする。

第27条（勤労の権利と義務、勤労条件の基準及び児童酷使の禁止）　すべて国民は、勤労の権利を有し、義務を負ふ。

②賃金、就業時間、休息その他の勤労条件に関する基準は、法律でこれを定める。

③児童は、これを酷使してはならない。

第28条（勤労者の団結権及び団体行動権）　勤労者の団結する権利及び団体交渉その他の団体行動をする権利は、これを保障する。

○教育基本法
(2006.12.22)

我々日本国民は、たゆまぬ努力によって築い

てきた民主的で文化的な国家を更に発展させるとともに，世界の平和と人類の福祉の向上に貢献することを願うものである。

我々は，この理想を実現するため，個人の尊厳を重んじ，真理と正義を希求し，公共の精神を尊び，豊かな人間性と創造性を備えた人間の育成を期するとともに，伝統を継承し，新しい文化の創造を目指す教育を推進する。

ここに，我々は，日本国憲法の精神にのっとり，我が国の未来を切り拓ひらく教育の基本を確立し，その振興を図るため，この法律を制定する。

第1章　教育の目的及び理念
（教育の目的）
第1条　教育は，人格の完成を目指し，平和で民主的な国家及び社会の形成者として必要な資質を備えた心身ともに健康な国民の育成を期して行われなければならない。
（教育の目標）
第2条　教育は，その目的を実現するため，学問の自由を尊重しつつ，次に掲げる目標を達成するよう行われるものとする。
一　幅広い知識と教養を身に付け，真理を求める態度を養い，豊かな情操と道徳心を培うとともに，健やかな身体を養うこと。
二　個人の価値を尊重して，その能力を伸ばし，創造性を培い，自主及び自律の精神を養うとともに，職業及び生活との関連を重視し，勤労を重んずる態度を養うこと。
三　正義と責任，男女の平等，自他の敬愛と協力を重んずるとともに，公共の精神に基づき，主体的に社会の形成に参画し，その発展に寄与する態度を養うこと。
四　生命を尊び，自然を大切にし，環境の保全に寄与する態度を養うこと。
五　伝統と文化を尊重し，それらをはぐくんできた我が国と郷土を愛するとともに，他国を尊重し，国際社会の平和と発展に寄与する態度を養うこと。
（生涯学習の理念）
第3条　国民一人一人が，自己の人格を磨き，豊かな人生を送ることができるよう，その生涯にわたって，あらゆる機会に，あらゆる場所において学習することができ，その成果を適切に生かすことのできる社会の実現が図られなければならない。
（教育の機会均等）

第4条　すべて国民は，ひとしく，その能力に応じた教育を受ける機会を与えられなければならず，人種，信条，性別，社会的身分，経済的地位又は門地によって，教育上差別されない。
2　国及び地方公共団体は，障害のある者が，その障害の状態に応じ，十分な教育を受けられるよう，教育上必要な支援を講じなければならない。
3　国及び地方公共団体は，能力があるにもかかわらず，経済的理由によって修学が困難な者に対して，奨学の措置を講じなければならない。

第2章　教育の実施に関する基本
（義務教育）
第5条　国民は，その保護する子に，別に法律で定めるところにより，普通教育を受けさせる義務を負う。
2　義務教育として行われる普通教育は，各個人の有する能力を伸ばしつつ社会において自立的に生きる基礎を培い，また，国家及び社会の形成者として必要とされる基本的な資質を養うことを目的として行われるものとする。
3　国及び地方公共団体は，義務教育の機会を保障し，その水準を確保するため，適切な役割分担及び相互の協力の下，その実施に責任を負う。
4　国又は地方公共団体の設置する学校における義務教育については，授業料を徴収しない。
（学校教育）
第6条　法律に定める学校は，公の性質を有するものであって，国，地方公共団体及び法律に定める法人のみが，これを設置することができる。
2　前項の学校においては，教育の目標が達成されるよう，教育を受ける者の心身の発達に応じて，体系的な教育が組織的に行われなければならない。この場合において，教育を受ける者が，学校生活を営む上で必要な規律を重んずるとともに，自ら進んで学習に取り組む意欲を高めることを重視して行われなければならない。
（大学）
第7条　大学は，学術の中心として，高い教養と専門的能力を培うとともに，深く真理を探究して新たな知見を創造し，これらの成果を広く社会に提供することにより，社会の発展

に寄与するものとする。
2　大学については，自主性，自律性その他の大学における教育及び研究の特性が尊重されなければならない。
(私立学校)
第8条　私立学校の有する公の性質及び学校教育において果たす重要な役割にかんがみ，国及び地方公共団体は，その自主性を尊重しつつ，助成その他の適当な方法によって私立学校教育の振興に努めなければならない。
(教員)
第9条　法律に定める学校の教員は，自己の崇高な使命を深く自覚し，絶えず研究と修養に励み，その職責の遂行に努めなければならない。
2　前項の教員については，その使命と職責の重要性にかんがみ，その身分は尊重され，待遇の適正が期せられるとともに，養成と研修の充実が図られなければならない。
(家庭教育)
第10条　父母その他の保護者は，子の教育について第一義的責任を有するものであって，生活のために必要な習慣を身に付けさせるとともに，自立心を育成し，心身の調和のとれた発達を図るよう努めるものとする。
2　国及び地方公共団体は，家庭教育の自主性を尊重しつつ，保護者に対する学習の機会及び情報の提供その他の家庭教育を支援するために必要な施策を講ずるよう努めなければならない。
(幼児期の教育)
第11条　幼児期の教育は，生涯にわたる人格形成の基礎を培う重要なものであることにかんがみ，国及び地方公共団体は，幼児の健やかな成長に資する良好な環境の整備その他適当な方法によって，その振興に努めなければならない。
(社会教育)
第12条　個人の要望や社会の要請にこたえ，社会において行われる教育は，国及び地方公共団体によって奨励されなければならない。
2　国及び地方公共団体は，図書館，博物館，公民館その他の社会教育施設の設置，学校の施設の利用，学習の機会及び情報の提供その他の適当な方法によって社会教育の振興に努めなければならない。
(学校，家庭及び地域住民等の相互の連携協力)
第13条　学校，家庭及び地域住民その他の関係者は，教育におけるそれぞれの役割と責任を自覚するとともに，相互の連携及び協力に努めるものとする。
(政治教育)
第14条　良識ある公民として必要な政治的教養は，教育上尊重されなければならない。
2　法律に定める学校は，特定の政党を支持し，又はこれに反対するための政治教育その他政治的活動をしてはならない。
(宗教教育)
第15条　宗教に関する寛容の態度，宗教に関する一般的な教養及び宗教の社会生活における地位は，教育上尊重されなければならない。
2　国及び地方公共団体が設置する学校は，特定の宗教のための宗教教育その他宗教的活動をしてはならない。

第3章　教育行政
(教育行政)
第16条　教育は，不当な支配に服することなく，この法律及び他の法律の定めるところにより行われるべきものであり，教育行政は，国と地方公共団体との適切な役割分担及び相互の協力の下，公正かつ適正に行われなければならない。
2　国は，全国的な教育の機会均等と教育水準の維持向上を図るため，教育に関する施策を総合的に策定し，実施しなければならない。
3　地方公共団体は，その地域における教育の振興を図るため，その実情に応じた教育に関する施策を策定し，実施しなければならない。
4　国及び地方公共団体は，教育が円滑かつ継続的に実施されるよう，必要な財政上の措置を講じなければならない。
(教育振興基本計画)
第17条　政府は，教育の振興に関する施策の総合的かつ計画的な推進を図るため，教育の振興に関する施策についての基本的な方針及び講ずべき施策その他必要な事項について，基本的な計画を定め，これを国会に報告するとともに，公表しなければならない。
2　地方公共団体は，前項の計画を参酌し，その地域の実情に応じ，当該地方公共団体における教育の振興のための施策に関する基本的な計画を定めるよう努めなければならない。

第4章　法令の制定
第18条　この法律に規定する諸条項を実施す

るため，必要な法令が制定されなければならない。

○学校教育法（抄）

(1947.3.31)

第1章　総則

第1条（学校の定義）　この法律で，学校とは，幼稚園，小学校，中学校，義務教育学校，高等学校，中等教育学校，特別支援学校，大学及び高等専門学校とする。

第5条（設置者による管理・負担）　学校の設置者は，その設置する学校を管理し，法令に特別の定のある場合を除いては，その学校の経費を負担する。

第6条（授業料の徴収）　学校においては，授業料を徴収することができる。ただし，国立又は公立の小学校及び中学校，義務教育学校，中等教育学校の前期課程又は特別支援学校の小学部及び中学部における義務教育については，これを徴収することができない。

第7条（校長・教員の配置）　学校には，校長及び相当数の教員を置かなければならない。

第8条（校長・教員の資格）　校長及び教員（教育職員免許法（昭和24年法律第147号）の適用を受ける者を除く。）の資格に関する事項は，別に法律で定めるもののほか，文部科学大臣がこれを定める。

第9条（校長・教員の欠格事由）　次の各号のいずれかに該当する者は，校長又は教員となることができない。
　一　成年被後見人又は被保佐人
　二　禁錮以上の刑に処せられた者
　三　教育職員免許法第10条第一項第二号又は第三号に該当することにより免許状がその効力を失い，当該失効の日から3年を経過しない者
　四　教育職員免許法第11条第一項から第三項までの規定により免許状取上げの処分を受け，3年を経過しない者
　五　日本国憲法施行の日以後において，日本国憲法又はその下に成立した政府を暴力で破壊することを主張する政党その他の団体を結成し，又はこれに加入した者

第10条（私立学校長の届出）　私立学校は，校長を定め，大学及び高等専門学校にあつては文部科学大臣に，大学及び高等専門学校以外の学校にあつては都道府県知事に届け出なければならない。

第11条（児童・生徒・学生の懲戒）　校長及び教員は，教育上必要があると認めるときは，文部科学大臣の定めるところにより，児童，生徒及び学生に懲戒を加えることができる。ただし，体罰を加えることはできない。

第2章　義務教育

第16条（義務教育）　保護者（子に対して親権を行う者（親権を行う者のないときは，未成年後見人）をいう。以下同じ。）は，次条に定めるところにより，子に9年の普通教育を受けさせる義務を負う。

第17条（就学義務）　保護者は，子の満6歳に達した日の翌日以後における最初の学年の初めから，満12歳に達した日の属する学年の終わりまで，これを小学校，義務教育学校の前期課程又は特別支援学校の小学部に就学させる義務を負う。ただし，子が，満12歳に達した日の属する学年の終わりまでに小学校の課程，義務教育学校の前期課程又は特別支援学校の小学部の課程を修了しないときは，満15歳に達した日の属する学年の終わり（それまでの間においてこれらの課程を修了したときは，その修了した日の属する学年の終わり）までとする。

②保護者は，子が小学校の課程，義務教育学校の前期課程又は特別支援学校の小学部の課程を修了した日の翌日以後における最初の学年の初めから，満15歳に達した日の属する学年の終わりまで，これを中学校，義務教育学校の後期課程，中等教育学校の前期課程又は特別支援学校の中学部に就学させる義務を負う。

③前二項の義務の履行の督促その他これらの義務の履行に関し必要な事項は，政令で定める。

第21条（教育の目標）　義務教育として行われる普通教育は，教育基本法（平成18年法律第120号）第五条第二項に規定する目的を実現するため，次に掲げる目標を達成するよう行われるものとする。
　一　学校内外における社会的活動を促進し，自主，自律及び協同の精神，規範意識，公正な判断力並びに公共の精神に基づき主体的に社会の形成に参画し，その発展に寄与する態度を養うこと。
　二　学校内外における自然体験活動を促進し，生命及び自然を尊重する精神並びに環境の保

全に寄与する態度を養うこと。
三　我が国と郷土の現状と歴史について，正しい理解に導き，伝統と文化を尊重し，それらをはぐくんできた我が国と郷土を愛する態度を養うとともに，進んで外国の文化の理解を通じて，他国を尊重し，国際社会の平和と発展に寄与する態度を養うこと。
四　家族と家庭の役割，生活に必要な衣，食，住，情報，産業その他の事項について基礎的な理解と技能を養うこと。
五　読書に親しませ，生活に必要な国語を正しく理解し，使用する基礎的な能力を養うこと。
六　生活に必要な数量的な関係を正しく理解し，処理する基礎的な能力を養うこと。
七　生活にかかわる自然現象について，観察及び実験を通じて，科学的に理解し，処理する基礎的な能力を養うこと。
八　健康，安全で幸福な生活のために必要な習慣を養うとともに，運動を通じて体力を養い，心身の調和的発達を図ること。
九　生活を明るく豊かにする音楽，美術，文芸その他の芸術について基礎的な理解と技能を養うこと。
十　職業についての基礎的な知識と技能，勤労を重んずる態度及び個性に応じて将来の進路を選択する能力を養うこと。

第4章　小学校
第29条（教育の目的）　小学校は，心身の発達に応じて，義務教育として行われる普通教育のうち基礎的なものを施すことを目的とする。
第30条（教育の目標）　小学校における教育は，前条に規定する目的を実現するために必要な程度において第21条各号に掲げる目標を達成するよう行われるものとする。
②前項の場合においては，生涯にわたり学習する基盤が培われるよう，基礎的な知識及び技能を習得させるとともに，これらを活用して課題を解決するために必要な思考力，判断力，表現力その他の能力をはぐくみ，主体的に学習に取り組む態度を養うことに，特に意を用いなければならない。
第31条（体験活動）　小学校においては，前条第一項の規定による目標の達成に資するよう，教育指導を行うに当たり，児童の体験的な学習活動，特にボランティア活動など社会奉仕体験活動，自然体験活動その他の体験活動の充実に努めるものとする。この場合において，社会教育関係団体その他の関係団体及び関係機関との連携に十分配慮しなければならない。
第35条（児童の出席停止）　市町村の教育委員会は，次に掲げる行為の一又は二以上を繰り返し行う等性行不良であつて他の児童の教育に妨げがあると認める児童があるときは，その保護者に対して，児童の出席停止を命ずることができる。
一　他の児童に傷害，心身の苦痛又は財産上の損失を与える行為
二　職員に傷害又は心身の苦痛を与える行為
三　施設又は設備を損壊する行為
四　授業その他の教育活動の実施を妨げる行為
②市町村の教育委員会は，前項の規定により出席停止を命ずる場合には，あらかじめ保護者の意見を聴取するとともに，理由及び期間を記載した文書を交付しなければならない。
③前項に規定するもののほか，出席停止の命令の手続に関し必要な事項は，教育委員会規則で定めるものとする。
④市町村の教育委員会は，出席停止の命令に係る児童の出席停止の期間における学習に対する支援その他の教育上必要な措置を講ずるものとする。
第37条（職員）　小学校には，校長，教頭，教諭，養護教諭及び事務職員を置かなければならない。
②小学校には，前項に規定するもののほか，副校長，主幹教諭，指導教諭，栄養教諭その他必要な職員を置くことができる。
③第一項の規定にかかわらず，副校長を置くときその他特別の事情のあるときは教頭を，養護をつかさどる主幹教諭を置くときは養護教諭を，特別の事情のあるときは事務職員を，それぞれ置かないことができる。
④校長は，校務をつかさどり，所属職員を監督する。
⑤副校長は，校長を助け，命を受けて校務をつかさどる。
⑥副校長は，校長に事故があるときはその職務を代理し，校長が欠けたときはその職務を行う。この場合において，副校長が二人以上あるときは，あらかじめ校長が定めた順序で，その職務を代理し，又は行う。
⑦教頭は，校長（副校長を置く小学校にあつては，校長及び副校長）を助け，校務を整理し，

及び必要に応じ児童の教育をつかさどる。
⑧教頭は，校長（副校長を置く小学校にあつては，校長及び副校長）に事故があるときは校長の職務を代理し，校長（副校長を置く小学校にあつては，校長及び副校長）が欠けたときは校長の職務を行う。この場合において，教頭が二人以上あるときは，あらかじめ校長が定めた順序で，校長の職務を代理し，又は行う。
⑨主幹教諭は，校長（副校長を置く小学校にあつては，校長及び副校長）及び教頭を助け，命を受けて校務の一部を整理し，並びに児童の教育をつかさどる。
⑩指導教諭は，児童の教育をつかさどり，並びに教諭その他の職員に対して，教育指導の改善及び充実のために必要な指導及び助言を行う。
⑪教諭は，児童の教育をつかさどる。
⑫養護教諭は，児童の養護をつかさどる。
⑬栄養教諭は，児童の栄養の指導及び管理をつかさどる。
⑭事務職員は，事務をつかさどる。
⑮助教諭は，教諭の職務を助ける。
⑯講師は，教諭又は助教諭に準ずる職務に従事する。
⑰養護助教諭は，養護教諭の職務を助ける。
⑱特別の事情のあるときは，第一項の規定にかかわらず，教諭に代えて助教諭又は講師を，養護教諭に代えて養護助教諭を置くことができる。
⑲学校の実情に照らし必要があると認めるときは，第九項の規定にかかわらず，校長（副校長を置く小学校にあつては，校長及び副校長）及び教頭を助け，命を受けて校務の一部を整理し，並びに児童の養護又は栄養の指導及び管理をつかさどる主幹教諭を置くことができる。
第42条（学校評価）　小学校は，文部科学大臣の定めるところにより当該小学校の教育活動その他の学校運営の状況について評価を行い，その結果に基づき学校運営の改善を図るため必要な措置を講ずることにより，その教育水準の向上に努めなければならない。
第43条（情報の提供）　小学校は，当該小学校に関する保護者及び地域住民その他の関係者の理解を深めるとともに，これらの者との連携及び協力の推進に資するため，当該小学校の教育活動その他の学校運営の状況に関する情報を積極的に提供するものとする。

第5章　中学校
第45条（教育の目的）　中学校は，小学校における教育の基礎の上に，心身の発達に応じて，義務教育として行われる普通教育を施すことを目的とする。
第46条（教育の目標）　中学校における教育は，前条に規定する目的を実現するため，第21条各号に掲げる目標を達成するよう行われるものとする。
第49条（準用規定）　第30条第二項，第31条，第34条，第35条及び第37条から第44条までの規定は，中学校に準用する。この場合において，第30条第二項中「前項」とあるのは「第46条」と，第31条中「前条第一項」とあるのは「第46条」と読み替えるものとする。

第6章　高等学校
第50条（教育の目的）　高等学校は，中学校における教育の基礎の上に，心身の発達及び進路に応じて，高度な普通教育及び専門教育を施すことを目的とする。
第51条（教育の目標）　高等学校における教育は，前条に規定する目的を実現するため，次に掲げる目標を達成するよう行われるものとする。
一　義務教育として行われる普通教育の成果を更に発展拡充させて，豊かな人間性，創造性及び健やかな身体を養い，国家及び社会の形成者として必要な資質を養うこと。
二　社会において果たさなければならない使命の自覚に基づき，個性に応じて将来の進路を決定させ，一般的な教養を高め，専門的な知識，技術及び技能を習得させること。
三　個性の確立に努めるとともに，社会について，広く深い理解と健全な批判力を養い，社会の発展に寄与する態度を養うこと。
第60条（高等学校の職員）　高等学校には，校長，教頭，教諭及び事務職員を置かなければならない。
②高等学校には，前項に規定するもののほか，副校長，主幹教諭，指導教諭，養護教諭，栄養教諭，養護助教諭，実習助手，技術職員その他必要な職員を置くことができる。
③第一項の規定にかかわらず，副校長を置くときは，教頭を置かないことができる。

④実習助手は，実験又は実習について，教諭の職務を助ける。
⑤特別の事情のあるときは，第一項の規定にかかわらず，教諭に代えて助教諭又は講師を置くことができる。
⑥技術職員は，技術に従事する。
第62条（準用規定）　第30条第二項，第31条，第34条，第37条第四項から第17項まで及び第19項並びに第42条から第44条までの規定は，高等学校に準用する。この場合において，第30条第二項中「前項」とあるのは「第51条」と，第31条中「前条第一項」とあるのは「第51条」と読み替えるものとする。

○学校教育法施行規則（抄）
(1947.5.23)

第1章　総則
第2節　校長，副校長及び教頭の資格
第20条（校長の資格）　校長（学長及び高等専門学校の校長を除く。）の資格は，次の各号のいずれかに該当するものとする。
　一　教育職員免許法（昭和24年法律第147号）による教諭の専修免許状又は一種免許状（高等学校及び中等教育学校の校長にあつては，専修免許状）を有し，かつ，次に掲げる職（以下「教育に関する職」という。）に5年以上あつたこと
　　イ　学校教育法第1条に規定する学校及び同法第124条に規定する専修学校の校長（就学前の子どもに関する教育，保育等の総合的な提供の推進に関する法律（平成18年法律第77号）第二条第七項に規定する幼保連携型認定こども園（以下「幼保連携型認定こども園」という。）の園長を含む。）の職
　　ロ　学校教育法第一条に規定する学校及び幼保連携型認定こども園の教授，准教授，助教，副校長（幼保連携型認定こども園の副園長を含む。），教頭，主幹教諭（幼保連携型認定こども園の主幹養護教諭及び主幹栄養教諭を含む。），指導教諭，教諭，助教諭，養護教諭，養護助教諭，栄養教諭，主幹保育教諭，指導保育教諭，保育教諭，助保育教諭，講師（常時勤務の者に限る。）及び同法第124条に規定する専修学校の教員（以下本条中「教員」という。）の職
　　ハ　学校教育法第1条に規定する学校及び幼保連携型認定こども園の事務職員（単純な労務に雇用される者を除く。本条中以下同じ。），実習助手，寄宿舎指導員及び学校栄養職員（学校給食法（昭和29年法律第160号）第七条に規定する職員のうち栄養教諭以外の者をいい，同法第6条に規定する施設の当該職員を含む。）の職
　　ニ　学校教育法等の一部を改正する法律（平成19年法律第96号）第1条の規定による改正前の学校教育法第94条の規定により廃止された従前の法令の規定による学校及び旧教員養成諸学校官制（昭和21年勅令第208号）第1条の規定による教員養成諸学校の長の職
　　ホ　ニに掲げる学校及び教員養成諸学校における教員及び事務職員に相当する者の職
　　ヘ　海外に在留する邦人の子女のための在外教育施設（以下「在外教育施設」という。）で，文部科学大臣が小学校，中学校又は高等学校の課程と同等の課程を有するものとして認定したものにおけるイからハまでに掲げる者に準ずるものの職
　　ト　ヘに規定する職のほか，外国の学校におけるイからハまでに掲げる者に準ずるものの職
　　チ　少年院法（平成26年法律第58号）による少年院又は児童福祉法（昭和22年法律第164号）による児童自立支援施設（児童福祉法等の一部を改正する法律（平成9年法律第74号）附則第7条第一項の規定により証明書を発行することができるもので，同条第二項の規定によりその例によることとされた同法による改正前の児童福祉法第48条第四項ただし書の規定による指定を受けたものを除く。）において教育を担当する者の職
　　リ　イからチまでに掲げるもののほか，国又は地方公共団体において教育事務又は教育を担当する国家公務員又は地方公務員（単純な労務に雇用される者を除く。）の職
　　ヌ　外国の官公庁におけるリに準ずる者の職
　二　教育に関する職に10年以上あつたこと
第21条（私立学校長の資格の特例）　私立学校の設置者は，前条の規定により難い特別の事情のあるときは，5年以上教育に関する職又は教育，学術に関する業務に従事し，かつ，教育に関し高い識見を有する者を校長として

採用することができる。
第22条（免許状によらない校長の任用）　国立若しくは公立の学校の校長の任命権者又は私立学校の設置者は，学校の運営上特に必要がある場合には，前二条に規定するもののほか，第20条各号に掲げる資格を有する者と同等の資質を有すると認める者を校長として任命し又は採用することができる。
第23条（副校長・教頭の資格）　前三条の規定は，副校長及び教頭の資格について準用する。
第3節　管理
第24条（指導要録）　校長は，その学校に在学する児童等の指導要録（学校教育法施行令第31条に規定する児童等の学習及び健康の状況を記録した書類の原本をいう。以下同じ。）を作成しなければならない。
②校長は，児童等が進学した場合においては，その作成に係る当該児童等の指導要録の抄本又は写しを作成し，これを進学先の校長に送付しなければならない。
③校長は，児童等が転学した場合においては，その作成に係る当該児童等の指導要録の写しを作成し，その写し（転学してきた児童等については転学により送付を受けた指導要録（就学前の子どもに関する教育，保育等の総合的な提供の推進に関する法律施行令（平成26年政令第203号）第八条に規定する園児の学習及び健康の状況を記録した書類の原本を含む。）の写しを含む。）及び前項の抄本又は写しを転学先の校長，保育所の長又は認定こども園の長に送付しなければならない。
第25条（出席簿）　校長（学長を除く。）は，当該学校に在学する児童等について出席簿を作成しなければならない。
第26条（懲戒）　校長及び教員が児童等に懲戒を加えるに当つては，児童等の心身の発達に応ずる等教育上必要な配慮をしなければならない。
②懲戒のうち，退学，停学及び訓告の処分は，校長（大学にあつては，学長の委任を受けた学部長を含む。）が行う。
③前項の退学は，公立の小学校，中学校（学校教育法第七十一条の規定により高等学校における教育と一貫した教育を施すもの（以下「併設型中学校」という。）を除く。），義務教育学校又は特別支援学校に在学する学齢児童又は学齢生徒を除き，次の各号のいずれかに該当する児童等に対して行うことができる。

一　性行不良で改善の見込がないと認められる者
二　学力劣等で成業の見込がないと認められる者
三　正当の理由がなくて出席常でない者
四　学校の秩序を乱し，その他学生又は生徒としての本分に反した者
④第二項の停学は，学齢児童又は学齢生徒に対しては，行うことができない。
⑤学長は，学生に対する第二項の退学，停学及び訓告の処分の手続を定めなければならない。

第4章　小学校
第1節　設備編制
第40条（小学校の設置基準）　小学校の設備，編制その他設置に関する事項は，この節に定めるもののほか，小学校設置基準（平成14年文部科学省令第14号）の定めるところによる。
第41条（学級数）　小学校の学級数は，12学級以上18学級以下を標準とする。ただし，地域の実態その他により特別の事情のあるときは，この限りでない。
第43条（校務分掌）　小学校においては，調和のとれた学校運営が行われるためにふさわしい校務分掌の仕組みを整えるものとする。
第44条（教務主任・学年主任）　小学校には，教務主任及び学年主任を置くものとする。
2　前項の規定にかかわらず，第四項に規定する教務主任の担当する校務を整理する主幹教諭を置くときその他特別の事情のあるときは教務主任を，第五項に規定する学年主任の担当する校務を整理する主幹教諭を置くときその他特別の事情のあるときは学年主任を，それぞれ置かないことができる。
3　教務主任及び学年主任は，指導教諭又は教諭をもつて，これに充てる。
4　教務主任は，校長の監督を受け，教育計画の立案その他の教務に関する事項について連絡調整及び指導，助言に当たる。
5　学年主任は，校長の監督を受け，当該学年の教育活動に関する事項について連絡調整及び指導，助言に当たる。
第45条（保健主事）　小学校においては，保健主事を置くものとする。
2　前項の規定にかかわらず，第四項に規定する保健主事の担当する校務を整理する主幹教諭を置くときその他特別の事情のあるときは，

保健主事を置かないことができる。
3　保健主事は，指導教諭，教諭又は養護教諭をもつて，これに充てる。
4　保健主事は，校長の監督を受け，小学校における保健に関する事項の管理に当たる。
第46条（事務長・事務主任）　小学校には，事務長又は事務主任を置くことができる。
2　事務長及び事務主任は，事務職員をもつて，これに充てる。
3　事務長は，校長の監督を受け，事務職員その他の職員が行う事務を総括する。
4　事務主任は，校長の監督を受け，事務に関する事項について連絡調整及び指導，助言に当たる。
第47条（公務を分担する主任等）　小学校においては，前三条に規定する教務主任，学年主任，保健主事及び事務主任のほか，必要に応じ，校務を分担する主任等を置くことができる。
第48条（職員会議の設置）　小学校には，設置者の定めるところにより，校長の職務の円滑な執行に資するため，職員会議を置くことができる。
2　職員会議は，校長が主宰する。
第49条（学校評議員の設置・運営参加）　小学校には，設置者の定めるところにより，学校評議員を置くことができる。
2　学校評議員は，校長の求めに応じ，学校運営に関し意見を述べることができる。
3　学校評議員は，当該小学校の職員以外の者で教育に関する理解及び識見を有するもののうちから，校長の推薦により，当該小学校の設置者が委嘱する。
第5節　学校評価
第66条（自己評価の結果の公表）　小学校は，当該小学校の教育活動その他の学校運営の状況について，自ら評価を行い，その結果を公表するものとする。
2　前項の評価を行うに当たつては，小学校は，その実情に応じ，適切な項目を設定して行うものとする。
第67条（関係者評価の結果の公表）　小学校は，前条第一項の規定による評価の結果を踏まえた当該小学校の児童の保護者その他の当該小学校の関係者（当該小学校の職員を除く。）による評価を行い，その結果を公表するよう努めるものとする。
第68条（評価結果の報告）　小学校は，第六十六条第一項の規定による評価の結果及び前条の規定により評価を行つた場合はその結果を，当該小学校の設置者に報告するものとする。

第5章　中学校
第69条（中学校の設置基準）　中学校の設備，編制その他設置に関する事項は，この章に定めるもののほか，中学校設置基準（平成14年文部科学省令第15号）の定めるところによる。
第70条（生徒指導主事）　中学校には，生徒指導主事を置くものとする。
2　前項の規定にかかわらず，第四項に規定する生徒指導主事の担当する校務を整理する主幹教諭を置くときその他特別の事情のあるときは，生徒指導主事を置かないことができる。
3　生徒指導主事は，指導教諭又は教諭をもつて，これに充てる。
4　生徒指導主事は，校長の監督を受け，生徒指導に関する事項をつかさどり，当該事項について連絡調整及び指導，助言に当たる。
第71条（進路指導主事）　中学校には，進路指導主事を置くものとする。
2　前項の規定にかかわらず，第三項に規定する進路指導主事の担当する校務を整理する主幹教諭を置くときは，進路指導主事を置かないことができる。
3　進路指導主事は，指導教諭又は教諭をもつて，これに充てる。校長の監督を受け，生徒の職業選択の指導その他の進路の指導に関する事項をつかさどり，当該事項について連絡調整及び指導，助言に当たる。
第79条（準用規定）　第41条から第49条まで，第50条第二項，第54条から第68条までの規定は，中学校に準用する。この場合において，第42条中「五学級」とあるのは「二学級」と，第55条から第56条の二まで及び第56条の四の規定中「第50条第一項」とあるのは「第72条」と，「第51条（中学校連携型小学校にあつては第52条の三，第79条の九第二項に規定する中学校併設型小学校にあつては第79条の十二において準用する第79条の五第一項）」とあるのは「第73条（併設型中学校にあつては第117条において準用する第107条，小学校連携型中学校にあつては第74条の三，連携型中学校にあつては第76条，第79条の九第二項に規定する小学校併

設型中学校にあつては第79条の十二において準用する第79条の五第二項)」と、「第52条」とあるのは「第74条」と、第55条の二中「第30条第一項」とあるのは「第46条」と、第五十六条の三中「他の小学校、義務教育学校の前期課程又は特別支援学校の小学部」とあるのは「他の中学校、義務教育学校の後期課程、中等教育学校の前期課程又は特別支援学校の中学部」と読み替えるものとする。

第6章　高等学校
第1節　設備、編制、学科及び教育課程

第80条（高等学校の設置基準）　高等学校の設備、編制、学科の種類その他設置に関する事項は、この節に定めるもののほか、高等学校設置基準（平成16年文部科学省令第20号）の定めるところによる。

第81条（学科主任・農場長）　二以上の学科を置く高等学校には、専門教育を主とする学科（以下「専門学科」という。）ごとに学科主任を置き、農業に関する専門学科を置く高等学校には、農場長を置くものとする。

2　前項の規定にかかわらず、第四項に規定する学科主任の担当する校務を整理する主幹教諭を置くときその他特別の事情のあるときは学科主任を、第五項に規定する農場長の担当する校務を整理する主幹教諭を置くときその他特別の事情のあるときは農場長を、それぞれ置かないことができる。

3　学科主任及び農場長は、指導教諭又は教諭をもって、これに充てる。

4　学科主任は、校長の監督を受け、当該学科の教育活動に関する事項について連絡調整及び指導、助言に当たる。

5　農場長は、校長の監督を受け、農業に関する実習地及び実習施設の運営に関する事項をつかさどる。

第82条（事務長）　高等学校には、事務長を置くものとする。

2　事務長は、事務職員をもって、これに充てる。

3　事務長は、校長の監督を受け、事務職員その他の職員が行う事務を総括する。

第104条（準用規定）　第43条から第49条まで（第46条を除く。）、第54条、第57条から第71条まで（第69条を除く。）の規定は、高等学校に準用する。

○地方公務員法（抄）
(1950.12.13)

第3章　職員に適用される基準
第2節　任用

（任用の根本基準）

第15条　職員の任用は、この法律の定めるところにより、受験成績、人事評価その他の能力の実証に基づいて行わなければならない。

（欠格条項）

第16条　次の各号のいずれかに該当する者は、条例で定める場合を除くほか、職員となり、又は競争試験若しくは選考を受けることができない。

一　成年被後見人又は被保佐人

二　禁錮以上の刑に処せられ、その執行を終わるまで又はその執行を受けることがなくなるまでの者

三　当該地方公共団体において懲戒免職の処分を受け、当該処分の日から二年を経過しない者

四　人事委員会又は公平委員会の委員の職にあつて、第六十条から第六十三条までに規定する罪を犯し刑に処せられた者

五　日本国憲法施行の日以後において、日本国憲法又はその下に成立した政府を暴力で破壊することを主張する政党その他の団体を結成し、又はこれに加入した者

（任命の方法）

第17条　職員の職に欠員を生じた場合においては、任命権者は、採用、昇任、降任又は転任のいずれかの方法により、職員を任命することができる。

2　人事委員会（競争試験等を行う公平委員会を含む。以下この節において同じ。）を置く地方公共団体においては、人事委員会は、前項の任命の方法のうちのいずれによるべきかについての一般的基準を定めることができる。

（採用の方法）

第17条の二　人事委員会を置く地方公共団体においては、職員の採用は、競争試験によるものとする。ただし、人事委員会規則（競争試験等を行う公平委員会を置く地方公共団体においては、公平委員会規則。以下この節において同じ。）で定める場合には、選考（競争試験以外の能力の実証に基づく試験をいう。以下同じ。）によることを妨げない。

2　人事委員会を置かない地方公共団体におい

ては，職員の採用は，競争試験又は選考によるものとする。
3　人事委員会（人事委員会を置かない地方公共団体においては，任命権者とする。以下この節において「人事委員会等」という。）は，正式任用になつてある職に就いていた職員が，職制若しくは定数の改廃又は予算の減少に基づく廃職又は過員によりその職を離れた後において，再びその職に復する場合における資格要件，採用手続及び採用の際における身分に関し必要な事項を定めることができる。
（試験機関）
第18条　採用のための競争試験（以下「採用試験」という。）又は選考は，人事委員会等が行うものとする。ただし，人事委員会等は，他の地方公共団体の機関との協定によりこれと共同して，又は国若しくは他の地方公共団体の機関との協定によりこれらの機関に委託して，採用試験又は選考を行うことができる。
（条件付採用及び臨時的任用）
第22条　臨時的任用又は非常勤職員の任用の場合を除き，職員の採用は，全て条件付のものとし，その職員がその職において六月を勤務し，その間その職務を良好な成績で遂行したときに正式採用になるものとする。この場合において，人事委員会等は，条件付採用の期間を1年に至るまで延長することができる。
2　人事委員会を置く地方公共団体においては，任命権者は，人事委員会規則で定めるところにより，緊急の場合，臨時の職に関する場合又は採用候補者名簿（第21条の四第四項において読み替えて準用する第21条第一項に規定する昇任候補者名簿を含む。）がない場合においては，人事委員会の承認を得て，六月を超えない期間で臨時的任用を行うことができる。この場合において，その任用は，人事委員会の承認を得て，6月を超えない期間で更新することができるが，再度更新することはできない。
3　前項の場合において，人事委員会は，臨時的任用につき，任用される者の資格要件を定めることができる。
4　人事委員会は，前二項の規定に違反する臨時的任用を取り消すことができる。
5　人事委員会を置かない地方公共団体においては，任命権者は，緊急の場合又は臨時の職に関する場合においては，六月をこえない期間で臨時的任用を行うことができる。この場合において，任命権者は，その任用を六月をこえない期間で更新することができるが，再度更新することはできない。
6　臨時的任用は，正式任用に際して，いかなる優先権をも与えるものではない。
7　前五項に定めるものの外，臨時的に任用された者に対しては，この法律を適用する。

第3節　人事評価
（人事評価の根本基準）
第23条　職員の人事評価は，公正に行われなければならない。
2　任命権者は，人事評価を任用，給与，分限その他の人事管理の基礎として活用するものとする。
（人事評価の実施）
第23条の二　職員の執務については，その任命権者は，定期的に人事評価を行わなければならない。
2　人事評価の基準及び方法に関する事項その他人事評価に関し必要な事項は，任命権者が定める。
3　前項の場合において，任命権者が地方公共団体の長及び議会の議長以外の者であるときは，同項に規定する事項について，あらかじめ，地方公共団体の長に協議しなければならない。
（人事評価に基づく措置）
第23条の三　任命権者は，前条第一項の人事評価の結果に応じた措置を講じなければならない。
（給与，勤務時間その他の勤務条件の根本基準）
第24条　職員の給与は，その職務と責任に応ずるものでなければならない。
2　職員の給与は，生計費並びに国及び他の地方公共団体の職員並びに民間事業の従事者の給与その他の事情を考慮して定められなければならない。
3　職員は，他の職員の職を兼ねる場合においても，これに対して給与を受けてはならない。
4　職員の勤務時間その他職員の給与以外の勤務条件を定めるに当つては，国及び他の地方公共団体の職員との間に権衡を失しないように適当な考慮が払われなければならない。
5　職員の給与，勤務時間その他の勤務条件は，条例で定める。
（休業の種類）
第26条の四　職員の休業は，自己啓発等休業，配偶者同行休業，育児休業及び大学院修学休

業とする。
2　育児休業及び大学院修学休業については、別に法律で定めるところによる。
（自己啓発等休業）
第26条の五　任命権者は、職員（臨時的に任用される職員その他の法律により任期を定めて任用される職員及び非常勤職員を除く。以下この条及び次条（第八項及び第九項を除く。）において同じ。）が申請した場合において、公務の運営に支障がなく、かつ、当該職員の公務に関する能力の向上に資すると認めるときは、条例で定めるところにより、当該職員が、三年を超えない範囲内において条例で定める期間、大学等課程の履修（大学その他の条例で定める教育施設の課程の履修をいう。第五項において同じ。）又は国際貢献活動（国際協力の促進に資する外国における奉仕活動（当該奉仕活動を行うために必要な国内における訓練その他の準備行為を含む。）のうち職員として参加することが適当であると認められるものとして条例で定めるものに参加することをいう。第五項において同じ。）のための休業（以下この条において「自己啓発等休業」という。）をすることを承認することができる。
2　自己啓発等休業をしている職員は、自己啓発等休業を開始した時就いていた職又は自己啓発等休業の期間中に異動した職を保有するが、職務に従事しない。
3　自己啓発等休業をしている期間については、給与を支給しない。
4　自己啓発等休業の承認は、当該自己啓発等休業をしている職員が休職又は停職の処分を受けた場合には、その効力を失う。
5　任命権者は、自己啓発等休業をしている職員が当該自己啓発等休業の承認に係る大学等課程の履修又は国際貢献活動を取りやめたことその他条例で定める事由に該当すると認めるときは、当該自己啓発等休業の承認を取り消すものとする。
6　前各項に定めるもののほか、自己啓発等休業に関し必要な事項は、条例で定める。
（分限及び懲戒の基準）
第27条　すべて職員の分限及び懲戒については、公正でなければならない。
2　職員は、この法律で定める事由による場合でなければ、その意に反して、降任され、若しくは免職されず、この法律又は条例で定める事由による場合でなければ、その意に反して、休職されず、又、条例で定める事由による場合でなければ、その意に反して降給されることがない。
3　職員は、この法律で定める事由による場合でなければ、懲戒処分を受けることがない。
（降任、免職、休職等）
第28条　職員が、次の各号に掲げる場合のいずれかに該当するときは、その意に反して、これを降任し、又は免職することができる。
　一　人事評価又は勤務の状況を示す事実に照らして、勤務実績がよくない場合
　二　心身の故障のため、職務の遂行に支障があり、又はこれに堪えない場合
　三　前二号に規定する場合のほか、その職に必要な適格性を欠く場合
　四　職制若しくは定数の改廃又は予算の減少により廃職又は過員を生じた場合
2　職員が、左の各号の一に該当する場合においては、その意に反してこれを休職することができる。
　一　心身の故障のため、長期の休養を要する場合
　二　刑事事件に関し起訴された場合
3　職員の意に反する降任、免職、休職及び降給の手続及び効果は、法律に特別の定がある場合を除く外、条例で定めなければならない。
4　職員は、第十六条各号（第三号を除く。）の一に該当するに至つたときは、条例に特別の定がある場合を除く外、その職を失う。
（懲戒）
第29条　職員が次の各号の一に該当する場合においては、これに対し懲戒処分として戒告、減給、停職又は免職の処分をすることができる。
　一　この法律若しくは第五十七条に規定する特例を定めた法律又はこれに基く条例、地方公共団体の規則若しくは地方公共団体の機関の定める規程に違反した場合
　二　職務上の義務に違反し、又は職務を怠つた場合
　三　全体の奉仕者たるにふさわしくない非行のあつた場合
2　職員が、任命権者の要請に応じ当該地方公共団体の特別職に属する地方公務員、他の地方公共団体若しくは特定地方独立行政法人の地方公務員、国家公務員又は地方公社（地方住宅供給公社、地方道路公社及び土地開発公

社をいう。）その他その業務が地方公共団体若しくは国の事務若しくは事業と密接な関連を有する法人のうち条例で定めるものに使用される者（以下この項において「特別職地方公務員等」という。）となるため退職し，引き続き特別職地方公務員等として在職した後，引き続いて当該退職を前提として職員として採用された場合（一の特別職地方公務員等として在職した後，引き続き一以上の特別職地方公務員等として在職し，引き続いて当該退職を前提として職員として採用された場合を含む。）において，当該退職までの引き続く職員としての在職期間（当該退職前に同様の退職（以下この項において「先の退職」という。），特別職地方公務員等としての在職及び職員としての採用がある場合には，当該先の退職までの引き続く職員としての在職期間を含む。次項において「要請に応じた退職前の在職期間」という。）中に前項各号のいずれかに該当したときは，これに対し同項に規定する懲戒処分を行うことができる。
3　職員が，第二十八条の四第一項又は第二十八条の五第一項の規定により採用された場合において，定年退職者等となつた日までの引き続く職員としての在職期間（要請に応じた退職前の在職期間を含む。）又はこれらの規定によりかつて採用されて職員として在職していた期間中に第一項各号の一に該当したときは，これに対し同項に規定する懲戒処分を行うことができる。
4　職員の懲戒の手続及び効果は，法律に特別の定がある場合を除く外，条例で定めなければならない。
（適用除外）
第29条の二　次に掲げる職員及びこれに対する処分については，第27条第二項，第28条第一項から第三項まで，第49条第一項及び第二項並びに行政不服審査法（平成26年法律第68号）の規定を適用しない。
　一　条件附採用期間中の職員
　二　臨時的に任用された職員
2　前項各号に掲げる職員の分限については，条例で必要な事項を定めることができる。
第6節　服務
（服務の根本基準）
第30条　すべて職員は，全体の奉仕者として公共の利益のために勤務し，且つ，職務の遂行に当つては，全力を挙げてこれに専念しなければならない。
（服務の宣誓）
第31条　職員は，条例の定めるところにより，服務の宣誓をしなければならない。
（法令等及び上司の職務上の命令に従う義務）
第32条　職員は，その職務を遂行するに当つて，法令，条例，地方公共団体の規則及び地方公共団体の機関の定める規程に従い，且つ，上司の職務上の命令に忠実に従わなければならない。
（信用失墜行為の禁止）
第33条　職員は，その職の信用を傷つけ，又は職員の職全体の不名誉となるような行為をしてはならない。
（秘密を守る義務）
第34条　職員は，職務上知り得た秘密を漏らしてはならない。その職を退いた後も，また，同様とする。
2　法令による証人，鑑定人等となり，職務上の秘密に属する事項を発表する場合においては，任命権者（退職者については，その退職した職又はこれに相当する職に係る任命権者）の許可を受けなければならない。
3　前項の許可は，法律に特別の定がある場合を除く外，拒むことができない。
（職務に専念する義務）
第35条　職員は，法律又は条例に特別の定がある場合を除く外，その勤務時間及び職務上の注意力のすべてをその職責遂行のために用い，当該地方公共団体がなすべき責を有する職務にのみ従事しなければならない。
（政治的行為の制限）
第36条　職員は，政党その他の政治的団体の結成に関与し，若しくはこれらの団体の役員となつてはならず，又はこれらの団体の構成員となるように，若しくはならないように勧誘運動をしてはならない。
2　職員は，特定の政党その他の政治的団体又は特定の内閣若しくは地方公共団体の執行機関を支持し，又はこれに反対する目的をもつて，あるいは公の選挙又は投票において特定の人又は事件を支持し，又はこれに反対する目的をもつて，次に掲げる政治的行為をしてはならない。ただし，当該職員の属する地方公共団体の区域（当該職員が都道府県の支庁若しくは地方事務所又は地方自治法第二百五十二条の十九第一項の指定都市の区若しくは総合区に勤務する者であるときは，当

該支庁若しくは地方事務所又は区若しくは総合区の所管区域）外において，第一号から第三号まで及び第五号に掲げる政治的行為をすることができる。
　一　公の選挙又は投票において投票をするように，又はしないように勧誘運動をすること。
　二　署名運動を企画し，又は主宰する等これに積極的に関与すること。
　三　寄附金その他の金品の募集に関与すること。
　四　文書又は図画を地方公共団体又は特定地方独立行政法人の庁舎（特定地方独立行政法人にあつては，事務所。以下この号において同じ。），施設等に掲示し，又は掲示させ，その他地方公共団体又は特定地方独立行政法人の庁舎，施設，資材又は資金を利用し，又は利用させること。
　五　前各号に定めるものを除く外，条例で定める政治的行為
3　何人も前二項に規定する政治的行為を行うよう職員に求め，職員をそそのかし，若しくはあおつてはならず，又は職員が前二項に規定する政治的行為をなし，若しくはなさないことに対する代償若しくは報復として，任用，職務，給与その他職員の地位に関してなんらかの利益若しくは不利益を与え，与えようと企て，若しくは約束してはならない。
4　職員は，前項に規定する違法な行為に応じなかつたことの故をもつて不利益な取扱を受けることはない。
5　本条の規定は，職員の政治的中立性を保障することにより，地方公共団体の行政及び特定地方独立行政法人の業務の公正な運営を確保するとともに職員の利益を保護することを目的とするものであるという趣旨において解釈され，及び運用されなければならない。
（争議行為等の禁止）
第37条　職員は，地方公共団体の機関が代表する使用者としての住民に対して同盟罷業，怠業その他の争議行為をし，又は地方公共団体の機関の活動能率を低下させる怠業的行為をしてはならない。又，何人も，このような違法な行為を企て，又はその遂行を共謀し，そそのかし，若しくはあおつてはならない。
2　職員で前項の規定に違反する行為をしたものは，その行為の開始とともに，地方公共団体に対し，法令又は条例，地方公共団体の規則若しくは地方公共団体の機関の定める規程に基いて保有する任命上又は雇用上の権利をもつて対抗することができなくなるものとする。
（営利企業への従事等の制限）
第38条　職員は，任命権者の許可を受けなければ，商業，工業又は金融業その他営利を目的とする私企業（以下この項及び次条第一項において「営利企業」という。）を営むことを目的とする会社その他の団体の役員その他人事委員会規則（人事委員会を置かない地方公共団体においては，地方公共団体の規則）で定める地位を兼ね，若しくは自ら営利企業を営み，又は報酬を得ていかなる事業若しくは事務にも従事してはならない。
2　人事委員会は，人事委員会規則により前項の場合における任命権者の許可の基準を定めることができる。
第7節　研修
（研修）
第39条　職員には，その勤務能率の発揮及び増進のために，研修を受ける機会が与えられなければならない。
2　前項の研修は，任命権者が行うものとする。
3　地方公共団体は，研修の目標，研修に関する計画の指針となるべき事項その他研修に関する基本的な方針を定めるものとする。
4　人事委員会は，研修に関する計画の立案その他研修の方法について任命権者に勧告することができる。
第二款　公務災害補償
（公務災害補償）
第45条　職員が公務に因り死亡し，負傷し，若しくは疾病にかかり，若しくは公務に因る負傷若しくは疾病により死亡し，若しくは障害の状態となり，又は船員である職員が公務に因り行方不明となつた場合においてその者又はその者の遺族若しくは被扶養者がこれらの原因によつて受ける損害は，補償されなければならない。
2　前項の規定による補償の迅速かつ公正な実施を確保するため必要な補償に関する制度が実施されなければならない。
3　前項の補償に関する制度には，次に掲げる事項が定められなければならない。
　一　職員の公務上の負傷又は疾病に対する必要な療養又は療養の費用の負担に関する事項
　二　職員の公務上の負傷又は疾病に起因する療養の期間又は船員である職員の公務による

行方不明の期間におけるその職員の所得の喪失に対する補償に関する事項
三　職員の公務上の負傷又は疾病に起因して，永久に，又は長期に所得能力を害された場合におけるその職員の受ける損害に対する補償に関する事項
四　職員の公務上の負傷又は疾病に起因する死亡の場合におけるその遺族又は職員の死亡の当時その収入によつて生計を維持した者の受ける損害に対する補償に関する事項
4　第二項の補償に関する制度は，法律によつて定めるものとし，当該制度については，国の制度との間に権衡を失しないように適当な考慮が払われなければならない。

第三款　勤務条件に関する措置の要求
（勤務条件に関する措置の要求）
第46条　職員は，給与，勤務時間その他の勤務条件に関し，人事委員会又は公平委員会に対して，地方公共団体の当局により適当な措置が執られるべきことを要求することができる。

第四款　不利益処分に関する審査請求
（不利益処分に関する説明書の交付）
第49条　任命権者は，職員に対し，懲戒その他その意に反すると認める不利益な処分を行う場合においては，その際，その職員に対し処分の事由を記載した説明書を交付しなければならない。
2　職員は，その意に反して不利益な処分を受けたと思うときは，任命権者に対し処分の事由を記載した説明書の交付を請求することができる。
3　前項の規定による請求を受けた任命権者は，その日から十五日以内に，同項の説明書を交付しなければならない。
4　第一項又は第二項の説明書には，当該処分につき，人事委員会又は公平委員会に対して審査請求をすることができる旨及び審査請求をすることができる期間を記載しなければならない。
（審査請求）
第49条の二　前条第一項に規定する処分を受けた職員は，人事委員会又は公平委員会に対してのみ審査請求をすることができる。
2　前条第一項に規定する処分を除くほか，職員に対する処分については，審査請求をすることができない。職員がした申請に対する不作為についても，同様とする。
3　第一項に規定する審査請求については，行政不服審査法第二章の規定を適用しない。
（審査請求期間）

第9節　職員団体
（職員団体）
第52条　この法律において「職員団体」とは，職員がその勤務条件の維持改善を図ることを目的として組織する団体又はその連合体をいう。
2　前項の「職員」とは，第五項に規定する職員以外の職員をいう。
3　職員は，職員団体を結成し，若しくは結成せず，又はこれに加入し，若しくは加入しないことができる。ただし，重要な行政上の決定を行う職員，重要な行政上の決定に参画する管理的地位にある職員，職員の任免に関して直接の権限を持つ監督的地位にある職員，職員の任免，分限，懲戒若しくは服務，職員の給与その他の勤務条件又は職員団体との関係についての当局の計画及び方針に関する機密の事項に接し，そのためにその職務上の義務と責任とが職員団体の構成員としての誠意と責任とに直接に抵触すると認められる監督的地位にある職員その他職員団体との関係において当局の立場に立つて遂行すべき職務を担当する職員（以下「管理職員等」という。）と管理職員等以外の職員とは，同一の職員団体を組織することができず，管理職員等と管理職員等以外の職員とが組織する団体は，この法律にいう「職員団体」ではない。
4　前項ただし書に規定する管理職員等の範囲は，人事委員会規則又は公平委員会規則で定める。
5　警察職員及び消防職員は，職員の勤務条件の維持改善を図ることを目的とし，かつ，地方公共団体の当局と交渉する団体を結成し，又はこれに加入してはならない。

○**教育公務員特例法**（抄）
(1949.1.12)

第1章　総則
（この法律の趣旨）
第1条　この法律は，教育を通じて国民全体に奉仕する教育公務員の職務とその責任の特殊性に基づき，教育公務員の任免，人事評価，給与，分限，懲戒，服務及び研修等について規定する。
（定義）

第2条　この法律において「教育公務員」とは，地方公務員のうち，学校（学校教育法（昭和22年法律第26号）第1条に規定する学校及び就学前の子どもに関する教育，保育等の総合的な提供の推進に関する法律（平成18年法律第77号）第2条第七項に規定する幼保連携型認定こども園（以下「幼保連携型認定こども園」という。）をいう。以下同じ。）であつて地方公共団体が設置するもの（以下「公立学校」という。）の学長，校長（園長を含む。以下同じ。），教員及び部局長並びに教育委員会の専門的教育職員をいう。

2　この法律において「教員」とは，公立学校の教授，准教授，助教，副校長（副園長を含む。以下同じ。），教頭，主幹教諭（幼保連携型認定こども園の主幹養護教諭及び主幹栄養教諭を含む。以下同じ。），指導教諭，教諭，助教諭，養護教諭，養護助教諭，栄養教諭，主幹保育教諭，指導保育教諭，保育教諭，助保育教諭及び講師（常時勤務の者及び地方公務員法（昭和25年法律第261号）第28条の五第一項に規定する短時間勤務の職を占める者に限る。第23条第二項を除き，以下同じ。）をいう。

3　この法律で「部局長」とは，大学（公立学校であるものに限る。第二十六条第一項を除き，以下同じ。）の副学長，学部長その他政令で指定する部局の長をいう。

4　この法律で「評議会」とは，大学に置かれる会議であつて当該大学を設置する地方公共団体の定めるところにより学長，学部長その他の者で構成するものをいう。

5　この法律で「専門的教育職員」とは，指導主事及び社会教育主事をいう。

第2章　任免，人事評価，給与，分限及び懲戒
第23節　大学以外の公立学校の校長及び教員
（採用及び昇任の方法）
第11条　公立学校の校長の採用（現に校長の職以外の職に任命されている者を校長の職に任命する場合を含む。）並びに教員の採用（現に教員の職以外の職に任命されている者を教員の職に任命する場合を含む。以下この条において同じ。）及び昇任（採用に該当するものを除く。）は，選考によるものとし，その選考は，大学附置の学校にあつては当該大学の学長が，大学附置の学校以外の公立学校（幼保連携型認定こども園を除く。）にあつてはその校長及び教員の任命権者である教育委員会の教育長が，大学附置の学校以外の公立学校（幼保連携型認定こども園に限る。）にあつてはその校長及び教員の任命権者である地方公共団体の長が行う。

（条件附採用）
第12条　公立の小学校，中学校，義務教育学校，高等学校，中等教育学校，特別支援学校，幼稚園及び幼保連携型認定こども園（以下「小学校等」という。）の教諭，助教諭，保育教諭，助保育教諭及び講師（以下「教諭等」という。）に係る地方公務員法第22条第一項に規定する採用については，同項中「六月」とあるのは「一年」として同項の規定を適用する。

2　地方教育行政の組織及び運営に関する法律（昭和31年法律第162号）第40条に定める場合のほか，公立の小学校等の校長又は教員で地方公務員法第22条第一項（同項の規定において読み替えて適用する場合を含む。）の規定により正式任用になつている者が，引き続き同一都道府県内の公立の小学校等の校長又は教員に任用された場合には，その任用については，同条同項の規定は適用しない。

（校長及び教員の給与）
第13条　公立の小学校等の校長及び教員の給与は，これらの者の職務と責任の特殊性に基づき条例で定めるものとする。

2　前項に規定する給与のうち地方自治法（昭和22年法律第67号）第204条第二項の規定により支給することができる義務教育等教員特別手当は，これらの者のうち次に掲げるものを対象とするものとし，その内容は，条例で定める。

一　公立の小学校，中学校，義務教育学校，中等教育学校の前期課程又は特別支援学校の小学部若しくは中学部に勤務する校長及び教員

二　前号に規定する校長及び教員との権衡上必要があると認められる公立の高等学校，中等教育学校の後期課程，特別支援学校の高等部若しくは幼稚部，幼稚園又は幼保連携型認定こども園に勤務する校長及び教員

（休職の期間及び効果）
第14条　公立学校の校長及び教員の休職の期間は，結核性疾患のため長期の休養を要する場合の休職においては，満二年とする。ただし，任命権者は，特に必要があると認めると

きは，予算の範囲内において，その休職の期間を満三年まで延長することができる。

2　前項の規定による休職者には，その休職の期間中，給与の全額を支給する。

第3章　服務
（兼職及び他の事業等の従事）
第17条　教育公務員は，教育に関する他の職を兼ね，又は教育に関する他の事業若しくは事務に従事することが本務の遂行に支障がないと任命権者（地方教育行政の組織及び運営に関する法律第37条第一項に規定する県費負担教職員については，市町村（特別区を含む。以下同じ。）の教育委員会。第23条第二項及び第24条第二項において同じ。）において認める場合には，給与を受け，又は受けないで，その職を兼ね，又はその事業若しくは事務に従事することができる。

2　前項の場合においては，地方公務員法第318条第二項の規定により人事委員会が定める許可の基準によることを要しない。

（公立学校の教育公務員の政治的行為の制限）
第18条　公立学校の教育公務員の政治的行為の制限については，当分の間，地方公務員法第36条の規定にかかわらず，国家公務員の例による。

2　前項の規定は，政治的行為の制限に違反した者の処罰につき国家公務員法（昭和22年法律第120号）第110条第一項の例による趣旨を含むものと解してはならない。

第4章　研修
（研修）
第21条　教育公務員は，その職責を遂行するために，絶えず研究と修養に努めなければならない。

2　教育公務員の任命権者は，教育公務員（公立の小学校等の校長及び教員（臨時的に任用された者その他の政令で定める者を除く。以下この章において同じ。）を除く。）の研修について，それに要する施設，研修を奨励するための方途その他研修に関する計画を樹立し，その実施に努めなければならない。

（研修の機会）
第22条　教育公務員には，研修を受ける機会が与えられなければならない。

2　教員は，授業に支障のない限り，本属長の承認を受けて，勤務場所を離れて研修を行うことができる。

3　教育公務員は，任命権者の定めるところにより，現職のままで，長期にわたる研修を受けることができる。

（校長及び教員としての資質の向上に関する指標の策定に関する指針）
第22条の二　文部科学大臣は，公立の小学校等の校長及び教員の計画的かつ効果的な資質の向上を図るため，次条第一項に規定する指標の策定に関する指針（以下「指針」という。）を定めなければならない。

2　指針においては，次に掲げる事項を定めるものとする。
一　公立の小学校等の校長及び教員の資質の向上に関する基本的な事項
二　次条第一項に規定する指標の内容に関する事項
三　その他公立の小学校等の校長及び教員の資質の向上を図るに際し配慮すべき事項

3　文部科学大臣は，指針を定め，又はこれを変更したときは，遅滞なく，これを公表しなければならない。

（校長及び教員としての資質の向上に関する指標）
第22条の三　公立の小学校等の校長及び教員の任命権者は，指針を参酌し，その地域の実情に応じ，当該校長及び教員の職責，経験及び適性に応じて向上を図るべき校長及び教員としての資質に関する指標（以下「指標」という。）を定めるものとする。

2　公立の小学校等の校長及び教員の任命権者は，指標を定め，又はこれを変更しようとするときは，あらかじめ第二十二条の五第一項に規定する協議会において協議するものとする。

3　公立の小学校等の校長及び教員の任命権者は，指標を定め，又はこれを変更したときは，遅滞なく，これを公表するよう努めるものとする。

4　独立行政法人教職員支援機構は，指標を策定する者に対して，当該指標の策定に関する専門的な助言を行うものとする。

（教員研修計画）
第22条の四　公立の小学校等の校長及び教員の任命権者は，指標を踏まえ，当該校長及び教員の研修について，毎年度，体系的かつ効果的に実施するための計画（以下この条において「教員研修計画」という。）を定めるものとする。

2　教員研修計画においては，おおむね次に掲げる事項を定めるものとする。
　一　任命権者が実施する第二十三条第一項に規定する初任者研修，第二十四条第一項に規定する中堅教諭等資質向上研修その他の研修（以下この項において「任命権者実施研修」という。）に関する基本的な方針
　二　任命権者実施研修の体系に関する事項
　三　任命権者実施研修の時期，方法及び施設に関する事項
　四　研修を奨励するための方途に関する事項
　五　前各号に掲げるもののほか，研修の実施に関し必要な事項として文部科学省令で定める事項
3　公立の小学校等の校長及び教員の任命権者は，教員研修計画を定め，又はこれを変更したときは，遅滞なく，これを公表するよう努めるものとする。
（協議会）
第22条の五　公立の小学校等の校長及び教員の任命権者は，指標の策定に関する協議並びに当該指標に基づく当該校長及び教員の資質の向上に関して必要な事項についての協議を行うための協議会（以下「協議会」という。）を組織するものとする。
2　協議会は，次に掲げる者をもつて構成する。
　一　指標を策定する任命権者
　二　公立の小学校等の校長及び教員の研修に協力する大学その他の当該校長及び教員の資質の向上に関係する大学として文部科学省令で定める者
　三　その他当該任命権者が必要と認める者
3　協議会において協議が調つた事項については，協議会の構成員は，その協議の結果を尊重しなければならない。
4　前三項に定めるもののほか，協議会の運営に関し必要な事項は，協議会が定める。
（初任者研修）
第23条　公立の小学校等の教諭等の任命権者は，当該教諭等（臨時的に任用された者その他の政令で定める者を除く。）に対して，その採用（現に教諭等の職以外の職に任命されている者を教諭等の職に任命する場合を含む。附則第五条第一項において同じ。）の日から一年間の教諭又は保育教諭の職務の遂行に必要な事項に関する実践的な研修（以下「初任者研修」という。）を実施しなければならない。
2　任命権者は，初任者研修を受ける者（次項において「初任者」という。）の所属する学校の副校長，教頭，主幹教諭（養護又は栄養の指導及び管理をつかさどる主幹教諭を除く。），指導教諭，教諭，主幹保育教諭，指導保育教諭，保育教諭又は講師のうちから，指導教員を命じるものとする。
3　指導教員は，初任者に対して教諭又は保育教諭の職務の遂行に必要な事項について指導及び助言を行うものとする。
（中堅教諭等資質向上研修）
第24条　公立の小学校等の教諭等（臨時的に任用された者その他の政令で定める者を除く。以下この項において同じ。）の任命権者は，当該教諭等に対して，個々の能力，適性等に応じて，公立の小学校等における教育に関し相当の経験を有し，その教育活動その他の学校運営の円滑かつ効果的な実施において中核的な役割を果たすことが期待される中堅教諭等としての職務を遂行する上で必要とされる資質の向上を図るために必要な事項に関する研修（以下「中堅教諭等資質向上研修」という。）を実施しなければならない。
2　任命権者は，中堅教諭等資質向上研修を実施するに当たり，中堅教諭等資質向上研修を受ける者の能力，適性等について評価を行い，その結果に基づき，当該者ごとに中堅教諭等資質向上研修に関する計画書を作成しなければならない。
（指導改善研修）
第25条　公立の小学校等の教諭等の任命権者は，児童，生徒又は幼児（以下「児童等」という。）に対する指導が不適切であると認定した教諭等に対して，その能力，適性等に応じて，当該指導の改善を図るために必要な事項に関する研修（以下「指導改善研修」という。）を実施しなければならない。
2　指導改善研修の期間は，1年を超えてはならない。ただし，特に必要があると認めるときは，任命権者は，指導改善研修を開始した日から引き続き2年を超えない範囲内で，これを延長することができる。
3　任命権者は，指導改善研修を実施するに当たり，指導改善研修を受ける者の能力，適性等に応じて，その者ごとに指導改善研修に関する計画書を作成しなければならない。
4　任命権者は，指導改善研修の終了時において，指導改善研修を受けた者の児童等に対する指導の改善の程度に関する認定を行わなけ

ればならない。
5 任命権者は，第一項及び前項の認定に当たつては，教育委員会規則（幼保連携型認定こども園にあつては，地方公共団体の規則。次項において同じ。）で定めるところにより，教育学，医学，心理学その他の児童等に対する指導に関する専門的知識を有する者及び当該任命権者の属する都道府県又は市町村の区域内に居住する保護者（親権を行う者及び未成年後見人をいう。）である者の意見を聴かなければならない。
6 前項に定めるもののほか，事実の確認の方法その他第一項及び第四項の認定の手続に関し必要な事項は，教育委員会規則で定めるものとする。
7 前各項に規定するもののほか，指導改善研修の実施に関し必要な事項は，政令で定める。
（指導改善研修後の措置）
第25条の二 任命権者は，前条第四項の認定において指導の改善が不十分でなお児童等に対する指導を適切に行うことができないと認める教諭等に対して，免職その他の必要な措置を講ずるものとする。

第5章 大学院修学休業
（大学院修学休業の許可及びその要件等）
第26条 公立の小学校等の主幹教諭，指導教諭，教諭，養護教諭，栄養教諭，主幹保育教諭，指導保育教諭，保育教諭又は講師（以下「主幹教諭等」という。）で次の各号のいずれにも該当するものは，任命権者の許可を受けて，3年を超えない範囲内で年を単位として定める期間，大学（短期大学を除く。）の大学院の課程若しくは専攻科の課程又はこれらの課程に相当する外国の大学の課程（次項及び第28条第二項において「大学院の課程等」という。）に在学してその課程を履修するための休業（以下「大学院修学休業」という。）をすることができる。
一 主幹教諭（養護又は栄養の指導及び管理をつかさどる主幹教諭を除く。），指導教諭，教諭，主幹保育教諭，指導保育教諭，保育教諭又は講師にあつては教育職員免許法（昭和24年法律第147号）に規定する教諭の専修免許状，養護をつかさどる主幹教諭又は養護教諭にあつては同法に規定する養護教諭の専修免許状，栄養の指導及び管理をつかさどる主幹教諭又は栄養教諭にあつては同法に規定する栄養教諭の専修免許状の取得を目的としていること。
二 取得しようとする専修免許状に係る基礎となる免許状（教育職員免許法に規定する教諭の一種免許状若しくは特別免許状，養護教諭の一種免許状又は栄養教諭の一種免許状であつて，同法別表第三，別表第五，別表第六，別表第六の二又は別表第七の規定により専修免許状の授与を受けようとする場合には有することを必要とされるものをいう。次号において同じ。）を有していること。
三 取得しようとする専修免許状に係る基礎となる免許状について，教育職員免許法別表第三，別表第五，別表第六，別表第六の二又は別表第七に定める最低在職年数を満たしていること。
四 条件付採用期間中の者，臨時的に任用された者，初任者研修を受けている者その他政令で定める者でないこと。
2 大学院修学休業の許可を受けようとする主幹教諭等は，取得しようとする専修免許状の種類，在学しようとする大学院の課程等及び大学院修学休業をしようとする期間を明らかにして，任命権者に対し，その許可を申請するものとする。
（大学院修学休業の効果）
第27条 大学院修学休業をしている主幹教諭等は，地方公務員としての身分を保有するが，職務に従事しない。
2 大学院修学休業をしている期間については，給与を支給しない。
（大学院修学休業の許可の失効等）
第28条 大学院修学休業の許可は，当該大学院修学休業をしている主幹教諭等が休職又は停職の処分を受けた場合には，その効力を失う。
2 任命権者は，大学院修学休業をしている主幹教諭等が当該大学院修学休業の許可に係る大学院の課程等を退学したことその他政令で定める事由に該当すると認めるときは，当該大学院修学休業の許可を取り消すものとする。

第6章 職員団体
（公立学校の職員の職員団体）
第29条 地方公務員法第53条及び第54条並びに地方公務員法の一部を改正する法律（昭和40年法律第71号）附則第二条の規定の適用については，一の都道府県内の公立学校の

職員のみをもつて組織する地方公務員法第52条第一項に規定する職員団体（当該都道府県内の一の地方公共団体の公立学校の職員のみをもつて組織するものを除く。）は，当該都道府県の職員をもつて組織する同項に規定する職員団体とみなす。
2　前項の場合において，同項の職員団体は，当該都道府県内の公立学校の職員であつた者でその意に反して免職され，若しくは懲戒処分としての免職の処分を受け，当該処分を受けた日の翌日から起算して一年以内のもの又はその期間内に当該処分について法律の定めるところにより審査請求をし，若しくは訴えを提起し，これに対する裁決又は裁判が確定するに至らないものを構成員にとどめていること，及び当該職員団体の役員である者を構成員としていることを妨げない。

○地方教育行政の組織及び運営に関する法律（抄）　　　　　　　　（1956.6.30）

第3章　教育委員会及び地方公共団体の長の職務権限
（教育委員会の職務権限）
第21条　教育委員会は，当該地方公共団体が処理する教育に関する事務で，次に掲げるものを管理し，及び執行する。
一　教育委員会の所管に属する第30条に規定する学校その他の教育機関（以下「学校その他の教育機関」という。）の設置，管理及び廃止に関すること。
二　教育委員会の所管に属する学校その他の教育機関の用に供する財産（以下「教育財産」という。）の管理に関すること。
三　教育委員会及び教育委員会の所管に属する学校その他の教育機関の職員の任免その他の人事に関すること。
四　学齢生徒及び学齢児童の就学並びに生徒，児童及び幼児の入学，転学及び退学に関すること。
五　教育委員会の所管に属する学校の組織編制，教育課程，学習指導，生徒指導及び職業指導に関すること。
六　教科書その他の教材の取扱いに関すること。
七　校舎その他の施設及び教具その他の設備の整備に関すること。
八　校長，教員その他の教育関係職員の研修に関すること。
九　校長，教員その他の教育関係職員並びに生徒，児童及び幼児の保健，安全，厚生及び福利に関すること。
十　教育委員会の所管に属する学校その他の教育機関の環境衛生に関すること。
十一　学校給食に関すること。
十二　青少年教育，女性教育及び公民館の事業その他社会教育に関すること。
十三　スポーツに関すること。
十四　文化財の保護に関すること。
十五　ユネスコ活動に関すること。
十六　教育に関する法人に関すること。
十七　教育に係る調査及び基幹統計その他の統計に関すること。
十八　所掌事務に係る広報及び所掌事務に係る教育行政に関する相談に関すること。
十九　前各号に掲げるもののほか，当該地方公共団体の区域内における教育に関する事務に関すること。
（事務の委任等）
第25条　教育委員会は，教育委員会規則で定めるところにより，その権限に属する事務の一部を教育長に委任し，又は教育長をして臨時に代理させることができる。
2　前項の規定にかかわらず，次に掲げる事務は，教育長に委任することができない。
一　教育に関する事務の管理及び執行の基本的な方針に関すること。
二　教育委員会規則その他教育委員会の定める規程の制定又は改廃に関すること。
三　教育委員会の所管に属する学校その他の教育機関の設置及び廃止に関すること。
四　教育委員会及び教育委員会の所管に属する学校その他の教育機関の職員の任免その他の人事に関すること。
五　次条の規定による点検及び評価に関すること。
六　第27条及び第29条に規定する意見の申出に関すること。
3　教育長は，教育委員会規則で定めるところにより，第一項の規定により委任された事務又は臨時に代理した事務の管理及び執行の状況を教育委員会に報告しなければならない。
4　教育長は，第一項の規定により委任された事務その他その権限に属する事務の一部を事務局の職員若しくは教育委員会の所管に属す

る学校その他の教育機関の職員（以下この項及び次条第一項において「事務局職員等」という。）に委任し，又は事務局職員等をして臨時に代理させることができる。

第4章　教育機関
第1節　通則
（教育機関の設置）
第30条　地方公共団体は，法律で定めるところにより，学校，図書館，博物館，公民館その他の教育機関を設置するほか，条例で，教育に関する専門的，技術的事項の研究又は教育関係職員の研修，保健若しくは福利厚生に関する施設その他の必要な教育機関を設置することができる。

（教育機関の職員）
第31条　前条に規定する学校に，法律で定めるところにより，学長，校長，園長，教員，事務職員，技術職員その他の所要の職員を置く。
2　前条に規定する学校以外の教育機関に，法律又は条例で定めるところにより，事務職員，技術職員その他の所要の職員を置く。
3　前二項に規定する職員の定数は，この法律に特別の定がある場合を除き，当該地方公共団体の条例で定めなければならない。ただし，臨時又は非常勤の職員については，この限りでない。

（教育機関の所管）
第32条　学校その他の教育機関のうち，大学及び幼保連携型認定こども園は地方公共団体の長が，その他のものは教育委員会が所管する。ただし，第23条第一項の条例の定めるところにより地方公共団体の長が管理し，及び執行することとされた事務のみに係る教育機関は，地方公共団体の長が所管する。

（学校等の管理）
第33条　教育委員会は，法令又は条例に違反しない限度において，その所管に属する学校その他の教育機関の施設，設備，組織編制，教育課程，教材の取扱その他学校その他の教育機関の管理運営の基本的事項について，必要な教育委員会規則を定めるものとする。この場合において，当該教育委員会規則で定めようとする事項のうち，その実施のためには新たに予算を伴うこととなるものについては，教育委員会は，あらかじめ当該地方公共団体の長に協議しなければならない。

2　前項の場合において，教育委員会は，学校における教科書以外の教材の使用について，あらかじめ，教育委員会に届け出させ，又は教育委員会の承認を受けさせることとする定を設けるものとする。

（教育機関の職員の任命）
第34条　教育委員会の所管に属する学校その他の教育機関の校長，園長，教員，事務職員，技術職員その他の職員は，この法律に特別の定めがある場合を除き，教育委員会が任命する。

（職員の身分取扱い）
第35条　第31条第一項又は第二項に規定する職員の任免，人事評価，給与，懲戒，服務，退職管理その他の身分取扱いに関する事項は，この法律及び他の法律に特別の定めがある場合を除き，地方公務員法の定めるところによる。

（所属職員の進退に関する意見の申出）
第36条　学校その他の教育機関の長は，この法律及び教育公務員特例法に特別の定がある場合を除き，その所属の職員の任免その他の進退に関する意見を任命権者に対して申し出ることができる。この場合において，大学附置の学校の校長にあつては，学長を経由するものとする。

第2節　市町村立学校の教職員
（任命権者）
第37条　市町村立学校職員給与負担法（昭和23年法律第135号）第1条及び第2条に規定する職員（以下「県費負担教職員」という。）の任命権は，都道府県委員会に属する。
2　前項の都道府県委員会の権限に属する事務に係る第25条第二項の規定の適用については，同項第四号中「職員」とあるのは，「職員並びに第37条第一項に規定する県費負担教職員」とする。

（市町村委員会の内申）
第38条　都道府県委員会は，市町村委員会の内申をまつて，県費負担教職員の任免その他の進退を行うものとする。
2　前項の規定にかかわらず，都道府県委員会は，同項の内申が県費負担教職員の転任（地方自治法第252条の七第一項の規定により教育委員会を共同設置する一の市町村の県費負担教職員を免職し，引き続いて当該教育委員会を共同設置する他の市町村の県費負担教職員に採用する場合を含む。以下この項におい

て同じ。）に係るものであるときは，当該内申に基づき，その転任を行うものとする。ただし，次の各号のいずれかに該当するときは，この限りでない。
一　都道府県内の教職員の適正な配置と円滑な交流の観点から，一の市町村（地方自治法第252条の七第一項の規定により教育委員会を共同設置する場合における当該教育委員会を共同設置する他の市町村を含む。以下この号において同じ。）における県費負担教職員の標準的な在職期間その他の都道府県委員会が定める県費負担教職員の任用に関する基準に従い，一の市町村の県費負担教職員を免職し，引き続いて当該都道府県内の他の市町村の県費負担教職員に採用する必要がある場合
二　前号に掲げる場合のほか，やむを得ない事情により当該内申に係る転任を行うことが困難である場合
3　市町村委員会は，次条の規定による校長の意見の申出があつた県費負担教職員について第一項又は前項の内申を行うときは，当該校長の意見を付するものとする。
（校長の所属教職員の進退に関する意見の申出）
第39条　市町村立学校職員給与負担法第1条及び第2条に規定する学校の校長は，所属の県費負担教職員の任免その他の進退に関する意見を市町村委員会に申し出ることができる。
（県費負担教職員の任用等）
第40条　第37条の場合において，都道府県委員会（この条に掲げる一の市町村に係る県費負担教職員の免職に関する事務を行う者及びこの条に掲げる他の市町村に係る県費負担教職員の採用に関する事務を行う者の一方又は双方が第55条第一項又は第61条第一項の規定により当該事務を行うこととされた市町村委員会である場合にあつては，当該一の市町村に係る県費負担教職員の免職に関する事務を行う教育委員会及び当該他の市町村に係る県費負担教職員の採用に関する事務を行う教育委員会）は，地方公務員法第27条第二項及び第28条第一項の規定にかかわらず，一の市町村の県費負担教職員（非常勤の講師（同法第28条の五第一項に規定する短時間勤務の職を占める者を除く。以下同じ。）を除く。以下この条，第42条，第43条第三項，第44条，第45条第一項，第47条，第59条及び第61条第二項において同じ。）を免職し，引き続いて当該都道府県内の他の市町村の県費負担教職員に採用することができるものとする。この場合において，当該県費負担教職員が当該免職された市町村において同法第22条第一項（教育公務員特例法第12条第一項の規定において読み替えて適用する場合を含む。）の規定により正式任用になつていた者であるときは，当該県費負担教職員の当該他の市町村における採用については，地方公務員法第22条第一項の規定は，適用しない。
（県費負担教職員の定数）
第41条　県費負担教職員の定数は，都道府県の条例で定める。ただし，臨時又は非常勤の職員については，この限りでない。
2　県費負担教職員の市町村別の学校の種類ごとの定数は，前項の規定により定められた定数の範囲内で，都道府県委員会が，当該市町村における児童又は生徒の実態，当該市町村が設置する学校の学級編制に係る事情等を総合的に勘案して定める。
3　前項の場合において，都道府県委員会は，あらかじめ，市町村委員会の意見を聴き，その意見を十分に尊重しなければならない。
（県費負担教職員の給与，勤務時間その他の勤務条件）
第42条　県費負担教職員の給与，勤務時間その他の勤務条件については，地方公務員法第24条第五項の規定により条例で定めるものとされている事項は，都道府県の条例で定める。
（服務の監督）
第43条　市町村委員会は，県費負担教職員の服務を監督する。
2　県費負担教職員は，その職務を遂行するに当つて，法令，当該市町村の条例及び規則並びに当該市町村委員会の定める教育委員会規則及び規程（前条又は次項の規定によつて都道府県が制定する条例を含む。）に従い，かつ，市町村委員会その他職務上の上司の職務上の命令に忠実に従わなければならない。
3　県費負担教職員の任免，分限又は懲戒に関して，地方公務員法の規定により条例で定めるものとされている事項は，都道府県の条例で定める。
4　都道府県委員会は，県費負担教職員の任免その他の進退を適切に行うため，市町村委員会の行う県費負担教職員の服務の監督又は前条，前項若しくは第47条の三第一項の規定により都道府県が制定する条例若しくは同条

規定	読み替えられる字句	読み替える字句
第16条各号列記以外の部分	職員	職員（第三号の場合にあつては，都道府県教育委員会又は地方教育行政の組織及び運営に関する法律第55条第一項若しくは第61条第一項の規定により同法第37条第一項に規定する県費負担教職員の任用に関する事務を行うこととされた市町村教育委員会の任命に係る職員及び懲戒免職の処分を受けた当時属していた地方公共団体の職員）
第16条第三号	当該地方公共団体において	都道府県教育委員会（地方教育行政の組織及び運営に関する法律第55条第一項又は第61条第一項の規定により同法第37条第一項に規定する県費負担教職員の懲戒に関する事務を行うこととされた市町村教育委員会を含む。）により
第26条の二第一項及び第26条の三第一項	任命権者	市町村教育委員会
第28条の四第一項	当該地方公共団体	市町村
	常時勤務を要する職	当該市町村を包括する都道府県の区域内の市町村の常時勤務を要する職
第28条の五第一項	当該地方公共団体	市町村
	短時間勤務の職（	当該市町村を包括する都道府県の区域内の市町村の短時間勤務の職（
第29条第一項第一号	この法律若しくは第五十七条に規定する特例を定めた法律	この法律，第57条に規定する特例を定めた法律若しくは地方教育行政の組織及び運営に関する法律
第34条第二項	任命権者	市町村教育委員会
第37条	地方公共団体	都道府県及び市町村
第38条，第38条の二第六項第六号，第38条の三（見出しを含む。），第38条の四（見出しを含む。）並びに第38条の五の見出し及び同条第一項	任命権者	市町村教育委員会

第二項の都道府県の定めの実施について，技術的な基準を設けることができる。
（人事評価）
第44条　県費負担教職員の人事評価は，地方公務員法第23条の二第一項の規定にかかわらず，都道府県委員会の計画の下に，市町村委員会が行うものとする。
（研修）
第45条　県費負担教職員の研修は，地方公務員法第39条第二項の規定にかかわらず，市町村委員会も行うことができる。
2　市町村委員会は，都道府県委員会が行う県費負担教職員の研修に協力しなければならない。
第46条　削除（平26法34）
（地方公務員法の適用の特例）
第47条　この法律に特別の定めがあるもののほか，県費負担教職員に対して地方公務員法

を適用する場合においては，同法中次の表の上欄に掲げる規定の中欄に掲げる字句は，それぞれ同表の下欄（次頁）に掲げる字句とする。

2　前項に定めるもののほか，県費負担教職員に対して地方公務員法の規定を適用する場合における技術的読替は，政令で定める。

（県費負担教職員の免職及び都道府県の職への採用）

第47条の二　都道府県委員会は，地方公務員法第27条第二項及び第28条第一項の規定にかかわらず，その任命に係る市町村の県費負担教職員（教諭，養護教諭，栄養教諭，助教諭及び養護助教諭（同法第28条の四第一項又は第28条の五第一項の規定により採用された者（以下この項において「再任用職員」という。）を除く。）並びに講師（再任用職員及び非常勤の講師を除く。）に限る。）で次の各号のいずれにも該当するもの（同法第28条第一項各号又は第二項各号のいずれかに該当する者を除く。）を免職し，引き続いて当該都道府県の常時勤務を要する職（指導主事並びに校長，園長及び教員の職を除く。）に採用することができる。

一　児童又は生徒に対する指導が不適切であること。

二　研修等必要な措置が講じられたとしてもなお児童又は生徒に対する指導を適切に行うことができないと認められること。

2　事実の確認の方法その他前項の県費負担教職員が同項各号に該当するかどうかを判断するための手続に関し必要な事項は，都道府県の教育委員会規則で定めるものとする。

3　都道府県委員会は，第一項の規定による採用に当たつては，公務の能率的な運営を確保する見地から，同項の県費負担教職員の適性，知識等について十分に考慮するものとする。

4　第40条後段の規定は，第一項の場合について準用する。この場合において，同条後段中「当該他の市町村」とあるのは，「当該都道府県」と読み替えるものとする。

（県費負担教職員のうち非常勤講師の報酬等及び身分取扱い）

第47条の三　県費負担教職員のうち非常勤の講師の報酬及び職務を行うために要する費用の弁償の額並びにその支給方法については，都00.道府県の条例で定める。

2　この章に規定するもののほか，県費負担教職員のうち非常勤の講師の身分取扱いについては，都道府県の定めの適用があるものとする。

（初任者研修に係る非常勤講師の派遣）

第47条の四　市（地方自治法第252条の十九第一項の指定都市（以下「指定都市」という。）を除く。以下この条において同じ。）町村の教育委員会は，都道府県委員会が教育公務員特例法第23条第一項の初任者研修を実施する場合において，市町村の設置する小学校，中学校，義務教育学校，高等学校，中等教育学校（後期課程に定時制の課程（学校教育法第4条第一項に規定する定時制の課程をいう。以下同じ。）のみを置くものに限る。）又は特別支援学校に非常勤の講師（高等学校にあつては，定時制の課程の授業を担任する非常勤の講師に限る。）を勤務させる必要があると認めるときは，都道府県委員会に対し，当該都道府県委員会の事務局の非常勤の職員の派遣を求めることができる。

2　前項の規定による求めに応じて派遣される職員（第四項において「派遣職員」という。）は，派遣を受けた市町村の職員の身分を併せ有することとなるものとし，その報酬及び職務を行うために要する費用の弁償は，当該職員の派遣をした都道府県の負担とする。

3　市町村の教育委員会は，第一項の規定に基づき派遣された非常勤の講師の服務を監督する。

4　前項に規定するもののほか，派遣職員の身分取扱いに関しては，当該職員の派遣をした都道府県の非常勤の講師に関する定めの適用があるものとする。

第3節　共同学校事務室

第47条の五　教育委員会は，教育委員会規則で定めるところにより，その所管に属する学校のうちその指定する二以上の学校に係る事務（学校教育法第37条第十四項（同法第28条，第49条，第49条の八，第62条，第70条第一項及び第82条において準用する場合を含む。）の規定により事務職員がつかさどる事務その他の事務であつて共同処理することが当該事務の効果的な処理に資するものとして政令で定めるものに限る。）を当該学校の事務職員が共同処理するための組織として，当該指定する二以上の学校のうちいずれか一の学校に，共同学校事務室を置くことができる。

2　共同学校事務室に，室長及び所要の職員を置く。

3 室長は，共同学校事務室の室務をつかさどる。
4 共同学校事務室の室長及び職員は，第一項の規定による指定を受けた学校であつて，当該共同学校事務室がその事務を共同処理する学校の事務職員をもつて充てる。ただし，当該事務職員をもつて室長に充てることが困難であるときその他特別の事情があるときは，当該事務職員以外の者をもつて室長に充てることができる。
5 前三項に定めるもののほか，共同学校事務室の室長及び職員に関し必要な事項は，政令で定める。

第4節　学校運営協議会

第47条の六　教育委員会は，教育委員会規則で定めるところにより，その所管に属する学校ごとに，当該学校の運営及び当該運営への必要な支援に関して協議する機関として，学校運営協議会を置くように努めなければならない。ただし，二以上の学校の運営に関し相互に密接な連携を図る必要がある場合として文部科学省令で定める場合には，二以上の学校について一の学校運営協議会を置くことができる。
2 学校運営協議会の委員は，次に掲げる者について，教育委員会が任命する。
　一　対象学校（当該学校運営協議会が，その運営及び当該運営への必要な支援に関して協議する学校をいう。以下この条において同じ。）の所在する地域の住民
　二　対象学校に在籍する生徒，児童又は幼児の保護者
　三　社会教育法（昭和24年法律第207号）第9条の七第一項に規定する地域学校協働活動推進員その他の対象学校の運営に資する活動を行う者
　四　その他当該教育委員会が必要と認める者
3 対象学校の校長は，前項の委員の任命に関する意見を教育委員会に申し出ることができる。
4 対象学校の校長は，当該対象学校の運営に関して，教育課程の編成その他教育委員会規則で定める事項について基本的な方針を作成し，当該対象学校の学校運営協議会の承認を得なければならない。
5 学校運営協議会は，前項に規定する基本的な方針に基づく対象学校の運営及び当該運営への必要な支援に関し，対象学校の所在する地域の住民，対象学校に在籍する生徒，児童又は幼児の保護者その他の関係者の理解を深めるとともに，対象学校とこれらの者との連携及び協力の推進に資するため，対象学校の運営及び当該運営への必要な支援に関する協議の結果に関する情報を積極的に提供するよう努めるものとする。
6 学校運営協議会は，対象学校の運営に関する事項（次項に規定する事項を除く。）について，教育委員会又は校長に対して，意見を述べることができる。
7 学校運営協議会は，対象学校の職員の採用その他の任用に関して教育委員会規則で定める事項について，当該職員の任命権者に対して意見を述べることができる。この場合において，当該職員が県費負担教職員（第55条第一項又は第61条第一項の規定により市町村委員会がその任用に関する事務を行う職員を除く。）であるときは，市町村委員会を経由するものとする。
8 対象学校の職員の任命権者は，当該職員の任用に当たつては，前項の規定により述べられた意見を尊重するものとする。
9 教育委員会は，学校運営協議会の運営が適正を欠くことにより，対象学校の運営に現に支障が生じ，又は生ずるおそれがあると認められる場合においては，当該学校運営協議会の適正な運営を確保するために必要な措置を講じなければならない。
10 学校運営協議会の委員の任免の手続及び任期，学校運営協議会の議事の手続その他学校運営協議会の運営に関し必要な事項については，教育委員会規則で定める。

○教育職員免許法（抄）

(1949.5.31)

第1章　総則
（この法律の目的）
第1条　この法律は，教育職員の免許に関する基準を定め，教育職員の資質の保持と向上を図ることを目的とする。
（定義）
第2条　この法律において「教育職員」とは，学校（学校教育法（昭和22年法律第26号）第1条に規定する幼稚園，小学校，中学校，義務教育学校，高等学校，中等教育学校及び特別支援学校（第三項において「第一条学

校」という。）並びに就学前の子どもに関する教育，保育等の総合的な提供の推進に関する法律（平成18年法律第77号）第2条第七項に規定する幼保連携型認定こども園（以下「幼保連携型認定こども園」という。）をいう。以下同じ。）の主幹教諭（幼保連携型認定こども園の主幹養護教諭及び主幹栄養教諭を含む。以下同じ。），指導教諭，教諭，助教諭，養護教諭，養護助教諭，栄養教諭，主幹保育教諭，指導保育教諭，保育教諭，助保育教諭及び講師（以下「教員」という。）をいう。
2　この法律で「免許管理者」とは，免許状を有する者が教育職員及び文部科学省令で定める教育の職にある者である場合にあつてはその者の勤務地の都道府県の教育委員会，これらの者以外の者である場合にあつてはその者の住所地の都道府県の教育委員会をいう。
3　この法律において「所轄庁」とは，大学附置の国立学校（国（国立大学法人法（平成15年法律第112号）第2条第一項に規定する国立大学法人を含む。以下この項において同じ。）が設置する学校をいう。以下同じ。）又は公立学校（地方公共団体（地方独立行政法人法（平成15年法律第118号）第68条第一項に規定する公立大学法人（以下単に「公立大学法人」という。）を含む。）が設置する学校をいう。以下同じ。）の教員にあつてはその大学の学長，大学附置の学校以外の公立学校（第一条学校に限る。）の教員にあつてはその学校を所管する教育委員会，大学附置の学校以外の公立学校（幼保連携型認定こども園に限る。）の教員にあつてはその学校を所管する地方公共団体の長，私立学校（国及び地方公共団体（公立大学法人を含む。）以外の者が設置する学校をいう。以下同じ。）の教員にあつては都道府県知事（地方自治法（昭和22年法律第67号）第252条の十九第一項の指定都市又は同法第252条の二十二第一項の中核市（以下この項において「指定都市等」という。）の区域内の幼保連携型認定こども園の教員にあつては，当該指定都市等の長）をいう。
4　この法律で「自立教科等」とは，理療（あん摩，マッサージ，指圧等に関する基礎的な知識技能の修得を目標とした教科をいう。），理学療法，理容その他の職業についての知識技能の修得に関する教科及び学習上又は生活上の困難を克服し自立を図るために必要な知識技能の修得を目的とする教育に係る活動（以下「自立活動」という。）をいう。
5　この法律で「特別支援教育領域」とは，学校教育法第72条に規定する視覚障害者，聴覚障害者，知的障害者，肢体不自由者又は病弱者（身体虚弱者を含む。）に関するいずれかの教育の領域をいう。
（免許）
第3条　教育職員は，この法律により授与する各相当の免許状を有する者でなければならない。
2　前項の規定にかかわらず，主幹教諭（養護又は栄養の指導及び管理をつかさどる主幹教諭を除く。）及び指導教諭については各相当学校の教諭の免許状を有する者を，養護をつかさどる主幹教諭については養護教諭の免許状を有する者を，栄養の指導及び管理をつかさどる主幹教諭については栄養教諭の免許状を有する者を，講師については各相当学校の教員の相当免許状を有する者を，それぞれ充てるものとする。
3　特別支援学校の教員（養護又は栄養の指導及び管理をつかさどる主幹教諭，養護教諭，養護助教諭，栄養教諭並びに特別支援学校において自立教科等の教授を担任する教員を除く。）については，第一項の規定にかかわらず，特別支援学校の教員の免許状のほか，特別支援学校の各部に相当する学校の教員の免許状を有する者でなければならない。
4　義務教育学校の教員（養護又は栄養の指導及び管理をつかさどる主幹教諭，養護教諭，養護助教諭並びに栄養教諭を除く。）については，第一項の規定にかかわらず，小学校の教員の免許状及び中学校の教員の免許状を有する者でなければならない。
5　中等教育学校の教員（養護又は栄養の指導及び管理をつかさどる主幹教諭，養護教諭，養護助教諭並びに栄養教諭を除く。）については，第一項の規定にかかわらず，中学校の教員の免許状及び高等学校の教員の免許状を有する者でなければならない。
6　幼保連携型認定こども園の教員の免許については，第一項の規定にかかわらず，就学前の子どもに関する教育，保育等の総合的な提供の推進に関する法律の定めるところによる。
（免許状を要しない非常勤の講師）
第3条の二　次に掲げる事項の教授又は実習を担任する非常勤の講師については，前条の規

定にかかわらず，各相当学校の教員の相当免許状を有しない者を充てることができる。
一　小学校における次条第六項第一号に掲げる教科の領域の一部に係る事項
二　中学校における次条第五項第一号に掲げる教科及び第16条の三第一項の文部科学省令で定める教科の領域の一部に係る事項
三　義務教育学校における前二号に掲げる事項
四　高等学校における次条第五項第二号に掲げる教科及び第16条の三第一項の文部科学省令で定める教科の領域の一部に係る事項
五　中等教育学校における第二号及び前号に掲げる事項
六　特別支援学校（幼稚部を除く。）における第一号，第二号及び第四号に掲げる事項並びに自立教科等の領域の一部に係る事項
七　教科に関する事項で文部科学省令で定めるもの
2　前項の場合において，非常勤の講師に任命し，又は雇用しようとする者は，あらかじめ，文部科学省令で定めるところにより，その旨を第5条第7項で定める授与権者に届け出なければならない。

第2章　免許状
（種類）
第4条　免許状は，普通免許状，特別免許状及び臨時免許状とする。
2　普通免許状は，学校（義務教育学校，中等教育学校及び幼保連携型認定こども園を除く。）の種類ごとの教諭の免許状，養護教諭の免許状及び栄養教諭の免許状とし，それぞれ専修免許状，一種免許状及び二種免許状（高等学校教諭の免許状にあつては，専修免許状及び一種免許状）に区分する。
3　特別免許状は，学校（幼稚園，義務教育学校，中等教育学校及び幼保連携型認定こども園を除く。）の種類ごとの教諭の免許状とする。
4　臨時免許状は，学校（義務教育学校，中等教育学校及び幼保連携型認定こども園を除く。）の種類ごとの助教諭の免許状及び養護助教諭の免許状とする。
5　中学校及び高等学校の教員の普通免許状及び臨時免許状は，次に掲げる各教科について授与するものとする。
一　中学校の教員にあつては，国語，社会，数学，理科，音楽，美術，保健体育，保健，技術，家庭，職業（職業指導及び職業実習（農業，工業，商業，水産及び商船のうちいずれか一以上の実習とする。以下同じ。）を含む。），職業指導，職業実習，外国語（英語，ドイツ語，フランス語その他の各外国語に分ける。）及び宗教
二　高等学校の教員にあつては，国語，地理歴史，公民，数学，理科，音楽，美術，工芸，書道，保健体育，保健，看護，看護実習，家庭，家庭実習，情報，情報実習，農業，農業実習，工業，工業実習，商業，商業実習，水産，水産実習，福祉，福祉実習，商船，商船実習，職業指導，外国語（英語，ドイツ語，フランス語その他の各外国語に分ける。）及び宗教
6　小学校教諭，中学校教諭及び高等学校教諭の特別免許状は，次に掲げる教科又は事項について授与するものとする。
一　小学校教諭にあつては，国語，社会，算数，理科，生活，音楽，図画工作，家庭，体育及び外国語（英語，ドイツ語，フランス語その他の各外国語に分ける。）
二　中学校教諭にあつては，前項第一号に掲げる各教科及び第16条の三第一項の文部科学省令で定める教科
三　高等学校教諭にあつては，前項第二号に掲げる各教科及びこれらの教科の領域の一部に係る事項で第16条の四第一項の文部科学省令で定めるもの並びに第16条の三第一項の文部科学省令で定める教科
第4条の二　特別支援学校の教員の普通免許状及び臨時免許状は，一又は二以上の特別支援教育領域について授与するものとする。
2　特別支援学校において専ら自立教科等の教授を担任する教員の普通免許状及び臨時免許状は，前条第二項の規定にかかわらず，文部科学省令で定めるところにより，障害の種類に応じて文部科学省令で定める自立教科等について授与するものとする。
3　特別支援学校教諭の特別免許状は，前項の文部科学省令で定める自立教科等について授与するものとする。
（授与）
第5条　普通免許状は，別表第一，別表第二若しくは別表第二の二に定める基礎資格を有し，かつ，大学若しくは文部科学大臣の指定する養護教諭養成機関において別表第一，別表第二若しくは別表第二の二に定める単位を修得

した者又はその免許状を授与するため行う教育職員検定に合格した者に授与する。ただし，次の各号のいずれかに該当する者には，授与しない。
一　十八歳未満の者
二　高等学校を卒業しない者（通常の課程以外の課程におけるこれに相当するものを修了しない者を含む。）。ただし，文部科学大臣において高等学校を卒業した者と同等以上の資格を有すると認めた者を除く。
三　成年被後見人又は被保佐人
四　禁錮以上の刑に処せられた者
五　第10条第一項第二号又は第三号に該当することにより免許状がその効力を失い，当該失効の日から三年を経過しない者
六　第11条第一項から第三項までの規定により免許状取上げの処分を受け，当該処分の日から3年を経過しない者
七　日本国憲法施行の日以後において，日本国憲法又はその下に成立した政府を暴力で破壊することを主張する政党その他の団体を結成し，又はこれに加入した者
2　前項本文の規定にかかわらず，別表第一から別表第二の二までに規定する普通免許状に係る所要資格を得た日の翌日から起算して10年を経過する日の属する年度の末日を経過した者に対する普通免許状の授与は，その者が免許状更新講習（第9条の三第一項に規定する免許状更新講習をいう。以下第9条の二までにおいて同じ。）の課程を修了した後文部科学省令で定める2年以上の期間内にある場合に限り，行うものとする。
3　特別免許状は，教育職員検定に合格した者に授与する。ただし，第一項各号のいずれかに該当する者には，授与しない。
4　前項の教育職員検定は，次の各号のいずれにも該当する者について，教育職員に任命し，又は雇用しようとする者が，学校教育の効果的な実施に特に必要があると認める場合において行う推薦に基づいて行うものとする。
一　担当する教科に関する専門的な知識経験又は技能を有する者
二　社会的信望があり，かつ，教員の職務を行うのに必要な熱意と識見を持っている者
5　第七項で定める授与権者は，第三項の教育職員検定において合格の決定をしようとするときは，あらかじめ，学校教育に関し学識経験を有する者その他の文部科学省令で定める者の意見を聴かなければならない。
6　臨時免許状は，普通免許状を有する者を採用することができない場合に限り，第一項各号のいずれにも該当しない者で教育職員検定に合格したものに授与する。ただし，高等学校助教諭の臨時免許状は，次の各号のいずれかに該当する者以外の者には授与しない。
一　短期大学士の学位又は準学士の称号を有する者
二　文部科学大臣が前号に掲げる者と同等以上の資格を有すると認めた者
7　免許状は，都道府県の教育委員会（以下「授与権者」という。）が授与する。
（教育職員検定）
第6条　教育職員検定は，受検者の人物，学力，実務及び身体について，授与権者が行う。
2　学力及び実務の検定は，第5条第三項及び第六項，前条第三項並びに第18条の場合を除くほか，別表第三又は別表第五から別表第八までに定めるところによつて行わなければならない。
3　一以上の教科についての教諭の免許状を有する者に他の教科についての教諭の免許状を授与するため行う教育職員検定は，第一項の規定にかかわらず，受検者の人物，学力及び身体について行う。この場合における学力の検定は，前項の規定にかかわらず，別表第四の定めるところによつて行わなければならない。
4　第一項及び前項の規定にかかわらず，第5条第三項及び第六項，前条第三項並びに第18条の場合を除くほか，別表第三から別表第八までに規定する普通免許状に係る所要資格を得た日の翌日から起算して十年を経過する日の属する年度の末日を経過した者に普通免許状を授与するため行う教育職員検定は，その者が免許状更新講習の課程を修了した後文部科学省令で定める二年以上の期間内にある場合に限り，行うものとする。
（効力）
第9条　普通免許状は，その授与の日の翌日から起算して十年を経過する日の属する年度の末日まで，すべての都道府県（中学校及び高等学校の教員の宗教の教科についての免許状にあつては，国立学校又は公立学校の場合を除く。次項及び第三項において同じ。）において効力を有する。
2　特別免許状は，その授与の日の翌日から起

算して10年を経過する日の属する年度の末日まで,その免許状を授与した授与権者の置かれる都道府県においてのみ効力を有する。
3　臨時免許状は,その免許状を授与したときから3年間,その免許状を授与した授与権者の置かれる都道府県においてのみ効力を有する。
4　第一項の規定にかかわらず,その免許状に係る別表第一から別表第八までに規定する所要資格を得た日,第16条の二第一項に規定する教員資格認定試験に合格した日又は第16条の三第二項若しくは第17条第一項に規定する文部科学省令で定める資格を有することとなつた日の属する年度の翌年度の初日以後,同日から起算して十年を経過する日までの間に授与された普通免許状(免許状更新講習の課程を修了した後文部科学省令で定める2年以上の期間内に授与されたものを除く。)の有効期間は,当該10年を経過する日までとする。
5　普通免許状又は特別免許状を二以上有する者の当該二以上の免許状の有効期間は,第一項,第二項及び前項並びに次条第四項及び第五項の規定にかかわらず,それぞれの免許状に係るこれらの規定による有効期間の満了の日のうち最も遅い日までとする。

(有効期間の更新及び延長)
第9条の二　免許管理者は,普通免許状又は特別免許状の有効期間を,その満了の際,その免許状を有する者の申請により更新することができる。
2　前項の申請は,申請書に免許管理者が定める書類を添えて,これを免許管理者に提出してしなければならない。
3　第一項の規定による更新は,その申請をした者が当該普通免許状又は特別免許状の有効期間の満了する日までの文部科学省令で定める2年以上の期間内において免許状更新講習の課程を修了した者である場合又は知識技能その他の事項を勘案して免許状更新講習を受ける必要がないものとして文部科学省令で定めるところにより免許管理者が認めた者である場合に限り,行うものとする。
4　第一項の規定により更新された普通免許状又は特別免許状の有効期間は,更新前の有効期間の満了の日の翌日から起算して10年を経過する日の属する年度の末日までとする。
5　免許管理者は,普通免許状又は特別免許状を有する者が,次条第三項第一号に掲げる者である場合において,同条第四項の規定により免許状更新講習を受けることができないことその他文部科学省令で定めるやむを得ない事由により,その免許状の有効期間の満了の日までに免許状更新講習の課程を修了することが困難であると認めるときは,文部科学省令で定めるところにより相当の期間を定めて,その免許状の有効期間を延長するものとする。
6　免許状の有効期間の更新及び延長に関する手続その他必要な事項は,文部科学省令で定める。

(免許状更新講習)
第9条の三　免許状更新講習は,大学その他文部科学省令で定める者が,次に掲げる基準に適合することについての文部科学大臣の認定を受けて行う。
一　講習の内容が,教員の職務の遂行に必要なものとして文部科学省令で定める事項に関する最新の知識技能を修得させるための課程(その一部として行われるものを含む。)であること。
二　講習の講師が,次のいずれかに該当する者であること。
　　イ　文部科学大臣が第十六条の三第四項の政令で定める審議会等に諮問して免許状の授与の所要資格を得させるために適当と認める課程を有する大学において,当該課程を担当する教授,准教授又は講師の職にある者
　　ロ　イに掲げる者に準ずるものとして文部科学省令で定める者
三　講習の課程の修了の認定(課程の一部の履修の認定を含む。)が適切に実施されるものであること。
四　その他文部科学省令で定める要件に適合するものであること。
2　前項に規定する免許状更新講習(以下単に「免許状更新講習」という。)の時間は,30時間以上とする。
3　免許状更新講習は,次に掲げる者に限り,受けることができる。
一　教育職員及び文部科学省令で定める教育の職にある者
二　教育職員に任命され,又は雇用されることとなつている者及びこれに準ずるものとして文部科学省令で定める者
4　前項の規定にかかわらず,公立学校の教員

であつて教育公務員特例法（昭和24年法律第一号）第25条第一項に規定する指導改善研修（以下この項及び次項において単に「指導改善研修」という。）を命ぜられた者は，その指導改善研修が終了するまでの間は，免許状更新講習を受けることができない。
5　前項に規定する者の任命権者（免許管理者を除く。）は，その者に指導改善研修を命じたとき，又はその者の指導改善研修が終了したときは，速やかにその旨を免許管理者に通知しなければならない。
6　文部科学大臣は，第一項の規定による認定に関する事務を独立行政法人教職員支援機構（第16条の二第三項及び別表第三備考第十一号において「機構」という。）に行わせるものとする。
7　前各項に規定するもののほか，免許状更新講習に関し必要な事項は，文部科学省令で定める。
（有効期間の更新又は延長の場合の通知等）
第9条の四　免許管理者は，普通免許状又は特別免許状の有効期間を更新し，又は延長したときは，その旨をその免許状を有する者，その者の所轄庁（免許管理者を除く。）及びその免許状を授与した授与権者（免許管理者を除く。）に通知しなければならない。
2　免許状の有効期間を更新し，若しくは延長したとき，又は前項の通知を受けたときは，その免許状を授与した授与権者は，その旨を第8条第一項の原簿に記入しなければならない。
（二種免許状を有する者の一種免許状の取得に係る努力義務）
第9条の五　教育職員で，その有する相当の免許状（主幹教諭（養護又は栄養の指導及び管理をつかさどる主幹教諭を除く。）及び指導教諭についてはその有する相当学校の教諭の免許状，養護をつかさどる主幹教諭についてはその有する養護教諭の免許状，栄養の指導及び管理をつかさどる主幹教諭についてはその有する栄養教諭の免許状，講師についてはその有する相当学校の教員の相当免許状）が二種免許状であるものは，相当の一種免許状の授与を受けるように努めなければならない。

第3章　免許状の失効及び取上げ
（失効）
第10条　免許状を有する者が，次の各号のいずれかに該当する場合には，その免許状はその効力を失う。
一　第5条第一項第三号，第四号又は第七号に該当するに至つたとき。
二　公立学校の教員であつて懲戒免職の処分を受けたとき。
三　公立学校の教員（地方公務員法（昭和25年法律第261号）第29条の二第一項各号に掲げる者に該当する者を除く。）であつて同法第28条第一項第一号又は第三号に該当するとして分限免職の処分を受けたとき。
2　前項の規定により免許状が失効した者は，速やかに，その免許状を免許管理者に返納しなければならない。
（取上げ）
第11条　国立学校，公立学校（公立大学法人が設置するものに限る。次項第一号において同じ。）又は私立学校の教員が，前条第一項第二号に規定する者の場合における懲戒免職の事由に相当する事由により解雇されたと認められるときは，免許管理者は，その免許状を取り上げなければならない。
2　免許状を有する者が，次の各号のいずれかに該当する場合には，免許管理者は，その免許状を取り上げなければならない。
一　国立学校，公立学校又は私立学校の教員（地方公務員法第29条の二第一項各号に掲げる者に相当する者を含む。）であつて，前条第一項第三号に規定する者の場合における同法第28条第一項第一号又は第三号に掲げる分限免職の事由に相当する事由により解雇されたと認められるとき。
二　地方公務員法第29条の二第一項各号に掲げる者に該当する公立学校の教員であつて，前条第一項第三号に規定する者の場合における同法第28条第一項第一号又は第三号に掲げる分限免職の事由に相当する事由により免職の処分を受けたと認められるとき。
3　免許状を有する者（教育職員以外の者に限る。）が，法令の規定に故意に違反し，又は教育職員たるにふさわしくない非行があつて，その情状が重いと認められるときは，免許管理者は，その免許状を取り上げることができる。
4　前三項の規定により免許状取上げの処分を行つたときは，免許管理者は，その旨を直ちにその者に通知しなければならない。この場合において，当該免許状は，その通知を受け

た日に効力を失うものとする。
5 前条第二項の規定は，前項の規定により免許状が失効した者について準用する。

第4章 雑則
（免許状授与の特例）
第16条の二 普通免許状は，第5条第一項の規定によるほか，普通免許状の種類に応じて文部科学大臣又は文部科学大臣が委嘱する大学の行なう試験（以下「教員資格認定試験」という。）に合格した者で同項各号に該当しないものに授与する。

2 教員資格認定試験に合格した日の翌日から起算して10年を経過する日の属する年度の末日を経過した者については，前項の規定にかかわらず，その者が免許状更新講習の課程を修了した後文部科学省令で定める二年以上の期間内にある場合に限り，普通免許状を授与する。

3 文部科学大臣は，教員資格認定試験（文部

別表第一 （第5条，第5条の二関係）

第一欄 免許状の種類		第二欄 基礎資格	第三欄 大学において修得することを必要とする最低単位数	
	所要資格		教科及び教職に関する科目	特別支援教育に関する科目
幼稚園教諭	専修免許状	修士の学位を有すること。	75	
	一種免許状	学士の学位を有すること。	51	
	二種免許状	短期大学士の学位を有すること。	31	
小学校教諭	専修免許状	修士の学位を有すること。	83	
	一種免許状	学士の学位を有すること。	59	
	二種免許状	短期大学士の学位を有すること。	37	
中学校教諭	専修免許状	修士の学位を有すること。	83	
	一種免許状	学士の学位を有すること。	59	
	二種免許状	短期大学士の学位を有すること。	35	
高等学校教諭	専修免許状	修士の学位を有すること。	83	
	一種免許状	学士の学位を有すること。	59	
特別支援学校教諭	専修免許状	修士の学位を有すること及び小学校，中学校，高等学校又は幼稚園の教諭の普通免許状を有すること。		50
	一種免許状	学士の学位を有すること及び小学校，中学校，高等学校又は幼稚園の教諭の普通免許状を有すること。		26
	二種免許状	小学校，中学校，高等学校又は幼稚園の教諭の普通免許状を有すること。		16

備考
一 この表における単位の修得方法については，文部科学省令で定める（別表第二から別表第八までの場合においても同様とする。）。
一の二 文部科学大臣は，前号の文部科学省令を定めるに当たっては，単位の修得方法が教育職員として必要な知識及び技能を体系的かつ効果的に修得させるものとなるよう配慮するとともに，あらかじめ，第十六条の三第四項の政令で定める審議会等の意見を聴かなければならない（別表第二から別表第八までの場合においても同様とする。）。
二 第二欄の「修士の学位を有すること」には，学校教育法第104条第3項に規定する文部科学大臣の定める学位を有する場合又は大学（短期大学を除く。第六号及び第七号において同じ。）の専攻科若しくは文部科学大臣の指定するこれに相当する課程に1年以上在学し，30単位以上修得した場合を含むものとする（別表第二及び別表第二の二の場合においても同様とする。）。
二の二 第二欄の「学士の学位を有すること」には，学校教育法第104条第2項に規定する文部科学大臣の定める学位（専門職大学を卒業した者に対して授与されるものに限る。）を有する場合又は文部科学大臣が学士の学位を有することと同等以上の資格を有すると認めた場合を含むものとする（別表第二の場合においても同様とする。）。
二の三 第二欄の「短期大学士の学位を有すること」には，学校教育法第百四条第二項に規定する文部科学大臣の定める学位（専門職大学を卒業した者に対して授与されるものを除く。）若しくは同条第六項に規定する文部科学大臣の定める学位を有する場合，文部科学大臣の指定する教員養成機関を卒業した場合又は文部科学大臣が短期大学士の学位を有することと同等以上の資格を有すると認めた場合を含むものとする（別表第二の二の場合においても同様とする。）。
三 高等学校教諭以外の教諭の二種免許状の授与の所要資格に関しては，第三欄の「大学」には，文部科学大臣の指定する教員養成機関を含むものとする。
四 この表の規定により幼稚園，小学校，中学校若しくは高等学校の教諭の専修免許状若しくは一種免許状又は幼稚園，小学校若しくは中学校の教諭の二種免許状の授与を受けようとする者については，特に必要なものとして文部科学省令で定める科目の単位を大学又は文部科学大臣の指定する教員養成機関において修得していることを要するものとする（別表第二及び別表第二の二の場合においても同様とする。）。
五 第三欄に定める科目の単位は，次のいずれかに該当するものでなければならない（別表第二及び別表第二の二の場合においても同様とする。）。
　　イ 文部科学大臣が第16条の三第4項の政令で定める審議会等に諮問して免許状の授与の所要資格を得させるために適当と認める課程（以下「認定課程」という。）において修得したもの
　　ロ 免許状の授与を受けようとする者が認定課程以外の大学の課程又は文部科学大臣が大学の課程に相当するものとして指定する課程において修得したもので，文部科学省令で定めるところにより当該者の在学する認定課程を有する大学が免許状の授与の所要資格を得させるための教科及び教職に関する科目として適当であると認めるもの
六 前号の認定課程には，第三欄に定める科目の単位のうち，教科及び教職に関する科目（教員の職務の遂行に必要な基礎的な知識技能を修得させるためのものとして文部科学省令で定めるものに限る。）又は特別支援教育に関する科目の単位を修得させるために大学が設置する修業年限を一年とする課程を含むものとする。
七 専修免許状に係る第三欄に定める科目の単位数のうち，その単位数からそれぞれの一種免許状に係る同欄に定める専門教育科目の単位数を差し引いた単位数については，大学院の課程又は大学の専攻科の課程において修得するものとする（別表第二の二の場合においても同様とする。）。
八 一種免許状（高等学校教諭の一種免許状を除く。）に係る第三欄に定める科目の単位数は，短期大学の課程及び短期大学の専攻科で文部科学大臣が指定するものの課程において修得することができる。この場合において，その単位数からそれぞれの二種免許状に係る同欄に定める科目の単位数を差し引いた単位数については，短期大学の専攻科の課程において修得するものとする。

別表第三 （第6条関係）

第一欄 受けようとする免許状の種類		第二欄 所要資格 有することを必要とする第一欄に掲げる教員（当該学校の助教諭を含む。）。第三欄において同じ。）の免許状の種類	第三欄 第二欄に定める各免許状を取得した後, 第一欄に掲げる教員又は当該学校の主幹教諭（養護又は栄養の指導及び管理をつかさどる主幹教諭を除く。）, 指導教諭若しくは講師（これらに相当する義務教育学校の前期課程又は後期課程, 中等教育学校の前期課程又は後期課程及び特別支援学校の各部の教員を含み, 幼稚園教諭の専修免許状, 一種免許状又は二種免許状の授与を受けようとする場合にあつては, 幼保連携型認定こども園の主幹保育教諭, 指導保育教諭, 保育教諭又は講師を含む。）として良好な成績で勤務した旨の実務証明責任者の証明を有することを必要とする最低在職年数	第四欄 第二欄に定める各免許状を取得した後, 大学において修得することを必要とする最低単位数
教諭	幼稚園	専修免許状	一種免許状	3	15
		一種免許状	二種免許状	5	45
		二種免許状	臨時免許状	6	45
	小学校教諭	専修免許状	一種免許状	3	15
			特別免許状	3	41
		一種免許状	二種免許状	5	45
			特別免許状	3	26
		二種免許状	臨時免許状	6	45
	中学校教諭	専修免許状	一種免許状	3	15
			特別免許状	3	25
		一種免許状	二種免許状	5	45
		二種免許状	臨時免許状	6	45
	高等学校教諭	専修免許状	一種免許状	3	15
			特別免許状	3	25
		一種免許状	臨時免許状	5	45

備考
一 実務の検定は第三欄により, 学力の検定は第四欄によるものとする（別表第六, 別表第六の二, 別表第七及び別表第八の場合においても同様とする。）。
二 第三欄の学校の教員についての同欄の実務証明責任者は, 国立学校又は公立学校の教員にあつては所轄庁と, 私立学校の教員にあつてはその私立学校を設置する学校法人の理事長とする（別表第五の第二欄並びに別表第六, 別表第六の二, 別表第七及び別表第八の第三欄の場合においても同様とする。）。
三 第三欄の「第一欄に掲げる教員」には, これに相当するものとして文部科学省令で定める学校以外の教育施設において教育に従事する者を含むものとし, その者についての第三欄の実務証明責任者については, 文部科学省令で定める。
四 専修免許状に係る第四欄に定める単位数のうち15単位については, 大学院の課程又は大学（短期大学を除く。）の専攻科の課程において修得するものとする（別表第五の第三欄並びに別表第六, 別表第六の二及び別表第七の第四欄の場合においても同様とする。）。
五 一種免許状（高等学校教諭の一種免許状を除く。）に係る第四欄に定める単位数は, 短期大学の専攻科で文部科学大臣が指定するものの課程において修得することができる（別表第五の第三欄並びに別表第六, 別表第六の二及び別表第七の第四欄の場合においても同様とする。）。
六 第四欄の単位数（第四号に規定するものを含む。）は, 文部科学大臣の指定する養護教諭養成機関において修得した単位, 文部科学大臣の認定する講習, 大学の公開講座若しくは通信教育において修得した単位又は文部科学大臣が大学に委嘱して行う試験の合格により修得した単位をもつて替えることができる（別表第四及び別表第五の第三欄並びに別表第六, 別表第六の二, 別表第七及び別表第八の第四欄の場合においても同様とする。）。

七　この表の規定により一種免許状又は二種免許状の授与を受けようとする者（小学校教諭の特別免許状を有する者でこの表の規定により小学校教諭の一種免許状の授与を受けようとするものを除く。）について，第三欄に定める最低在職年数を超える在職年数があるときは，5単位にその超える在職年数を乗じて得た単位数（第四欄に定める最低単位数から10単位を控除した単位数を限度とする。）を当該最低単位数から差し引くものとする。この場合における最低在職年数には，文部科学省令で定める教育の職における在職年数を通算することができる（別表第六及び別表第六の二の場合においても同様とする。）。
八　二種免許状を有する者で教育職員に任命され，又は雇用された日から起算して12年を経過したもの（幼稚園及び幼保連携型認定こども園の教員を除く。）の免許管理者は，当該12年を経過した日（第十号において「経過日」という。）から起算して3年の間に二種免許状の授与を受け，一種免許状を取得するのに必要とする単位を修得することができる大学の課程，文部科学大臣の認定する講習，大学の公開講座若しくは通信教育又は文部科学大臣が大学に委託して行う試験（次号及び第九号において「大学の課程等」という。）の指定を行う。
九　前号に規定する者を任命し，又は雇用する者は，前号の規定により指定される大学の課程等において当該者が単位を修得することができる機会を与えるように努めなければならない。
十　第八号の規定により大学の課程等の指定を受けた者で経過日から起算して3年を経過する日までに一種免許状を取得していないものについては，第七号の規定にかかわらず，当該日の翌日以後は，第四欄に定める最低単位数は同欄に定める単位数とする。
十一　文部科学大臣は，第六号の規定による認定に関する事務を機構に行わせるものとする（別表第四から別表第八までの場合においても同様とする。）。

別表第八　（第6条関係）

第一欄　所要資格／受けようとする免許状の種類	第二欄　有することを必要とする学校の免許状	第三欄　第二欄に定める各免許状を取得した後，当該学校における主幹教諭（養護又は栄養の指導及び管理をつかさどる主幹教諭を除く。），指導教諭，教諭又は講師（これらに相当する義務教育学校の前期課程又は後期課程，中等教育学校の前期課程又は後期課程及び特別支援学校の各部の主幹教諭（養護又は栄養の指導及び管理をつかさどる主幹教諭を除く。），指導教諭，教諭又は講師を含み，小学校教諭の二種免許状の授与を受けようとする場合にあつては，幼保連携型認定こども園の主幹保育教諭，指導保育教諭，保育教諭又は講師を含む。）として良好な勤務成績で勤務した旨の実務証明責任者の証明を有することを必要とする最低在職年数	第四欄　第二欄に定める免許状を取得した後，大学において修得することを要する単位数
幼稚園教諭二種免許状	小学校教諭普通免許状	3	6
小学校教諭二種免許状	幼稚園教諭普通免許状	3	13
	中学校教諭普通免許状	3	12
中学校教諭二種免許状	小学校教諭普通免許状	3	14
	高等学校教諭普通免許状	3	9
高等学校教諭一種免許状	中学校教諭普通免許状（二種免許状を除く。）	3	12

備考　中学校教諭免許状を有する者が高等学校教諭一種免許状の授与を受けようとする場合又は高等学校教諭免許状を有する者が中学校教諭二種免許状の授与を受けようとする場合の免許状に係る教科については，文部科学省令で定める。

科学大臣が行うものに限る。）の実施に関する事務を機構に行わせるものとする。
4　教員資格認定試験の受験資格，実施の方法その他試験に関し必要な事項は，文部科学省令で定める。
（中学校等の教員の特例）
第16条の三　中学校教諭又は高等学校教諭の普通免許状は，それぞれ第4条第五項第一号又は第二号に掲げる教科のほか，これらの学校における教育内容の変化並びに生徒の進路及び特性その他の事情を考慮して文部科学省令で定める教科について授与することができる。
2　前項の免許状は，第5条第一項本文の規定によるほか，その免許状に係る教員資格認定試験に合格した者又は文部科学省令で定める資格を有する者に授与する。
3　前条第二項の規定は，前項の規定による免許状の授与について準用する。この場合において，同条第二項中「合格した日」とあるのは「合格した日又は次条第二項に規定する文部科学省令で定める資格を有することとなつた日」と，「前項」とあるのは「同項」と読み替えるものとする。
4　第一項及び第二項の文部科学省令を定めるに当たつては，文部科学大臣は，審議会等（国家行政組織法（昭和23年法律第120号）第8条に規定する機関をいう。別表第一備考第五号イにおいて同じ。）で政令で定めるものの意見を聴かなければならない。
第16条の四　高等学校教諭の普通免許状は，第4条第五項第二号に掲げる教科のほか，これらの教科の領域の一部に係る事項で文部科学省令で定めるものについて授与することができる。
2　前項の免許状は，一種免許状とする。
3　第一項の免許状は，第5条第一項本文の規定にかかわらず，その免許状に係る教員資格認定試験に合格した者に授与する。
4　第16条の二第二項の規定は，前項の規定による免許状の授与について準用する。この場合において，同条第二項中「前項」とあるのは，「第16条の四第三項」と読み替えるものとする。
第16条の五　中学校又は高等学校の教諭の免許状を有する者は，第3条第一項から第四項までの規定にかかわらず，それぞれその免許状に係る教科に相当する教科その他教科に関する事項で文部科学省令で定めるものの教授又は実習を担任する小学校若しくは義務教育学校の前期課程の主幹教諭，指導教諭，教諭若しくは講師又は特別支援学校の小学部の主幹教諭，指導教諭，教諭若しくは講師となることができる。ただし，特別支援学校の小学部の主幹教諭，指導教諭，教諭又は講師となる場合は，特別支援学校の教員の免許状を有する者でなければならない。
2　工芸，書道，看護，情報，農業，工業，商業，水産，福祉若しくは商船又は看護実習，情報実習，農業実習，工業実習，商業実習，水産実習，福祉実習若しくは商船実習の教科又は前条第一項に規定する文部科学省令で定める教科の領域の一部に係る事項について高等学校の教諭の免許状を有する者は，第3条第一項から第五項までの規定にかかわらず，それぞれその免許状に係る教科に相当する教科その他教科に関する事項で文部科学省令で定めるものの教授又は実習を担任する中学校，義務教育学校の後期課程若しくは中等教育学校の前期課程の主幹教諭，指導教諭，教諭若しくは講師又は特別支援学校の中学部の主幹教諭，指導教諭，教諭若しくは講師となることができる。ただし，特別支援学校の中学部の主幹教諭，指導教諭，教諭又は講師となる場合は，特別支援学校の教員の免許状を有する者でなければならない。

○**教育職員免許法施行規則**（抄）
(1954.10.27)

第1章　単位の修得方法等

第2条　免許法別表第一に規定する幼稚園教諭の普通免許状の授与を受ける場合の教科及び教職に関する科目の単位の修得方法は，次の表の定めるところによる。

第一欄	最低修得単位数					
	第二欄	第三欄	第四欄		第五欄	第六欄
教科及び教職に関する科目	領域及び保育内容の指導法に関する科目	教育の基礎的理解に関する科目	道徳,総合的な学習の時間等の指導法及び生徒指導,教育相談等に関する科目		教育実践に関する科目	大学が独自に設定する科目
右項の各科目に含めることが必要な事項	領域に関する専門的事項 / 保育内容の指導法(情報機器及び教材の活用を含む。)	教育の理念並びに歴史及び思想 / 教職の意義及び教員の役割・職務内容(チーム学校運営への対応を含む。) / 教育に関する社会的,制度的又は経営的事項(学校と地域との連携及び学校安全への対応を含む。) / 幼児,児童及び生徒の心身の発達及び学習の過程 / 特別の支援を必要とする幼児,児童及び生徒に対する理解 / 教育課程の意義及び編成の方法(カリキュラム・マネジメントを含む。)	教育の方法及び技術(情報機器及び教材の活用を含む。) / 幼児理解の理論及び方法 / 教育相談(カウンセリングに関する基礎的な知識を含む。)の理論及び方法		教育実習 / 教職実践演習	
専修免許状	16	10	4		5 2	38
一種免許状	16	10	4		5 2	14
二種免許状	12	6	4		5 2	2

備考
一 領域及び保育内容の指導法に関する科目(領域に関する専門的事項に係る部分に限る。以下「領域に関する専門的事項に関する科目」という。)の単位の修得方法は,学校教育法施行規則(昭和22年文部省令第11号)第38条に規定する幼稚園教育要領で定める健康,人間関係,環境,言葉及び表現の領域に関する専門的事項を含む科目のうち1以上の科目について修得するものとする。
二 保育内容の指導法(情報機器及び教材の活用を含む。),教育課程の意義及び編成の方法(カリキュラム・マネジメントを含む。)並びに教育の方法及び技術(情報機器及び教材の活用を含む。)は,学校教育法施行規則第38条に規定する幼稚園教育要領に掲げる事項に即し,育成を目指す資質及び能力を育むための主体的・対話的で深い学びの実現に向けた授業改善に資する内容並びに包括的な内容を含むものとする。
三 教育の基礎的理解に関する科目(特別の支援を必要とする幼児,児童及び生徒に対する理解に係る部分に限る。第9条の表備考第七号及び第八号において,「特別の支援を必要とする幼児,児童及び生徒に対する理解に関する科目」という。)は1単位以上を修得するものとする(次条第1項,第4条第1項,第5条第1項,第9条及び第10条の表の場合においても同様とする。)。
四 道徳,総合的な学習の時間等の指導法及び生徒指導,教育相談等に関する科目に教育課程の意義及び編成の方法(カリキュラム・マネジメントを含む。)の内容を含む場合にあつては,教育の基礎的理解に関する科目に教育課程の意義及び編成の方法(カリキュラム・マネジメントを含む。)の内容を含むことを要しない(次条第1項,第4条第1項及び第5条第1項の表の場合においても同様とする。)。
五 カリキュラム・マネジメントは,次に掲げる事項を通じて,教育課程に基づき組織的かつ計画的に学校教育の質の向上を図っていくことを取り扱うものとする(次条第1項,第4条第1項,第5条第1項,第9条及び第10条の表の場合においても同様とする。)。
  イ 幼児,児童又は生徒,学校及び地域の実態を適切に把握し,教育の目的や目標の実現に必要な教育の内容等を教科等横断的な視点で組み立てていくこと。
  ロ 教育課程の実施状況を評価し,その改善を図っていくこと。
  ハ 教育課程の実施に必要な体制を確保するとともにその改善を図っていくこと。

六　教育実習は，幼稚園（特別支援学校の幼稚部を含む。次条第1項の表備考第五号において同じ。），小学校（義務教育学校の前期課程及び特別支援学校の小学部を含む。次条第1項の表備考第五号，第4条第1項の表備考第七号において同じ。）及び就学前の子どもに関する教育，保育等の総合的な提供の推進に関する法律（平成18年法律第77号）第2条第7項に規定する幼保連携型認定こども園（以下「幼保連携型認定こども園」という。）の教育を中心とするものとする。

七　教育実習の単位数には，教育実習に係る事前及び事後の指導（授与を受けようとする普通免許状に係る学校以外の学校，専修学校，社会教育に関する施設，社会福祉施設，児童自立支援施設及びボランティア団体における教育実習に準ずる経験を含むことができる。）の1単位を含むものとする（次条第1項，第4条第1項，第5条第1項，第7条第1項，第9条及び第10条の表の場合においても同様とする。）。

八　教育実習の単位数には，2単位まで，学校体験活動（学校における授業，部活動等の教育活動その他の校務に関する補助又は幼児，児童若しくは生徒に対して学校の授業の終了後若しくは休業日において学校その他適切な施設を利用して行う学習その他の活動に関する補助を体験する活動であつて教育実習以外のものをいう。）の単位を含むことができる（次条第1項，第4条第1項，第5条第1項，第7条第1項及び第9条の表の場合においても同様とする。この場合において，高等学校教諭又は特別支援学校教諭の普通免許状の授与を受ける場合にあつては，「2単位」とあるのは「1単位」と読み替えるものとする。）。この場合において，教育実習に他の学校の教諭の普通免許状の授与を受ける場合のそれぞれの科目の単位をもつてあてることができない（次条第1項，第4条第1項及び第5条第1項の表の場合においても同様とする。）。

九　教育実習の単位は，幼稚園（特別支援学校の幼稚部及び附則第22項第四号に規定する幼稚園に相当する旧令による学校を含む。），小学校（義務教育学校の前期課程，特別支援学校の小学部及び同項第一号に規定する小学校に相当する旧令による学校を含む。）又は幼保連携型認定こども園において，教員として1年以上良好な成績で勤務した旨の実務証明責任者の証明を有する者については，経験年数1年について1単位の割合で，領域及び保育内容の指導法に関する科目（保育内容の指導法（情報機器及び教材の活用を含む。）に係る部分に限る。以下「保育内容の指導法に関する科目」という。）は教育の基礎的理解に関する科目，道徳，総合的な学習の時間等の指導法及び生徒指導，教育相談等に関する科目若しくは教育実践に関する科目（以下「教諭の教育の基礎的理解に関する科目等」という。）（教育実習を除く。）の単位をもつて，これに替えることができる（次条第1項の表の場合においても同様とする。）。

十　教職実践演習は，当該演習を履修する者の教科及び教職に関する科目（教職実践演習を除く。）の履修状況を踏まえ，教員として必要な知識技能を修得したことを確認するものとする（次条第1項，第4条第1項，第5条第1項，第9条及び第10条の表の場合においても同様とする。）。

十一　教諭の教育の基礎的理解に関する科目等の単位は，教育の基礎的理解に関する科目にあつては8単位（二種免許状の授与を受ける場合にあつては6単位）まで，道徳，総合的な学習の時間等の指導法及び生徒指導，教育相談等に関する科目にあつては2単位まで，教育実習にあつては3単位まで，教職実践演習にあつては2単位まで，小学校，中学校又は高等学校の教諭の普通免許状の授与を受ける場合のそれぞれの科目の単位をもつてあてることができる（次条第1項及び第4条第1項の表の場合においても同様とする。）。

十二　教育の基礎的理解に関する科目（教育課程の意義及び編成の方法（カリキュラム・マネジメントを含む。）に係る部分に限る。次条第1項，第4条第1項，第5条第1項，第9条及び第10条の表（表の部分に限る。）を除き，以下「教育課程の意義及び編成の方法に関する科目」という。）並びに道徳，総合的な学習の時間等の指導法及び生徒指導，教育相談等に関する科目（教育の方法及び技術（情報機器及び教材の活用を含む。）に係る部分に限る。附則第10項の表備考第二号イにおいて「教育の方法及び技術に関する科目」という。）の単位のうち，2単位（二種免許状の授与を受ける場合にあつては1単位）までは，小学校の教諭の普通免許状の授与を受ける場合の単位をもつてあてることができる（次条第1項の表の場合においても同様とする。）。

十三　保育内容の指導法に関する科目の単位のうち，半数までは，小学校教諭の普通免許状の授与を受ける場合の教科及び教科の指導法に関する科目（各教科の指導法（情報機器及び教材の

活用を含む。）に係る部分に限る。次条第1項，第4条第1項及び第5条第1項の表（表の部分に限る。）を除き，以下「各教科の指導法に関する科目」という。）又は道徳，総合的な学習の時間等の指導法及び生徒指導，教育相談等に関する科目（特別活動の指導法に係る部分に限る。次条第1項，第4条第1項，第5条第1項の表（表の部分に限る。）を除き，以下「特別活動の指導法に関する科目」という。）の単位をもつてあてることができる。

十四　大学が独自に設定する科目の単位の修得方法は，次に掲げる免許状の授与を受ける場合に応じ，それぞれ定める科目について修得するものとする（次条第1項，第4条第1項及び第5条第1項の表の場合においても同様とする。高等学校教諭の普通免許状の授与を受ける場合にあつては，「一種免許状又は二種免許状」とあるのは「一種免許状」と読み替えるものとする。）。

　イ　専修免許状　領域に関する専門的事項に関する科目，保育内容の指導法に関する科目又は教諭の教育の基礎的理解に関する科目等

　ロ　一種免許状又は二種免許状　領域に関する専門的事項に関する科目，保育内容の指導法に関する科目若しくは教諭の教育の基礎的理解に関する科目等又は大学が加えるこれらに準ずる科目

2　学生が前項の科目の単位を修得するに当たつては，大学は，各科目についての学生の知識及び技能の修得状況に応じ適切な履修指導を行うよう努めるものとする。

3　保育内容の指導法に関する科目及び教諭の教育の基礎的理解に関する科目等の単位を修得させるために大学が設置する修業年限を1年とする課程における単位の修得方法は，第1項に定める修得方法の例によるものとする。

4　大学は，第1項に規定する各科目の開設に当たつては，各科目の内容の整合性及び連続性を確保するとともに，効果的な教育方法を確保するよう努めるものとする。

第3条　免許法別表第一に規定する小学校教諭の普通免許状の授与を受ける場合の教科及び教職に関する科目の単位の修得方法は，次の表の定めるところによる。

第一欄	最低修得単位数					第六欄
	第二欄	第三欄	第四欄	第五欄		
教科及び教職に関する科目	教科及び教科の指導法に関する科目	教育の基礎的理解に関する科目	道徳，総合的な学習の時間等の指導法及び生徒指導，教育相談等に関する科目	教育実践に関する科目		大学が独自に設定する科目
右項の各科目に含めることが必要な事項	教科に関する専門的事項／各教科の指導法（情報機器及び教材の活用を含む。）	教育の理念並びに教育に関する歴史及び思想／教職の意義及び教員の役割・職務内容（チーム学校運営への対応を含む）／教育に関する社会的、制度的又は経営的事項（学校と地域との連携及び学校安全への対応を含む）／幼児、児童及び生徒の心身の発達及び学習の過程／特別の支援を必要とする幼児、児童及び生徒に対する理解／教育課程の意義及び編成の方法（カリキュラム・マネジメントを含む。）	道徳の理論及び指導法／総合的な学習の時間の指導法／特別活動の指導法／教育の方法及び技術（情報機器及び教材の活用を含む。）／生徒指導の理論及び方法／教育相談（カウンセリングに関する基礎的な知識を含む。）の理論及び方法／進路指導及びキャリア教育の理論及び方法	教育実習	教職実践演習	
専修免許状	30	10	10	5	2	26
一種免許状	30	10	10	5	2	2
二種免許状	16	6	6	5	2	2

備考
一 教科及び教科の指導法に関する科目(教科に関する専門的事項に係る部分に限る。次条第1項及び第5条第1項の表(表の部分に限る。)を除き、以下「教科に関する専門的事項に関する科目」という。)の単位の修得方法は、国語(書写を含む。)、社会、算数、理科、生活、音楽、図画工作、家庭、体育及び外国語(英語、ドイツ語、フランス語その他の各外国語に分ける。)(第三号及び第11条の二の表備考第二号において「国語等」という。)の教科に関する専門的事項を含む科目のうち1以上の科目について修得するものとする。
二 各教科の指導法(情報機器及び教材の活用を含む。)、教育課程の意義及び編成の方法(カリキュラム・マネジメントを含む。)、教育の方法及び技術(情報機器及び教材の活用を含む。)、道徳の理論及び指導法、総合的な学習の時間の指導法並びに特別活動の指導法は、学校教育法施行規則第五十二条に規定する小学校学習指導要領に掲げる事項に即し、育成を目指す資質及び能力を育むための主体的・対話的で深い学びの実現に向けた授業改善に資する内容並びに包括的な内容を含むものとする。
三 各教科の指導法に関する科目の単位の修得方法は、専修免許状又は一種免許状の授与を受ける場合にあつては、国語等の教科の指導法に関する科目についてそれぞれ1単位以上を、二種免許状の授与を受ける場合にあつては、6以上の教科の指導法に関する科目(音楽、図画工作又は体育の教科の指導法に関する科目のうち2以上を含む。)についてそれぞれ1単位以上を修得するものとする。
四 道徳、総合的な学習の時間等の指導法及び生徒指導、教育相談等に関する科目(道徳の理論及び指導法に係る部分に限る。)の単位の修得方法は、専修免許状又は一種免許状の場合は2単位以上、二種免許状の場合は1単位以上修得するものとする(次条第1項の表の場合においても同様とする。)。
五 教育実習は、小学校、幼稚園、中学校(義務教育学校の後期課程、中等教育学校の前期課程及び特別支援学校の中学部を含む。次条第1項の表備考第七号及び第5条第1項の表備考第三号において同じ。)及び幼保連携型認定こども園の教育を中心とするものとする。
六 各教科の指導法に関する科目の単位のうち、生活の教科の指導法に関する科目の単位にあつては2単位まで、特別活動の指導法に関する科目の単位にあつては1単位まで、幼稚園の教諭の普通免許状の授与を受ける場合の保育内容の指導法に関する科目の単位をもつてあてることができる。

2 学生が前項の科目の単位を修得するに当たつては、大学は、各科目についての学生の知識及び技能の修得状況に応じ適切な履修指導を行うよう努めるものとする。
3 各教科の指導法に関する科目及び教諭の教育の基礎的理解に関する科目等の単位を修得させるために大学が設置する修業年限を1年とする課程における単位の修得方法は、第1項に定める修得方法の例によるものとする。
4 大学は、第1項に規定する各科目の開設に当たつては、各科目の内容の整合性及び連続性を確保するとともに、効果的な教育方法を確保するよう努めるものとする。

第4条 免許法別表第一に規定する中学校教諭の普通免許状の授与を受ける場合の教科及び教職に関する科目の単位の修得方法は、次の表の定めるところによる。

第一欄	最低修得単位数					第六欄
	第二欄	第三欄	第四欄	第五欄	
教科及び教職に関する科目	教科及び教科の指導法に関する科目	教育の基礎的理解に関する科目	道徳、総合的な学習の時間等の指導法及び生徒指導、教育相談等に関する科目	教育実践に関する科目	大学が独自に設定する科目

210

右項の各科目に含めることが必要な事項	教科に関する専門的事項	各教科の指導法（情報機器及び教材の活用を含む。）	教育の理念並びに教育に関する歴史及び思想	教職の意義及び教員の役割・職務内容（チーム学校運営への対応を含む。）	教育に関する社会的、制度的又は経営的事項（学校と地域との連携及び学校安全への対応を含む。）	幼児、児童及び生徒の心身の発達及び学習の過程	特別の支援を必要とする幼児、児童及び生徒に対する理解	教育課程の意義及び編成の方法（カリキュラム・マネジメントを含む。）	道徳の理論及び指導法	総合的な学習の時間の指導法	特別活動の指導法	教育の方法及び技術（情報機器及び教材の活用を含む。）	生徒指導の理論及び方法	教育相談（カウンセリングに関する基礎的な知識を含む。）の理論及び方法	進路指導及びキャリア教育の理論及び方法	教育実習	教職実践演習	大学が独自に設定する科目
専修免許状	28	10(6)						10(6)								5(3)	2	28
一種免許状	28	10(6)						10(6)								5(3)	2	4
二種免許状	12	6(3)						6(4)								5(3)	2	4

備考
一　教科に関する専門的事項に関する科目の単位の修得方法は、次に掲げる免許教科の種類に応じ、それぞれ定める教科に関する専門的事項に関する科目についてそれぞれ一単位以上修得するものとする。
　イ　国語　国語学（音声言語及び文章表現に関するものを含む。）、国文学（国文学史を含む。）、漢文学、書道（書写を中心とする。）
　ロ　社会　日本史・外国史、地理学（地誌を含む。）、「法律学、政治学」、「社会学、経済学」、「哲学、倫理学、宗教学」
　ハ　数学　代数学、幾何学、解析学、「確率論、統計学」、コンピュータ
　ニ　理科　物理学、物理学実験（コンピュータ活用を含む。）、化学、化学実験（コンピュータ活用を含む。）、生物学、生物学実験（コンピュータ活用を含む。）、地学、地学実験（コンピュータ活用を含む。）
　ホ　音楽　ソルフェージュ、声楽（合唱及び日本の伝統的な歌唱を含む。）、器楽（合奏及び伴奏並びに和楽器を含む。）、指揮法、音楽理論・作曲法（編曲法を含む。）・音楽史（日本の伝統音楽及び諸民族の音楽を含む。）
　ヘ　美術　絵画（映像メディア表現を含む。）、彫刻、デザイン（映像メディア表現を含む。）、工芸、美術理論・美術史（鑑賞並びに日本の伝統美術及びアジアの美術を含む。）
　ト　保健体育　体育実技、「体育原理、体育心理学、体育経営管理学、体育社会学、体育史」・運動学（運動方法学を含む。）、生理学（運動生理学を含む。）、衛生学・公衆衛生学、学校保健（小児保健、精神保健、学校安全及び救急処置を含む。）
　チ　保健　生理学・栄養学、衛生学・公衆衛生学、学校保健（小児保健、精神保健、学校安全及び救急処置を含む。）
　リ　技術　木材加工（製図及び実習を含む。）、金属加工（製図及び実習を含む。）、機械（実習を含む。）、電気（実習を含む。）、栽培（実習を含む。）、情報とコンピュータ（実習を含む。）
　ヌ　家庭　家庭経営学（家族関係学及び家庭経済学を含む。）、被服学（被服製作実習を含む。）、食物学（栄養学、食品学及び調理実習を含む。）、住居学、保育学（実習を含む。）
　ル　職業　産業概説、職業指導、「農業、工業、商業、水産」、「農業実習、工業実習、商業実

習，水産実習，商船実習」
　　ヲ　職業指導　職業指導，職業指導の技術，職業指導の運営管理
　　ワ　英語　英語学，英語文学，英語コミュニケーション，異文化理解
　　カ　宗教　宗教学，宗教史，「教理学，哲学」
　二　前号に掲げる教科に関する専門的事項は，一般的包括的な内容を含むものでなければならない（次条第1項の表の場合においても同様とする。）。
　三　英語以外の外国語の免許状の授与を受ける場合の教科に関する専門的事項に関する科目の単位の修得方法は，それぞれ英語の場合の例によるものとする（次条第1項の表の場合においても同様とする。）。
　四　第一号中「　」内に示された事項は当該事項の1以上にわたつて行うものとする（次条第1項，第9条，第15条第2項，第18条の二及び第64条第2項の表の場合においても同様とする。）。ただし，「農業，工業，商業，水産」の修得方法は，これらの教科に関する専門的事項に関する科目のうち2以上の教科に関する専門的事項に関する科目（商船をもつて水産と替えることができる。）についてそれぞれ2単位以上を修得するものとする。
　五　各教科の指導法（情報機器及び教材の活用を含む。），教育課程の意義及び編成の方法（カリキュラム・マネジメントを含む。），教育の方法及び技術（情報機器及び教材の活用を含む。），道徳の理論及び指導法，総合的な学習の時間の指導法並びに特別活動の指導法は，学校教育法施行規則第74条に規定する中学校学習指導要領に掲げる事項に即し，育成を目指す資質及び能力を育むための主体的・対話的で深い学びの実現に向けた授業改善に資する内容並びに包括的な内容を含むものとする。
　六　各教科の指導法に関する科目の単位の修得方法は，受けようとする免許教科について，専修免許状又は一種免許状の授与を受ける場合にあつては8単位以上を，二種免許状の授与を受ける場合にあつては2単位以上を修得するものとする（次条第1項の表の場合においても同様とする。この場合において，「8単位以上を，二種免許状の授与を受ける場合にあつては2単位以上」とあるのは「4単位以上」と読み替えるものとする。）。
　七　教育実習は，中学校，小学校及び高等学校（中等教育学校の後期課程及び特別支援学校の高等部を含む。次条第1項の表備考第三号の場合においても同じ。）の教育を中心とするものとする。
　八　教育実習の単位は，中学校（義務教育学校の後期課程，中等教育学校の前期課程及び特別支援学校の中学部並びに附則第22項第二号に規定する中学校に相当する旧令による学校を含む。）又は高等学校（中等教育学校の後期課程及び特別支援学校の高等部並びに同項第三号に規定する高等学校に相当する旧令による学校を含む。）において，教員として1年以上良好な成績で勤務した旨の実務証明責任者の証明を有する者については，経験年数1年について一単位の割合で，表に掲げる普通免許状の授与を受ける場合の各教科の指導法に関する科目，教諭の教育の基礎的理解に関する科目等（教育実習を除く。）の単位をもつて，これに替えることができる（次条第1項の表の場合においても同様とする。）。
　九　音楽及び美術の各教科についての普通免許状については，当分の間，各教科の指導法に関する科目及び教諭の教育の基礎的理解に関する科目等の単位数（専修免許状に係る単位数については，教育職員免許法別表第一備考第七号の規定を適用した後の単位数）のうちその半数までの単位は，当該免許状に係る教科に関する専門的事項に関する科目について修得することができる。この場合において，各教科の指導法に関する科目にあつては1単位以上，その他の科目にあつては括弧内の数字以上の単位を修得するものとする。

2　学生が前項の科目の単位を修得するに当たつては，大学は，各科目についての学生の知識及び技能の修得状況に応じ適切な履修指導を行うよう努めるものとする。
3　各教科の指導法に関する科目及び教諭の教育の基礎的理解に関する科目等の単位を修得させるために大学が設置する修業年限を1年とする課程における単位の修得方法は，第1項に定める修得方法の例によるものとする。
4　大学は，第1項に規定する各科目の開設に当たつては，各科目の内容の整合性及び連続性を確保するとともに，効果的な教育方法を確保するよう努めるものとする。

第5条　免許法別表第一に規定する高等学校教諭の普通免許状の授与を受ける場合の教科及び教職に関する科目の単位の修得方法は、次の表の定めるところによる。

第一欄	最低修得単位数					第六欄
	第二欄	第三欄	第四欄	第五欄	
教科及び教職に関する科目	教科及び教科の指導法に関する科目	教育の基礎的理解に関する科目	道徳、総合的な学習の時間等の指導法及び生徒指導、教育相談等に関する科目	教育実践に関する科目	大学が独自に設定する科目
右項の各科目に含めることが必要な事項	教科に関する専門的事項／各教科の指導法（情報機器及び教材の活用を含む。）	教育の理念並びに教育に関する歴史及び思想／教職の意義及び教員の役割・職務内容（チーム学校運営への対応を含む。）／教育に関する社会的、制度的又は経営的事項（学校と地域との連携及び学校安全への対応を含む。）／幼児、児童及び生徒の心身の発達及び学習の過程／特別の支援を必要とする幼児、児童及び生徒に対する理解／教育課程の意義及び編成の方法（カリキュラム・マネジメントを含む。）	総合的な学習の時間の指導法／特別活動の指導法／教育の方法及び技術（情報機器及び教材の活用を含む。）／生徒指導の理論及び方法／教育相談（カウンセリングに関する基礎的な知識を含む。）の理論及び方法／進路指導及びキャリア教育の理論及び方法	教育実習／教職実践演習	
専修免許状	24	10 (4)	8 (5)	3 (2)／2	36
一種免許状	24	10 (4)	8 (5)	3 (2)／2	12

備考
　一　教科に関する専門的事項に関する科目の単位の修得方法は、免許教科の種類に応じ、それぞれ定める教科に関する専門的事項に関する科目についてそれぞれ1単位以上修得するものとする。
　　イ　国語　国語学（音声言語及び文章表現に関するものを含む。），国文学（国文学史を含む。），漢文学
　　ロ　地理歴史　日本史，外国史，人文地理学・自然地理学，地誌
　　ハ　公民　「法律学（国際法を含む。），政治学（国際政治を含む。）」，「社会学，経済学（国際経済を含む。）」，「哲学，倫理学，宗教学，心理学」
　　ニ　数学　代数学，幾何学，解析学，「確率論，統計学」，コンピュータ
　　ホ　理科　物理学，化学，生物学，地学，「物理学実験（コンピュータ活用を含む。），化学実験（コンピュータ活用を含む。），生物学実験（コンピュータ活用を含む。），地学実験（コンピュータ活用を含む。）」
　　ヘ　音楽　ソルフェージュ，声楽（合唱及び日本の伝統的な歌唱を含む。），器楽（合奏及び伴奏並びに和楽器を含む。），指揮法，音楽理論・作曲法（編曲法を含む。）・音楽史（日本の伝統音楽及び諸民族の音楽を含む。）
　　ト　美術　絵画（映像メディア表現を含む。），彫刻，デザイン（映像メディア表現を含む。），美術理論・美術史（鑑賞並びに日本の伝統美術及びアジアの美術を含む。）

チ 工芸 図法・製図, デザイン, 工芸制作 (プロダクト制作を含む。), 工芸理論・デザイン理論・美術史 (鑑賞並びに日本の伝統工芸及びアジアの工芸を含む。)
リ 書道 書道 (書写を含む。), 書道史, 「書論, 鑑賞」, 「国文学, 漢文学」
ヌ 保健体育 体育実技, 「体育原理, 体育心理学, 体育経営管理学, 体育社会学, 体育史」・運動学 (運動方法学を含む。), 生理学 (運動生理学を含む。), 衛生学・公衆衛生学, 学校保健 (小児保健, 精神保健, 学校安全及び救急処置を含む。)
ル 保健 「生理学, 栄養学, 微生物学, 解剖学」, 衛生学・公衆衛生学, 学校保健 (小児保健, 精神保健, 学校安全及び救急処置を含む。)
ヲ 看護 「生理学, 生化学, 病理学, 微生物学, 薬理学」, 看護学 (成人看護学, 老年看護学及び母子看護学を含む。), 看護実習
ワ 家庭 家庭経営学 (家族関係学及び家庭経済学を含む。), 被服学 (被服製作実習を含む。), 食物学 (栄養学, 食品学及び調理実習を含む。), 住居学 (製図を含む。), 保育学 (実習及び家庭看護を含む。), 家庭電気・家庭機械・情報処理
カ 情報 情報社会・情報倫理, コンピュータ・情報処理 (実習を含む。), 情報システム (実習を含む。), 情報通信ネットワーク (実習を含む。), マルチメディア表現・マルチメディア技術 (実習を含む。), 情報と職業
ヨ 農業 農業の関係科目, 職業指導
タ 工業 工業の関係科目, 職業指導
レ 商業 商業の関係科目, 職業指導
ソ 水産 水産の関係科目, 職業指導
ツ 福祉 社会福祉学 (職業指導を含む。), 高齢者福祉・児童福祉・障害者福祉, 社会福祉援助技術, 介護理論・介護技術, 社会福祉総合実習 (社会福祉援助実習及び社会福祉施設等における介護実習を含む。), 人体構造に関する理解・日常生活行動に関する理解, 加齢に関する理解・障害に関する理解
ネ 商船 商船の関係科目, 職業指導
ナ 職業指導 職業指導, 職業指導の技術, 職業指導の運営管理
ラ 英語 英語学, 英語文学, 英語コミュニケーション, 異文化理解
ム 宗教 宗教学, 宗教史, 「教理学, 哲学」
二 各教科の指導法 (情報機器及び教材の活用を含む。), 教育課程の意義及び編成の方法 (カリキュラム・マネジメントを含む。), 教育の方法及び技術 (情報機器及び教材の活用を含む。), 総合的な学習の時間の指導法並びに特別活動の指導法は, 学校教育法施行規則第84条に規定する高等学校学習指導要領に掲げる事項に即し, 育成を目指す資質及び能力を育むための主体的・対話的で深い学びの実現に向けた授業改善に資する内容並びに包括的な内容を含むものとする。
三 教育実習は, 高等学校及び中学校の教育を中心とするものとする。
四 教諭の教育の基礎的理解に関する科目等の単位は, 教育の基礎的理解に関する科目にあつては8単位まで, 道徳, 総合的な学習の時間等の指導法及び生徒指導, 教育相談等に関する科目, 教育実習並びに教職実践演習にあつてはそれぞれ2単位まで, 幼稚園, 小学校又は中学校の教諭の普通免許状の授与を受ける場合のそれぞれの科目の単位をもつてあてることができる。
五 数学, 理科, 音楽, 美術, 工芸, 書道, 農業, 商業, 水産及び商船の各教科についての普通免許状については, 当分の間, 各教科の指導法に関する科目, 教諭の教育の基礎的理解に関する科目等の単位数 (専修免許状に係る単位数については, 教育職員免許法別表第一備考第七号の規定を適用した後の単位数) のうちその半数までの単位は, 当該免許状に係る教科に関する専門的事項に関する科目について修得することができる。この場合において, 各教科の指導法に関する科目にあつては1単位以上, その他の科目にあつては括弧内の数字以上の単位を修得するものとする。
六 工業の普通免許状の授与を受ける場合は, 当分の間, 各教科の指導法に関する科目, 教諭の教育の基礎的理解に関する科目等 (専修免許状に係る単位数については, 免許法別表第一備考第七号の規定を適用した後の単位数) の全部又は一部の単位は, 当該免許状に係る教科に関する専門的事項に関する科目について修得することができる。

2　学生が前項の科目の単位を修得するに当たつては，大学は，各科目についての学生の知識及び技能の修得状況に応じ適切な履修指導を行うよう努めるものとする。
3　各教科の指導法に関する科目及び教諭の教育の基礎的理解に関する科目等の単位を修得させるために大学が設置する修業年限を1年とする課程における単位の修得方法は，第1項に定める修得方法の例によるものとする。
4　大学は，第1項に規定する各科目の開設に当たつては，各科目の内容の整合性及び連続性を確保するとともに，効果的な教育方法を確保するよう努めるものとする。

第7章の二　免許状の有効期間の更新及び延長
第61条の二　免許法第9条の二に規定する免許状の有効期間の更新及び延長に関しては，この章の定めるところによる。
第61条の三　免許法第9条の二第三項に規定する文部科学省令で定める期間は，2年2月とする。
第61条の四　免許管理者は，免許法第9条の二第一項の規定による申請をした者（免許法第9条の三第三項各号に掲げる者に限る。）が次の各号のいずれかに該当するとき（第一号，第二号及び第五号に掲げる者については，最新の知識技能を十分に有していないと免許管理者が認める者を除く。）であるときは，免許法第九条の二第三項の規定により，免許状更新講習を受ける必要がないものとして認めるものとする。
一　校長，副校長，教頭，主幹教諭（幼保連携型認定こども園の主幹養護教諭及び主幹栄養教諭を含む。），指導教諭，主幹保育教諭又は指導保育教諭
二　指導主事，社会教育主事その他教育委員会において学校教育又は社会教育に関する専門的事項の指導等に関する事務に従事している者として免許管理者が定める者
三　免許状更新講習の講師
四　国若しくは地方公共団体の職員又は次に掲げる法人の役員若しくは職員で，前二号に掲げる者に準ずる者として免許管理者が定める者
　　イ　国立大学法人法（平成15年法律第112号）第2条第一項に規定する国立大学法人及び同条第三項に規定する大学共同利用機関法人
　　ロ　地方独立行政法人法（平成15年法律第118号）第68条第一項に規定する公立大学法人
　　ハ　私立学校法（昭和24年法律第270号）第3条に規定する学校法人
　　ニ　社会福祉法（昭和26年法律第45号）第22条に規定する社会福祉法人（幼保連携型認定こども園を設置するものに限る。第65条の七第三号において同じ。）
　　ホ　独立行政法人通則法（平成11年法律第103号）第二条第一項に規定する独立行政法人であつて，文部科学大臣が指定したもの
五　学校における学習指導，生徒指導等に関し，特に顕著な功績があつた者に対する表彰等であつて免許管理者が指定したものを受けた者
六　その他前各号に掲げる者と同等以上の最新の知識技能を有する者として，文部科学大臣が別に定める者
第61条の五　免許法第9条の二第五項の文部科学省令で定めるやむを得ない事由は，次の各号に掲げる事由とする。
一　心身の故障若しくは刑事事件に関し起訴されたことによる休職，引き続き90日以上の病気休暇（90日未満の病気休暇で免許管理者がやむを得ないと認めるものを含む。），産前及び産後の休業，育児休業又は介護休業の期間中であること。
二　地震，積雪，洪水その他の自然現象により交通が困難となつていること。
三　海外に在留する邦人のための在外教育施設若しくは外国の教育施設又はこれらに準ずるものにおいて教育に従事していること。
四　外国の地方公共団体の機関等に派遣されていること。
五　大学の大学院の課程若しくは専攻科の課程又はこれらの課程に相当する外国の大学の課程に専修免許状の取得を目的として在学していること（取得しようとする専修免許状に係る基礎となる免許状（免許法別表第三，別表第五，別表第六，別表第六の二又は別表第七の規定により専修免許状の授与を受けようとする場合には有することを必要とされる免許状をいう。）を有している者に限る。）。
六　教育職員として任命され，又は雇用され

た日から普通免許状又は特別免許状の有効期間の満了の日までの期間が2年2月未満であること。
　七　前各号に掲げる事由のほか，免許管理者がやむを得ない事由として認める事由があること。
第61条の七　免許法第9条の二第一項に規定する申請は，当該申請に係る普通免許状又は特別免許状の有効期間の満了する日の2月前までにしなければならない。
第61条の八　前条の申請をしようとする者は，免許状更新講習規則（平成20年文部科学省令第十号）第4条の表選択領域の項に掲げる事項に係る免許状更新講習を履修するに当つては，次の各号に掲げる者の区分に応じ，当該各号に定める免許状更新講習を履修しなければならない。
　一　教諭の免許状の有効期間の更新を受けようとする者　教諭を対象とする免許状更新講習
　二　養護教諭の免許状の有効期間の更新を受けようとする者　養護教諭を対象とする免許状更新講習
　三　栄養教諭の免許状の有効期間の更新を受けようとする者　栄養教諭を対象とする免許状更新講習
第61条の十　免許管理者は，普通免許状又は特別免許状の有効期間を更新し，又は延長したときは，その免許状を有する者に対して，普通免許状又は特別免許状の有効期間の更新又は延長に関する証明書を発行しなければならない。

第7章の三　免許状更新講習
第61条の十一　免許状更新講習に関し必要な事項は，免許法に定めるもののほか，免許状更新講習規則の定めるところによる。

第11章　雑則
第66条の六　免許法別表第一備考第四号に規定する文部科学省令で定める科目の単位は，日本国憲法二単位，体育二単位，外国語コミュニケーション二単位及び情報機器の操作二単位とする。

○小学校及び中学校の教諭の普通免許状授与に係る教育職員免許法の特例等に関する法律
(1997.6.18)

(趣旨)
第1条　この法律は，義務教育に従事する教員が個人の尊厳及び社会連帯の理念に関する認識を深めることの重要性にかんがみ，教員としての資質の向上を図り，義務教育の一層の充実を期する観点から，小学校又は中学校の教諭の普通免許状の授与を受けようとする者に，障害者，高齢者等に対する介護，介助，これらの者との交流等の体験を行わせる措置を講ずるため，小学校及び中学校の教諭の普通免許状の授与について教育職員免許法（昭和24年法律第147号）の特例等を定めるものとする。

(教育職員免許法の特例)
第2条　小学校及び中学校の教諭の普通免許状の授与についての教育職員免許法第5条第一項の規定の適用については，当分の間，同項中「修得した者」とあるのは，「修得した者（18歳に達した後，七日を下らない範囲内において文部科学省令で定める期間，特別支援学校又は社会福祉施設その他の施設で文部科学大臣が厚生労働大臣と協議して定めるものにおいて，障害者，高齢者等に対する介護，介助，これらの者との交流等の体験を行った者に限る。）」とする。
2　前項の規定により読み替えられた教育職員免許法第5条第一項の規定による体験（以下「介護等の体験」という。）に関し必要な事項は，文部科学省令で定める。
3　介護等に関する専門的知識及び技術を有する者又は身体上の障害により介護等の体験を行うことが困難な者として文部科学省令で定めるものについての小学校及び中学校の教諭の普通免許状の授与については，第一項の規定は，適用しない。

(関係者の責務)
第3条　国，地方公共団体及びその他の関係機関は，介護等の体験が適切に行われるようにするために必要な措置を講ずるよう努めるものとする。
2　特別支援学校及び社会福祉施設その他の施設で文部科学大臣が厚生労働大臣と協議して定めるものの設置者は，介護等の体験に関し必要な協力を行うよう努めるものとする。

3　大学及び文部科学大臣の指定する教員養成機関は，その学生又は生徒が介護等の体験を円滑に行うことができるよう適切な配慮をするものとする。

(教員の採用時における介護等の体験の勘案)

第4条　小学校，中学校又は義務教育学校の教員を採用しようとする者は，その選考に当たっては，この法律の趣旨にのっとり，教員になろうとする者が行った介護等の体験を勘案するよう努めるものとする。

○市町村立学校等職員給与負担法

(1948.7.10)

第1条 (市町村立小中学校等職員給与の負担) 市 (地方自治法 (昭和22年法律第67号) 第252条の十九第一項の指定都市 (次条において「指定都市」という。) を除き，特別区を含む。) 町村立の小学校，中学校，義務教育学校，中等教育学校の前期課程及び特別支援学校の校長 (中等教育学校の前期課程にあつては，当該課程の属する中等教育学校の校長とする。)，副校長，教頭，主幹教諭，指導教諭，教諭，養護教諭，栄養教諭，助教諭，養護助教諭，寄宿舎指導員，講師 (常勤の者及び地方公務員法 (昭和25年法律第261号) 第28条の五第一項に規定する短時間勤務の職を占める者に限る。)，学校栄養職員 (学校給食法 (昭和29年法律第160号) 第7条に規定する職員のうち栄養の指導及び管理をつかさどる主幹教諭並びに栄養教諭以外の者をいい，同法第6条に規定する施設の当該職員を含む。以下同じ。) 及び事務職員のうち次に掲げる職員であるものの給料，扶養手当，地域手当，住居手当，初任給調整手当，通勤手当，単身赴任手当，特殊勤務手当，特地勤務手当 (これに準ずる手当を含む。)，へき地手当 (これに準ずる手当を含む。)，時間外勤務手当 (学校栄養職員及び事務職員に係るものとする。)，宿日直手当，管理職員特別勤務手当，管理職手当，期末手当，勤勉手当，義務教育等教員特別手当，寒冷地手当，特定任期付職員業績手当，退職手当，退職年金及び退職一時金並びに旅費 (都道府県が定める支給に関する基準に適合するものに限る。) (以下「給料その他の給与」という。) 並びに定時制通信教育手当 (中等教育学校の校長に係るものとする。) 並びに講師 (公立義務教育諸学校の学級編制及び教職員定数の標準に関する法律 (昭和33年法律第116号。以下「義務教育諸学校標準法」という。) 第17条第二項に規定する非常勤の講師に限る。) の報酬及び職務を行うために要する費用の弁償 (次条において「報酬等」という。) は，都道府県の負担とする。

一　義務教育諸学校標準法第6条第一項の規定に基づき都道府県が定める都道府県小中学校等教職員定数及び義務教育諸学校標準法第10条第一項の規定に基づき都道府県が定める都道府県特別支援学校教職員定数に基づき配置される職員 (義務教育諸学校標準法第18条各号に掲げる者を含む。)

二　公立高等学校の適正配置及び教職員定数の標準等に関する法律 (昭和36年法律第188号。以下「高等学校標準法」という。) 第15条の規定に基づき都道府県が定める特別支援学校高等部教職員定数に基づき配置される職員 (特別支援学校の高等部に係る高等学校標準法第24条各号に掲げる者を含む。)

三　特別支援学校の幼稚部に置くべき職員の数として都道府県が定める数に基づき配置される職員

第2条 (市町村立定時制高校等職員給与の負担) 市 (指定都市を除く。) 町村立の高等学校 (中等教育学校の後期課程を含む。) で学校教育法 (昭和22年法律第26号) 第4条第一項に規定する定時制の課程 (以下この条において「定時制の課程」という。) を置くものの校長 (定時制の課程のほかに同項に規定する全日制の課程を置く高等学校の校長及び中等教育学校の校長を除く。)，定時制の課程に関する校務をつかさどる副校長，定時制の課程に関する校務を整理する教頭，主幹教諭 (定時制の課程に関する校務の一部を整理する者又は定時制の課程の授業を担任する者に限る。) 並びに定時制の課程の授業を担任する指導教諭，教諭，助教諭及び講師 (常勤の者及び地方公務員法第28条の五第一項に規定する短時間勤務の職を占める者に限る。) のうち高等学校標準法第七条の規定に基づき都道府県が定める高等学校等教職員定数に基づき配置される職員 (高等学校標準法第24条各号に掲げる者を含む。) であるものの給料その他の給与，定時制通信教育手当及び産業教育手当並びに講師 (高等学校標準法第23条第二項に規定する非常勤の講師に限る。) の報酬

等は，都道府県の負担とする。
第3条（給与条例）前二条に規定する職員の給料その他の給与については，地方教育行政の組織及び運営に関する法律（昭和31年法律第162号）第42条の規定の適用を受けるものを除く外，都道府県の条例でこれを定める。

○義務教育費国庫負担法
(1952.8.8)

（この法律の目的）
第1条　この法律は，義務教育について，義務教育無償の原則に則り，国民のすべてに対しその妥当な規模と内容とを保障するため，国が必要な経費を負担することにより，教育の機会均等とその水準の維持向上を図ることを目的とする。

（教職員の給与及び報酬等に要する経費の国庫負担）
第2条　国は，毎年度，各都道府県ごとに，公立の小学校，中学校，義務教育学校，中等教育学校の前期課程並びに特別支援学校の小学部及び中学部（学校給食法（昭和29年法律第160号）第6条に規定する施設を含むものとし，以下「義務教育諸学校」という。）に要する経費のうち，次に掲げるものについて，その実支出額の3分の1を負担する。ただし，特別の事情があるときは，各都道府県ごとの国庫負担額の最高限度を政令で定めることができる。
一　市（地方自治法（昭和22年法律第67号）第252条の十九第一項の指定都市（以下「指定都市」という。）を除く，特別区を含む。）町村立の義務教育諸学校に係る市町村立学校職員給与負担法（昭和23年法律第135号）第1条に掲げる職員の給料その他の給与（退職手当，退職年金及び退職一時金並びに旅費を除く。）及び報酬等に要する経費（以下「教職員の給与及び報酬等に要する経費」という。）
二　都道府県立の中学校（学校教育法（昭和22年法律第26号）第71条の規定により高等学校における教育と一貫した教育を施すものに限る。），中等教育学校及び特別支援学校に係る教職員の給与及び報酬等に要する経費
三　都道府県立の義務教育諸学校（前号に規定するものを除く。）に係る教職員の給与及び報酬等に要する経費（学校生活への適応が困難であるため相当の期間学校を欠席していると認められる児童又は生徒に対して特別の指導を行うための教育課程及び夜間その他特別の時間において主として学齢を経過した者に対して指導を行うための教育課程の実施を目的として配置される教職員に係るものに限る。）

第3条　国は，毎年度，各指定都市ごとに，公立の義務教育諸学校に要する経費のうち，指定都市の設置する義務教育諸学校に係る教職員の給与及び報酬等に要する経費について，その実支出額の3分の1を負担する。ただし，特別の事情があるときは，各指定都市ごとの国庫負担額の最高限度を政令で定めることができる。

○専門職大学院設置基準（抄）
(2003.3.31)

第1章　総則
（専門職学位課程）
第2条　専門職学位課程は，高度の専門性が求められる職業を担うための深い学識及び卓越した能力を培うことを目的とする。
2　専門職学位課程の標準修業年限は，2年又は1年以上2年未満の期間（1年以上2年未満の期間は，専攻分野の特性により特に必要があると認められる場合に限る。）とする。

第7章　教職大学院
（教職大学院の課程）
第26条　第2条第一項の専門職学位課程のうち，専ら幼稚園，小学校，中学校，義務教育学校，高等学校，中等教育学校，特別支援学校及び就学前の子どもに関する教育，保育等の総合的な提供の推進に関する法律（平成18年法律第七十七号）第2条第七項に規定する幼保連携型認定こども園（以下「小学校等」という。）の高度の専門的な能力及び優れた資質を有する教員の養成のための教育を行うことを目的とするものであって，この章の規定に基づくものを置く専門職大学院は，当該課程に関し，教職大学院とする。
2　教職大学院の課程の標準修業年限は，第2条第二項の規定にかかわらず，2年とする。
3　前項の規定にかかわらず，教育上の必要があると認められる場合は，研究科，専攻又は学生の履修上の区分に応じ，その標準修業年

限は，1年以上2年未満の期間又は2年を超える期間とすることができる。
4 前項の場合において，1年以上2年未満の期間とすることができるのは，主として実務の経験を有する者に対して教育を行う場合であって，かつ，昼間と併せて夜間その他特定の時間又は時期において授業を行う等の適切な方法により教育上支障を生じない場合に限る。
（他の大学院における授業科目の履修等）
第27条 教職大学院は，教育上有益と認めるときは，学生が教職大学院の定めるところにより他の大学院において履修した授業科目について修得した単位を，当該教職大学院が修了要件として定める45単位以上の単位数の2分の1を超えない範囲で当該教職大学院における授業科目の履修により修得したものとみなすことができる。
2 前項の規定は，学生が，外国の大学院に留学する場合，外国の大学院の教育課程を有するものとして当該外国の学校教育制度において位置付けられた教育施設であって，文部科学大臣が別に指定するものの当該教育課程における授業科目を我が国において履修する場合及び国際連合大学の教育課程における授業科目を履修する場合について準用する。
（入学前の既修得単位の認定）
第28条 教職大学院は，教育上有益と認めるときは，学生が当該教職大学院に入学する前に大学院において履修した授業科目について修得した単位（科目等履修生として修得した単位を含む。）を，当該教職大学院に入学した後の当該教職大学院における授業科目の履修により修得したものとみなすことができる。
2 前項の規定により修得したものとみなすことのできる単位数は，編入学，転学等の場合を除き，当該教職大学院において修得した単位以外のものについては，第14条第二項の規定にかかわらず，前条第一項（同条第二項において準用する場合を含む。）の規定により当該教職大学院において修得したものとみなす単位数及び次条第二項の規定により免除する単位数と合わせて当該教職大学院が修了要件として定める45単位以上の単位数の2分の1を超えないものとする。
（教職大学院の課程の修了要件）
第29条 教職大学院の課程の修了の要件は，第15条の規定にかかわらず，教職大学院に2年（2年以外の標準修業年限を定める研究科，専攻又は学生の履修上の区分にあっては，当該標準修業年限）以上在学し，45単位以上（高度の専門的な能力及び優れた資質を有する教員に係る実践的な能力を培うことを目的として小学校等その他の関係機関で行う実習に係る10単位以上を含む。）を修得することとする。
2 教職大学院は，教育上有益と認めるときは，当該教職大学院に入学する前の小学校等の教員としての実務の経験を有する者について，10単位を超えない範囲で，前項に規定する実習により修得する単位の全部又は一部を免除することができる。
（教職大学院における在学期間の短縮）
第30条 教職大学院における第16条の適用については，「専門職大学院」とあるのは「教職大学院」と，「第14条第一項」とあるのは「第28条第一項」と，「専門職学位課程」とあるのは「教職大学院の課程」と読み替えるものとする。
（連携協力校）
第31条 教職大学院は，第29条第一項に規定する実習その他当該教職大学院の教育上の目的を達成するために必要な連携協力を行う小学校等を適切に確保するものとする。

○**教員の地位に関する勧告**（抄）
（1966.10.5 ユネスコにおける特別政府間会議）
Ⅲ 指導的諸原則
3 教育は，最初の学年から，人格の全面的発達ならびに共同社会の精神的，道徳的，社会的，文化的および経済的進歩を目指すとともに，人権および基本的自由に対する深い尊敬の念を植えつけるものとする。これらの諸価値の枠内で，教育が平和ならびにすべての諸国民間および人種的集団間または宗教的集団間の理解，寛容および友好に貢献することを最も重視するものとする。
4 教育の進歩は，教育職員一般の資格および能力ならびに個々の教員の人間的，教育的および技術的資質に大いに依存していることを確認するものとする。
5 教員の地位は，教育の目的および目標に照らして評価される教育の必要性にふさわしいものとする。教員の適切な地位および教育職に対する社会的尊敬が教育の目的および目標

の完全な実現にとって非常に重要であることを確認するものとする。
6 教育の仕事は，専門職とみなされるものとする。教育の仕事は，きびしい不断の研究を通じて獲得され，かつ，維持される専門的知識および特別の技能を教員に要求する公共の役務の一形態であり，また，教員が受け持つ児童・生徒の教育および福祉に対する個人および共同の責任感を要求するものである。
7 教員の養成および雇用のすべての面において，人種，皮膚の色，性別，宗教，政治的意見，民族，社会的出身または経済的条件を理由とするいかなる形式の差別も行なわれないものとする。
8 教員の労働条件は，効果的な学習を最もよく促進し，かつ，教員がその職業的任務に専念できるようなものとする。
9 教員団体は，教育の進歩に大いに寄与することができ，したがって，教育政策の決定に関与させられるべき勢力として認められるものとする。

（名古屋大学教育法研究会の訳による）

特に，最近の「教員免許更新制と発展的解消」「教員養成カリキュラム」に関して規定している「教育公務員特例法」「教員職員免許法」「教育職員免許法施行規則」については，以下のQRコードで最新版を参照されたい。

○教育公務員特例法

○教員職員免許法

○教育職員免許法施行規則

「e-Gov 法令検索」（https://elaws.e-gov.go.jp/）

索　引

あ行

アクティブ・ラーニング（主体的・対話的で深い学び）　28, 51, 166
生きる力　166
一種免許状　65, 67

か行

介護等体験　98
開放制　63
学習指導に特化した教職　36
学習指導要領　167
学級編制基準　116
学校インターンシップ　82
学校教育法　16, 23, 174
学校教育法施行規則　177
学校・教師の登場　161
学校と地域の連携　163
学校における働き方改革　169
学校評価　154
学校ボランティア　82
カリキュラム・マネジメント　28, 66
カント, I.　7, 8
技術的熟達者　52
義務教育費国庫負担法　217
給与休憩時間　33
教育基本法　14, 15, 171
教育公務員特例法　32, 125, 169, 185
教育実習　82, 93
　——事後指導　97
　——事前指導　95
教育職員　23
教育職員免許状　62
教育職員免許法　16, 32, 62, 195
教育職員免許法施行規則　205
教育職員養成審議会　46, 93
教員育成協議会　89, 169
教員育成指標　169
教員採用者数　115
教員退職者数　116
教員の地位に関する勧告　20, 219

教員免許更新制　20, 73, 74
教員免許状　65, 78
教師の質保証　90
教師の倫理綱領　19
教職課程　62
教職課程コアカリキュラム　80
教職実践演習　108
教職大学院　84
教職調整額　33
拠点校方式　123
勤務評定　143
ゲーレン, A.　9, 10
研究と修養　119
県費負担教職員　126, 143
高度専門職業人　168
公募制　142
校務分掌　27, 135
公立の義務教育諸学校等の教育職員の給与等に関する特別措置法　33
コミュニティ・スクール（学校運営協議会制度）　28, 163
コンセプチュアル・スキル　53, 55

さ行

自己申告に基づく目標管理（業績評価）　146
資質能力　45, 53
資質・能力の3つの柱　166
市町村立学校等職員給与負担法　216
実績評価（能力評価）　149
実践的指導力　48
実践的な専門性　32
指導改善研修　124, 157
指導が不適切な教員への対応　142
指導力不足教員　49
師範学校　63
社会に開かれた教育課程　166
10年経験者研修　122
準専門職　20
生涯学習社会　162
小学校及び中学校の教諭の普通免許状授与に係る教育職員免許法の特例等に関する法律

216
　条件付き採用　109
　上進制度　67
　職業的教師　23
　職務　127, 137
　職務自律性　40
　職務内容の多様性　36
　所要資格　62
　人事管理評価　153
　スーパー・ティーチャー　144
　省察　93
　聖職者論　17-19
　専科担任制度　71
　選考　109
　全国教職専門職基準委員会（NBPTS）　168
　専修免許状　65
　全人格的なかかわりが求められる教員　36
　専門職　30, 52
　　　——の定義　168
　専門職大学院設置基準　218
　専門職論　17, 19, 20
　相当免許状主義　62

　　　　　　た行

地域学校協働本部　163
地域学校協働活動　163
知識基盤社会　165
地方教育行政の組織及び運営に関する法律
　　190
地方公務員法　125, 180
チームとしての学校（チーム学校）　28, 51,
　　58, 56, 164
中央教育審議会　93
中堅教諭等資質向上研修　123, 124
懲戒　131, 132
テクニカル・スキル　53, 54
デュルケム，É.　13, 14
特別選考　114
特別非常勤講師制度　70, 71
特別免許状　65

　　　　　　な行

内発的働きがい（職務自体が動機づけになる）
　　39

　二種免許状　65, 67
　日本教職員組合　19
　日本国憲法　171
　任用におけるFA制　142
　能力開発型人事考課制度　144

　　　　　　は行

　パーソナリティ　53, 57
　パウルセン，F.　13, 14
　反省的実践家　52
　反省的実践家モデル　93
　ヒューマン・スキル　53, 56
　開かれた社会性　32
　不確実性　31, 140
　部活動　26
　複線制　31
　普通免許状　65
　分限　131
　ポルトマン，A.　8, 9

　　　　　　ま行

　学び続ける教員像　50, 120
　マネジメント・サイクル　154
　無境界性／無限定性　31, 140
　メリハリを付けた教員給与システム　145
　免許管理者　63
　免許状更新講習　74
　モチベーション　53, 59
　求める教師像　32
　森昭　11, 12
　森有礼　18

　　　　　　や行

　優秀教員の表彰制度／優秀教員表彰　142, 155
　豊かな人間性　32
　ユネスコ（UNESCO）　19, 20, 162
　養育　12, 13, 14

　　　　　　ら行

　ラングラン，P.　162
　リーバーマン，M.　168
　臨時免許状　67
　労働者論　17-19

[編著者紹介]

赤星　晋作（あかほし　しんさく）

広島大学大学院教育学研究科博士課程前期修了。
専　門　教育経営学，教師教育学，博士（教育学）。
現　在　広島市立大学国際学部　教授。
アメリカ・ペンシルベニア大学教育学大学院（Graduate School of Education, University of Pennsylvania）客員研究員（1994年-1995年）。
九州教育経営学会理事（1993年-現在）日本教師教育学会理事（1999年-現在）日本教育経営学会理事（2000年-2003年）日本教育学会理事（2002年-2004年）アメリカ教育学会理事（2008年-現在）
著　書　『学校教師の探究』（共編著）学文社，2001年
『学校・地域・大学のパートナーシップ―ウェスト・フィラデルフィア改善組織（WEPIC）の事例研究―』（単著）学文社，2001年
『課題を克服するための総合的な学習　成功のカギ』（共著）ぎょうせい，2002年
『地方分権下における自律的学校経営の構築に関する総合的研究』（共著）多賀出版，2004年
『アメリカ教育の諸相―2001年以降―』（単著）学文社，2007年
『新教職概論』（編著）学文社，2008年
『アメリカの学校教育―教育思潮・制度・教師』（単著）学文社，2017年
その他

新教職概論　改訂新版

2008年10月15日　第1版第1刷発行
2012年 3月15日　第1版第7刷発行
2014年 4月10日　改訂版第1刷発行
2015年 9月10日　改訂版第2刷発行
2019年 1月30日　改訂新版第1刷発行
2023年 3月20日　改訂新版第3刷発行

編著者　赤星　晋作

発行者　田中　千津子　　〒153-0064　東京都目黒区下目黒3-6-1
　　　　　　　　　　　　電話　03（3715）1501 代
　　　　　　　　　　　　FAX　03（3715）2012
発行所　株式会社 学文社
　　　　　　　　　　　　http://www.gakubunsha.com

© Shinsaku AKAHOSHI 2008　　　　　印刷所　新灯印刷

乱丁・落丁の場合は本社でお取替えします。
定価はカバーに表示。

ISBN978-4-7620-2847-2